运筹与管理科学丛书 27

不良贷款的回收：
数据背后的故事

杨晓光 陈暮紫 陈 敏 著

科 学 出 版 社
北 京

内 容 简 介

二十世纪末，中国成立了四大资产管理公司处理因经济转型而产生的巨额呆坏账。这是新中国历史上第一次如此大规模的商业化处理呆坏账，保障了后来中国经济的高速平稳发展。这是中国金融史上浓墨重彩的一笔。本书利用一个大型清收数据库，通过计量建模，系统地考察了这次不良资产处置的经验，考察对象包括不良资产回收率影响因素、回收率分布特征、单户债务人和打包处置的回收率估计、不良贷款回收地区差异、不良贷款回收时间效应、不良贷款回收率宏观经济规律以及不良贷款抵质押因素等方面。对这一宝贵历史经验的科学考察，不仅有助于认识和理解当年中国经济和金融中一些珍贵的经历，而且可以为当前和今后可能发生的大规模不良资产处置提供宝贵的借鉴。

本书不仅可以为商业银行、资产管理公司的信贷审批、处置的专业人士提供技术参考，也可以为金融监管部门的政策制订提供建议，同时还可供对银行业和不良贷款处置实务感兴趣的读者阅读。

图书在版编目（CIP）数据

不良贷款的回收：数据背后的故事/杨晓光，陈暮紫，陈敏著. —北京：科学出版社，2017.6
(运筹与管理科学丛书；27)
ISBN 978-7-03-053071-4

Ⅰ. ①不… Ⅱ. ①杨…②陈…③陈… Ⅲ. ①不良贷款-计量经济模型-研究-中国 Ⅳ. ①F832.4

中国版本图书馆 CIP 数据核字（2017）第 125400 号

责任编辑：李 欣／责任校对：张凤琴
责任印制：吴兆东／封面设计：陈 敬

科学出版社 出版
北京东黄城根北街 16 号
邮政编码：100717
http://www.sciencep.com
北京厚诚则铭印刷科技有限公司印刷
科学出版社发行 各地新华书店经销
*
2017 年 6 月第 一 版 开本：720 × 1000 B5
2024 年 9 月第五次印刷 印张：12 1/2
字数：237 000

定价：78.00 元
（如有印装质量问题，我社负责调换）

《运筹与管理科学丛书》序

运筹学是运用数学方法来刻画、分析以及求解决策问题的科学. 运筹学的例子在我国古已有之, 春秋战国时期著名军事家孙膑为田忌赛马所设计的排序就是一个很好的代表. 运筹学的重要性同样在很早就被人们所认识, 汉高祖刘邦在称赞张良时就说道: “运筹帷幄之中, 决胜千里之外.”

运筹学作为一门学科兴起于第二次世界大战期间, 源于对军事行动的研究. 运筹学的英文名字 Operational Research 诞生于 1937 年. 运筹学发展迅速, 目前已有众多的分支, 如线性规划、非线性规划、整数规划、网络规划、图论、组合优化、非光滑优化、锥优化、多目标规划、动态规划、随机规划、决策分析、排队论、对策论、物流、风险管理等.

我国的运筹学研究始于 20 世纪 50 年代, 经过半个世纪的发展, 运筹学研究队伍已具相当大的规模. 运筹学的理论和方法在国防、经济、金融、工程、管理等许多重要领域有着广泛应用, 运筹学成果的应用也常常能带来巨大的经济和社会效益. 由于在我国经济快速增长的过程中涌现出了大量迫切需要解决的运筹学问题, 因而进一步提高我国运筹学的研究水平、促进运筹学成果的应用和转化、加快运筹学领域优秀青年人才的培养是我们当今面临的十分重要、光荣, 同时也是十分艰巨的任务. 我相信,《运筹与管理科学丛书》能在这些方面有所作为.

《运筹与管理科学丛书》可作为运筹学、管理科学、应用数学、系统科学、计算机科学等有关专业的高校师生、科研人员、工程技术人员的参考书, 同时也可作为相关专业的高年级本科生和研究生的教材或教学参考书. 希望该丛书能越办越好, 为我国运筹学和管理科学的发展做出贡献.

袁亚湘

2007 年 9 月

前　言

二十世纪末官方公布的中国国有银行业不良贷款率高达 29.18%，中国银行业可谓到了岌岌可危的时候。为解决中国金融体系的问题，1999 年中国政府在借鉴国际经验的基础上相继成立东方、信达、华融、长城四大资产管理公司，分别负责收购、管理、处置相对应的中国银行、中国建设银行、国家开发银行、中国工商银行和中国农业银行所剥离的不良资产近 14000 亿元。此后在中国银行业的股份制改革过程中，四大资产管理公司又陆续收购了上万亿的不良贷款。十余年来，资产管理公司顺利实现既定目标，为中国金融体系的稳定立下汗马功劳。

作为中国历史上一次前所未有的成立专门机构处置不良贷款活动，同时也是世界史上一次罕见的大规模的不良贷款处置活动，资产管理公司在对不良贷款的处置中积累了大量的宝贵经验。对这些经验进行深度挖掘，不仅具有重要的史料价值，为人们展现中国金融史上这段不平凡岁月背后的经济规律，而且为中国银行业提高风险防范能力，落实巴塞尔资本协议Ⅱ、Ⅲ，提供重要的参考依据和参数标准。

随着时间的流逝，当时不良贷款处置的记录、数据和经验都尚未有全面、完整的总结，从而面临数据、历史资料遗失的可能性。从数据、模型来分析其中的处置、回收的客观经验，不仅是对数据和历史很好的记录，更可以挖掘数据背后的客观规律，提升数据本身的价值。另一方面，当前由次贷危机引发的金融危机、主权债务危机成为各国政府关注的重点，其中涉及的不良资产产生原因、风险监管问题以及后期不良资产处置回收方法成为学术界和业界关注的重点，而这与我国资产管理公司大规模处置不良贷款的历史事件不谋而合。过去的几年中，我们的团队一直从事中国不良贷款回收的研究，在国际国内重要学术期刊上发表了十几篇学术论文，有了丰富的积累。我们认为现在是时候对过去的工作进行总结，撰写一本专著来论述我国不良贷款处置的影响因素、特点和方法，对我国不良贷款处置背后的各种隐藏起来的关系进行一个科学、量化刻画，为当前和未来可能出现的大规模呆坏账和不良资产处置提供参考信息。

本书研究的特点是从海量微观数据出发，通过运用大量的数学模型，试图透过事物的表象，发现事物背后规律性的东西，而不是大而化之的历史事件的堆砌。整个研究围绕资产管理公司不良贷款“产生原因、处置方式、影响因素、计量实证”这一主线，利用数据挖掘、广义线性、非线性回归、压力测试、生存分析等多种计量方法，全面分析不良贷款处置、回收过程中的方方面面问题，主要包括不良贷款处置、回收方式对比、回收影响因素分析等。计量模型以东和中科 LGD 联合实验室为依托，利用东方资产管理公司旗下东和数据公司 (东方金诚) 建立的违约损失率数据库 —— LossMetrics 展开研究。该数据库包括中国银行、建设银行和工商银行等在全国十七个省市二十一个行业近两万家企业的七万多笔时间跨度超过十年的违约贷款的清收数据，每条数据内容涵盖了包括各笔违约贷款、违约贷款债务人和每笔违约贷款处置的详尽信息，数据质量非常高。这是国内独一无二的不良贷款清收数据库，可能也是国际上最大的不良贷款清收数据库，丰富的数据为模型和论述打下坚实基础。全书的重点在于基于可靠、翔实的数据基础，利用多个不同模型，从不同的角度量化地分析中国资产管理公司的处置、回收经验并从中挖掘客观科学的规律。全书模型主要包括时点静态模型和时变动态模型，既包括在截面数据角度下分析企业规模、抵押因素、处置方式选择与不良贷款回收相关关系等的多个模型；也包括在时变角度下分析宏观经济在全局和地区范围与回收关联的若干模型；还包括在时变角度下分析不良贷款的特殊效应 —— 回收衰退效应影响的生存分析模型。

整个研究从 2008 年年初开始。当时应东方资产管理公司旗下的东和数据咨询公司、东方金诚信用评级公司以及中和资产评估公司之邀，成立了东和中科 LGD 联合实验室，共同开展这项研究，并以该项研究为基础，通过数据挖掘、模型构建和验证以及经济、机理分析，完成了本书。本书在写作过程中还得到了国家自然科学基金重点项目 (No.71532013)、国家自然科学青年基金 (No.71203247)、北京市社科一般项目 (No.16YJB036) 的支持。

参与研究的人员除了本书的作者以外，还包括我们的学生陈浩、唐跃、王博、马宇超、代太山、周小林、王凤玲、温琪、黄意求、潘亮、董亮、张玲等。在此，我对他们的贡献表示最衷心的感谢。同时也欢迎各学术界和业界同仁对书中的观点、经验总结进行批评和指正。

杨晓光

2015 年 12 月

目　录

第 1 章　中国资产管理公司的成立及不良贷款处置方式

1.1　中国资产管理公司的成立

1998 年中国人民银行开始推广对所有银行信贷资产进行五级分类管理，即分为正常、关注、次级、可疑和损失类贷款，四大国有商业银行近几年也不断加强内部管理，加大不良资产的清收力度。但是中国国有商业银行不良资产的规模仍然很大，截至 2015 年第四季度商业银行不良贷款余额 12744 亿元，较上季末增加 881 亿元；商业银行不良贷款率 1.67%，较上季末上升 0.08 个百分点。近 10 个季度，我国商业银行不良贷款率一直在持续攀升，不良贷款问题始终是我国银行业风险管理和处置的重中之重。大量不良资产的存在，对银行来说直接影响银行收益能力，导致银行资信下降，影响银行自身的稳定；对国民经济来说会减少国家税赋收入，诱发通货膨胀，影响社会经济信用制度，严重的甚至引发国家金融危机。

为防范银行业发生金融风险，提高我国银行的资产质量，确保我国改革开放的顺利进行，我国银行业始终高度重视不良资产管理和处置问题。1999 年官方公布中国国有商业银行的不良贷款率为 29.18%。世界惊呼，“中国银行体系濒临破产”。同年为了更好地解决商业银行不良贷款的处置问题，提高我国商业银行风险抗击能力和经营效率，促进国有商业银行上市，长城、信达、华融、东方四家资产管理公司 (Asset Management Corporation，AMC) 先后获批成立，专门清收、管理和处置四大国有商业银行的不良资产，分别对口接收中国农业银行 (Agricultural Bank of China)、中国建设银行 (China Construction Bank)、中国工商银行 (Industrial and Commercial Bank of China)、中国银行 (Bank of China) 等剥离的共计 14000 亿元的不良资产。四大资产管理公司的设立，是借鉴国外成功经验在我国进行的一次大胆尝试。资产管理公司在不良资产处置中积累的宝贵经验和处置实践、形成的核心竞争力以及基于中国国情创新的处置方式，是进一步推进我国金融创新、深化金融改革的必备资源。据中国银行业监督管理委员会 (以下简称银监会) 网站公布的统计数据，截至 2006 年 3 月末，我国四家金融资产管理公司累计处置不良资产 8663.4 亿元，累计回收现金 1805.6 亿元，占处置不良资产的 20.84%。其中：华融资产管理公司累计处置不良资产 2468.0 亿元，回收现金 546.6 亿元，占处置不良资产的 22.15%；长城资产管理公司累计处置不良资产 2707.8 亿元，回收现金 278.3

亿元，占处置不良资产的 10.28%；东方资产管理公司累计处置不良资产 1419.9 亿元，回收现金 328.1 亿元，占处置不良资产的 23.11%；信达资产管理公司累计处置不良资产 2067.7 亿元，回收现金 652.6 亿元，占处置不良资产的 31.56%。如表 1.1 所示。

表 1.1　金融资产管理公司资产处置进展(截至 2006 年一季度末)　(单位：亿元)

金融资产管理公司	累计处置	现金回收	阶段处置进度/%
华融资产管理公司	2468	546.6	70.11
长城资产管理公司	2707.8	278.3	80.11
东方资产管理公司	1419.9	328.1	56.13
信达资产管理公司	2067.7	652.6	64.69
合计数据	8663.4	1805.6	68.61

注：① 累计处置指至报告期末经过处置累计回收的现金、非现金和形成的损失的总额；② 阶段处置进度指累计处置总额占购入贷款原值的比率

数据来源：根据中国银行业监督管理委员会公布的数据整理

表 1.2 给出了截至 2006 年一季度末各大金融资产管理公司处置回收不良资产的比例情况。从表 1.1、表 1.2 可以看出，现金回收在总体处置回收效益中所占的比例并不高，而资产回收均高于现金回收。因此深入挖掘处置方式本身的特点与特性，采用合理有效的方式有利于提高不良资产回收率。

表 1.2　金融资产管理公司处置回收不良资产情况

金融资产管理公司	2004 年		2005 年		2006 年一季度末	
	资产回收	现金回收	资产回收	现金回收	资产回收	现金回收
信达资产管理公司	38.49%	32.70%	37.60%	33.42%	34.46%	31.56%
东方资产管理公司	30.04%	21.22%	29.87%	23.89%	27.16%	23.11%
华融资产管理公司	27.70%	20.37%	25.92%	20.66%	26.50%	22.15%
长城资产管理公司	15.42%	10.32%	13.73%	10.44%	12.70%	10.28%
合计数据	26.66%	20.15%	25.31%	20.80%	24.20%	20.84%

注：① 资产回收率指回收的现金及非现金占累计处置总额的比率；② 现金回收率指回收现金占累计处置总额的比率

数据来源：根据中国银行业监督管理委员会公布的数据整理

此后四大资产管理公司的不良贷款回收业务持续推进，并逐渐摆脱传统的政治性剥离处置模式。2008 年，华融资产管理公司实现商业化收入 14.3 亿元，其中纯商业化收入 13.4 亿元，基本摆脱了对政策性业务的依赖；截至 2009 年 12 月 31 日，东方资产管理公司处置各类不良资产累计总收现 1131 亿元，2009 年当年收现 122 亿元，其中建行可疑类资产收现 50 亿元，工行可疑类资产收现 41 亿元，政策性资产收现 7 亿元，商业化收购资产收现 24 亿元。东方资产管理公司收购的四种不良资产处置收现工作获得全面“丰收”，自主收购的建行、工行可疑类资产累计

收现 582 亿元，政策性资产累计收现 483 亿元，损失类资产累计收现 17 亿元，商业化新收购资产累计收现 49 亿元。

根据银监会公布的金融资产管理公司不良资产回收率数据显示，到 2007 年底，信达资产管理公司的不良资产回收率为 30%，华融资产管理公司的不良资产回收率为 18%，东方资产管理公司的不良资产回收率为 20%，长城资产管理公司的不良资产回收率不到 10%，可见针对不同的不良资产，回收工作差异很大，需要深入分析，不能一概而论。

1.2 我国资产管理公司的发展

2000 年以前中国银行业普遍存在着的大量不良资产，既有受到历史性原因造成的贷款沉淀损失，也有历史性因素诱发的问题，以及采取“惜贷”政策导致借新还贷的恶性循环，据有关部门统计，大约有 30%是向国有企业输血造成的，大约 30%是行政干预造成的。有 10%源于司法环境因素，有 10%归于国家产业政策调整，另有 20%是银行自身不当经营造成的。它们错综复杂地交织在一起，制约我国国有商业银行迈开改革步伐，参与国际竞争，这正是我国资产管理公司成立的直接起因。

我国金融资产管理公司的成立是立足于本国国情，模仿美国资产重组托管公司 (Resolution Trust Corporation, RTC) 的机制，但由于各国金融环境差异较大，我国目前不良资产处置的资本市场不发达、法制不完善、地方政府介入严重，以及不良资产本身质量较差、资产管理公司缺乏有效的激励和约束机制、缺乏专业和综合性人才，我国资产管理公司成立时所肩负的历史使命是任重而道远的，对我国金融体系的安全和国民经济的健康发展来说举足轻重。

1999 年借鉴了美国解决储蓄信贷协会危机的经验，我国成立了为专门清收、管理和处置四大行不良资产的长城、信达、华融、东方四家资产管理公司，分别对口接收中国农业银行、中国建设银行、中国工商银行、中国银行等剥离的不良资产。除了财政部为四家公司成立之初各提供的 100 亿元资本金外，央行发放了 5700 亿元再贷款，同时四大资产管理公司获准向对口国有商业银行发行了 10 年期固定利率为 2.25%的 8200 亿元金融债券，并用这些钱向四大行收购政策性划拨的将近 1.4 万亿元不良资产。至 2005 年四大金融资产管理公司都相继完成了政策性不良资产的处置任务，在完成第一阶段对大量政策性剥离不良贷款处置的历史使命的同时，四家资产管理公司又以商业化方式接收了建行、工行、中行、交行、光大银行等多家银行的不良资产，从而使我国金融资产管理公司从政策性处置走向商业化经营和业务转型的过渡时期。

可见我国资产管理公司收购的不良资产转让方式主要分为政策性剥离和商业性收购。我国政策性剥离的国有商业银行不良贷款包括：① 按规定拟实施债权转股权的银行债权，具体指经原国家经济贸易委员会 (2003 年撤销，改设商务部) 推荐，由国有商业银行审核确定的向 AMC 划转的拟实施债权转股权企业的贷款；② 国有商业银行 1995 年年底以前发放的、1998 年年底之前形成的部分本外币逾期、呆滞贷款 (即贷款五级分类中的次级类、可疑类贷款)；③ 国有商业银行 1999 年 9 月底的账面呆滞贷款；④ 国有商业银行收回的与上述贷款相对应的以物抵贷资产和计入银行损失的应收未收利息。此外，上述贷款所对应的表外应收，但还未收的利息无偿划转金融资产管理公司。与政策性转让方式不同，商业性收购方式是资产管理公司以投标方式参与银行不良资产收购，极大地推动了中国不良资产处置的市场化进程，加快了中国不良资产处置与国际金融机构处置接轨。

时至今日，资产管理公司已经走过了十多年的风雨历程，其成立为国有商业银行改革发展提供了一个新的起点。通过政策性剥离和商业性收购两种转让方式，国有商业银行的资产负债表得到显著改善，不良贷款率大幅下降，有助于国有商业银行建立良性循环的信贷机制，进一步加强对信贷风险的内控管理、贷前审批和贷后跟踪管理。在未来的商业化转型道路上，需要加强创新，采用适合我国国情的处置方式和发展方向，稳步前进。

1.3 国际金融机构有关不良资产处置的经验

自 20 世纪 70 年代以来，伴随着金融管制日趋放松，信贷流动的增加，许多国家的金融体系都遭遇了巨额不良资产 (non-performing assets, NPAs) 或不良贷款 (non-performing loans, NPLs) 问题的困扰。巨额的不良资产不仅大大降低了银行体系的流动性和质量，侵蚀了社会公众对银行体系的信心，同时也导致了社会资源的无效配置。为了防范系统性银行危机和最大限度地降低不良资产对经济发展的消极影响，必须及时而有效地处置银行体系的不良资产，快速而成功地实现银行重组，恢复银行体系的支付能力和活力以及社会公众的信心，提高银行体系的稳定性。对银行不良资产设立专门处置与管理的组织机构 —— 资产管理公司，这是理论界最为推崇且被世界众多国家，包括东南亚金融危机国家广泛采用的重要战略之一，如西班牙 (1980)、美国 (1989)、瑞典 (1992)、芬兰 (1993)、印度尼西亚 (1997)、马来西亚 (1997)、韩国 (1997)、泰国 (1997) 以及日本 (1998) 等国家都先后选择设立了各自的国有资产管理公司。

由于各个国家不良资产产生的原因和资产状况不同，经济环境也存在差异，因此不同国家对不良资产采取的处置模式 (包括损失承担的方式) 和侧重点也有所不同。中国的资产管理公司相对来说成立时间较晚，期间不断从其他国家类似的金融机构发展和经营方式中借鉴经验，同时也在处置不良资产的过程中摸索出我国特有的处置经营方法，如表 1.3 所示。

表 1.3 各国资产管理公司的特征及其不良资产状况

国家	资产管理公司名称	资产管理公司起止时间	资产管理公司目标	资产处置模式	营运期限的强制性规定	NPL 占信贷比重(高峰年份)
西班牙	DGF	1980～1997 年	快速处置	集中处置		5.7%(1985)
美国	RTC	1989～1996 年	破产清算	集中处置	有法定期限 (7 年)	4.1%(1991)
瑞典	Securum Retriva	1992～1995 年 1995 年至今	破产清算 重组	分散处置	有法定期限 (10～15 年)	11%(1992)
芬兰	Arsernal	1993 年至今	重组	集中处置	有法定期限，现已展期	18.7%(1993)
印度尼西亚	IBRA AMU	1997 年至今 1997 年至今	快速处置 重组	集中处置	有法定期限 (3～7 年)	70%(1997)
韩国	KAMCO	1997 年至今	重组	集中处置	无法定期限 (计划 6 年)	35%(1997)
泰国	FRA AMC	1997 年至今 1997 年至今	快速处置 重组	集中处置	无法定期限 (计划 5～7 年)	50%(1998)
马来西亚	Danaharta	1998 年至今	重组	集中处置	无法定期限 (计划 7～10 年)	30%(1998)

数据来源：① Klingenbiel, Daniela. The Use of Asset Management Companies in the Resolution of Banking Crises: Cross-country Experiences. Policy Research Working Paper No.2284, World Bank, Washington, D. C. 2000；② Cooke, David and Jason Foley. The Role of the Asset Management Entity: An East Asian Perspective. http://www.adb.org. 1999

1.4 国际金融机构采用的处置管理模式

国际金融机构采用的处置管理模式可以大致分为三种模式：以美国重组信托公司模式为代表的发达国家模式；以波兰、捷克的分散处置模式为代表的转轨国家模式；以及以东亚各国的资产管理公司模式为代表的发展中国家模式。

1) 发达国家模式 —— 美国的重组信托公司模式

在 20 世纪 80 年代中期，由于利率风险衍生出信用风险，结果导致美国储蓄贷款机构的信用危机。到 1988 年有问题的银行数目超过 1400 家，倒闭银行数目超过 200 家。美国政府为处置储蓄贷款机构的不良资产，由国家和需要清理不良资产的金融机构共同出资，其中国家出资六成，储蓄贷款机构出资四成，成立了重组信托公司 (Resolution Trust Corporation，RTC)，RTC 是在联邦存款保险公司 (Federal Deposit Insurance Corporation，FDIC) 的领导下运作的。RTC 即为美国的金融不良资产集中处置公司，是和中国的资产管理公司具有相似职能的金融机构。RTC 按照特定的法律框架接受不良资产，然后运用投资银行的手段对资产进行清理、评估、分类、重组、拍卖出售。

20 世纪 80 年代末，联邦储蓄与信贷协会 (Savings and Loans Associations，S&L) 由于长期不良贷款的累积而出现了严重的资不抵债的情况，新组建的 RTC 就承担起了重组倒闭的储贷协会的重任。RTC 的成立既有商业性也有其社会性，一方面

RTC 要解决储蓄贷款协会危机，从中获取最大化的价值收益，另一方面是把对当地的房地产市场的损害降到最低限度，稳定当地的金融秩序。

RTC 在清理储蓄贷款机构的不良资产过程中，摸索出了解决不良资产的“好银行 — 坏银行”模式 (GOODBANK—BADBANK)。采取“好银行 — 坏银行”途径是把银行不良债权从母体的资产负债中划出去，移交给设立的子银行，由母银行将子银行的股份分给母银行的股东，母银行同子银行的资产负债表分离。“好银行 — 坏银行”模式实现银行资产清理目标的具体过程是，将问题银行的不良资产转移到专门的机构中，使原来问题银行成为一个能够正常经营、资产优良和资本充足的“好银行”。好银行继续起到信用媒介的作用，为债务人提供贷款，从而维持经济的发展。而接受不良资产的专门机构成为“坏银行”，通过出售或注销不良资产来负责对不良资产的处置。“坏银行”的不良资产处置完毕后，“坏银行”也就寿终正寝了。

在 RTC 存续期间，共清理了 747 家储贷协会机构，总资产达 4650 亿美元。这些资产大约占 1989 年储蓄贷款协会资产的 23.2%，占整个银行与储贷机构总资产的 8.5%。其中，RTC 共处置的资产达 1530 亿美元，资产回收率接近 40%，与我国资产管理公司平均 17% 的现金回收率相比，成绩卓著。

总结 RTC 的成功之处，美国高度发达的资产市场是一个重要因素，通过整批销售、证券化和拍卖的方式出售，提高了不良资产的处置效率。另外健全的法制体系保证了以诉讼的方式处置资产可以获得较高的资产回收率。

表 1.4 对比美国和日本这两个发达国家的不良资产处置。

表 1.4　发达国家银行不良资产处置综合比较

原因和机制	美国	日本
银行危机形成的原因	由于银行业自身的制度性缺陷以及由于银行监管体制的不完善造成的银行业危机	长期经济结构不合理造成的银行危机
政府的政策选择	破产清算、放松监管	破产清算、银行重组
处置银行不良资产的机构	成立了在 FDIC 领导下的 RTC	试试金融再生法、成立“过桥银行”、存款保险基金、银行复兴基金
存在期限	7 年	1998 年成立
职能和目标	处置破产存贷机构 (联邦储蓄与信贷协会) 的资产清理、回收贷款或引导收购银行进行处置	处置整个金融体系的不良资产，构筑稳固的金融体系和激发银行的活力
资产重组的基本方法和方式	存量法和集中处置方式，接管被监管机构关闭的存贷机构资产，采用全面促销策略出售贷款	对小型金融机构直接进行破产清理，政府注入公共资金，由存款保险公司设立“过桥银行”对中型金融机构进行托管，对大型银行则直接注入大量的公共资金，将其暂时国有化
主导机构	政府	政府

2) 转轨国家模式 —— 波兰、捷克的分散处置模式

作为转轨国家，波兰和捷克面临的问题主要是银行体系不良资产不断累积并产生信用危机。波兰处理不良资产的特点主要是对其进行分散处置。其处置过程有如下特色。

(1) 波兰金融体系的不良资产是系统性的，1990 年、1991 年和 1992 年不良贷款率分别达到 10%、20%和 28%，严重威胁到信用体系的稳定性。这与我国的情况相当类似。

(2) 波兰处置不良资产是分散式的，1993 年波兰《企业和银行金融重组法》生效，这标志着波兰正式开始对不良贷款问题进行分散处置。具体做法是通过发行公债来给银行配备足够的自有资本，再通过国有商业银行内部的 "沉淀资产管理部门" 分类处置不良贷款，改变银行经营行为，使它们严格对企业的预算约束。之所以采取各银行分散处置的方式，一方面是由于政府没有足够的经济实力集中处置主要存在于企业之中的不良贷款；另一方面也是因为这一途径可以避免因整体清算可能导致的社会动荡。

(3) 让企业和银行重组并不意味着波兰政府只在一旁 "坐观其成"。波兰政府的参与和支持贯彻了其整个银企重组计划的始终，但它只发挥监督功能，目的是帮助建立一种分散决策的策略来解决银行问题，而不是建立一个新的政府机构集中解决问题。计划实施伊始，企业出现了成立银行的浪潮，1993 年有 95 家商业银行，后来部分小型机构倒闭，另外也有几家外资银行在运作，至今它们在波兰没有发挥重要作用。

捷克的重组经验与波兰相似，它主要是利用可分散风险的投资基金重组企业。具体做法是通过发行受益凭证或基金股权吸收社会资金，动用这些资金，可以采取直接注资的办法向选中的目标企业注资，也可以用协议转化、股权置换 (用基金股权置换企业国有股和法人股) 等方式获得企业的股权。在拥有控股权基础上，基金就可以战略投资者身份重组企业。此外，基金往往由商业银行发起，基金通过控股直接干预公司董事会从而参与企业重组的并不多，而更多的业务是局限于在二级市场将购得的股权转让抛售，这要求基金管理公司具有较高的素质。

分散处置的优点在于解决积存问题的同时又无预算软化之虞，不仅如此这种模式对银行自身管理能力的提高大有裨益。著名经济学家 Anderson 和 Kegels 在评价分散处置的长处时提到："波兰处置不良贷款的方法被广泛认为是转型中最成功的体制机构的发展措施。看来，1993 年的金融重组法的确激发银行采取了积极的信贷政策。这些银行积累了对有问题贷款的管理经验，这有助于提高它们将来作为私有银行的业绩。假如采用了集中处置方法，那么就不会有这种结果。" 表 1.5 对比波兰和匈牙利这两个转轨国家的不良资产处置。

表 1.5　转轨国家银行不良资产处置综合比较表

	波兰	匈牙利
银行危机形成的原因	经济转轨国家的银行危机：旧体制下形成的银行不良资产在经济转轨过程中显现出来	经济转轨国家的银行危机：旧体制下形成的银行不良资产在经济转轨过程中显现出来
政府的政策选择	银行和企业重组	银行重组 (只进行了资产重组，而改革了银行的管理体制)
处置银行不良资产的机构	成立工业发展局、负责银行不良资产的重组	政府出面的集中处置处置模式
存在期限	4 年	4~6 年
职能和目标	负责银行的不良资产重组，主要采取非集中处置处置方式，发挥银行的主导作用，不良资产清理与企业债务重组相结合	负责银行的不良资产重组，主要采取非集中处置处置方式
资产重组的基本方法和方式	发行 15 亿兹罗提 (波兰货币名) 的政府债券，对银行进行一次性资本注入，是银行获得进行资产重组的资金，在银行内部推行了“好银行 — 坏银行” 模型	先后推出了包括实施紧急措施，推行民营化和改革监管法规等一揽子方案解决银行业危机
主导机构	政府、银行	政府

3) 发展中国家模式 —— 东南亚各国的资产管理公司模式

与前面的两种模式不同，东南亚的资产管理公司是在暴风骤雨般的金融危机下发展起来的。与成熟的市场经济国家相区别，东南亚各经济体的政府和不良资产的大量累积有千丝万缕的联系，因此在危机后各国政府均直接介入，采取了大体类似的国有化解决框架：主要方式大体有以政府债券置换银行不良债权、为增加银行资本金进行注资、推进金融机构的整顿与合并、调整企业债务结构等。从各国的实践来看，泰国、韩国、印度尼西亚、菲律宾等成立了各自的资产管理公司，大部分不良资产已以较大的折扣出售给海外机构投资者。

在东南亚各国对银行不良资产的管理中，马来西亚资产管理公司运作较为成功。20 世纪 90 年代中后期的东南亚金融危机给各国经济带来了巨大的伤害，马来西亚也不例外，由此产生了大量的银行不良资产。1997 年 7 月 14 日，受金融危机冲击马来西亚被迫放弃了盯住美元的汇率政策。货币贬值、内需下降、企业倒闭使金融机构的资本水平和盈利水平下降，承担亏损能力也下降，潜伏的不良债权大量涌现，不良资产从 1996 年初的 125 亿林吉特增加到 1998 年 8 月的 674 亿林吉特，直接影响了金融体系的平稳运行和经济的稳定增长。为了解决由于不良资产带来的金融困扰，于 1998 年 5 月 20 日成立了马来西亚资产管理公司 (Pengurusan Danaharta Nasional Berhad，Danaharta)。Danaharta 是政府所有的有限责任公司，成立该公司的目的是通过收购不良资产帮助金融机构复苏，通过迅速处置有财务问题的企业帮助企业复苏，通过增强金融体系流动性促进国民经济的复苏。为保证该公司运作的公正透明，除有关政策和发展方向的问题之外，该公司不受马来西亚政府的直接管理，而是由一批专业人士经营。收购金融机构不良资产是成立马来西亚资产管理公司的主要目的之一，也是马来西亚资产管理公司处置不良资产，促进马来西亚金融机构复苏的第一步。

马来西亚资产管理公司 Danaharta 通过发行政府担保债券来收购金融机构不良资产，进行评估定价，通过市场手段重组、出售、转让、拍卖。Danaharta 还进行资产分类管理，把受不良资产困扰的企业分为两类，分别采取不同的手段。Danaharta 的有效运作，基本上控制住了国内金融机构呆账的上涨势头。马来西亚资产管理公司规定收购的资产必须满足以下标准：(a) 被收购的资产必须有价值，而且经过马来西亚资产管理公司重组后，资产必须存在潜在升值的可能。(b) 只收购符合条件的总价值不低于 500 万林吉特的资产。如果是贷款，其总值按本金、利息、其他发生的费用加总计算后得出。小额不良资产由马来西亚中央银行管理的两个综合基金和三个专门基金负责收购及处置。(c) 在整个收购及资产定价程序中，对所有的金融机构一视同仁，不采取差别对待。(d) 不考虑那些面对清盘或是经法庭和债务人同意，根据《公司法》(1995 年) 第 176 条进行重组计划的借贷者。

1998 年 8 月底，马来西亚资产管理公司开始了不良资产收购。到 1999 年 6 月 30 日，马来西亚资产管理公司提前 6 个月完成了对第一批债务的收购，共计收购和代管不良资产 380.5 亿林吉特。同时马来西亚资产管理公司启动了第二批债务的收购程序，并于 2000 年 3 月 31 日完成，收购和代管了不良资产 27.1 亿林吉特。至此，马来西亚资产管理公司基本结束了资产收购业务，此后，马来西亚资产管理公司的收购范围只限于代管森合银行集团和土著银行集团的不良资产，将工作重点转向了不良资产的处置上。到 1999 年 6 月底，马来西亚银行系统以逾期 6 个月计的呆账已从 1998 年 11 月的 9%降至 8%，以逾期 3 个月计的呆账从 14.9%降至 12.7%。到 2000 年底，马来西亚国内银行系统逾期 6 个月计的不良资产的比率已降到 6.3%。到 2001 年 12 月 31 日，马来西亚资产管理公司共收购和代管 2902 笔不良贷款 477.2 亿林吉特 (马来西亚货币名)，应计利息 32.5 亿林吉特，合计 509.7 亿林吉特，涉及借款人 2588 家。

迄今为止，东南亚国家以国有化政策化解金融机构的不良资产所遇到的最大困难，并不在于通常意义上坏账的注销，而在于化解过程中如何重新塑造政府、金融机构和企业集团之间的关系。通过设立资产管理公司来充当打理各方关系的" 中间人" 当然具有天然的优势，但实践起来却困难重重。(a) 资产管理公司的地位问题，在东南亚，资产管理公司往往受制于多个政府部门，也无法有效行使对控股企业的控股管理权利，更无法理清处置不良资产的损益，因此资产管理公司地位非常尴尬，这种情况在中国也很突出。(b) 既得利益阶层的冲突问题，处置银行不良资产必然涉及资产缩水，这将损害既得利益集团的利益，所以东南亚的资产管理公司运营虽然取得了一定的成效，但还有相当长的路要走。表 1.6 对比韩国和泰国这两个发展中国家的不良资产处置。

表 1.6 发展中国家银行不良资产处置的综合比较

原因和机制	韩国	泰国
银行危机形成的原因	长期经济结构不合理造成的银行危机	长期经济结构不合理造成的银行危机
政府的政策选择	破产清算、资产重组	资产出售
处置银行不良资产的机构	参照美国的 RTC 模式成立专门的、国家集中管理的资产管理公司 (KAMCO)	1997 年 10 月组建金融机构重组管理局 (FRA)，并建立各个级别的资产管理公司
存在期限	永久性，其权限在 1997 年底得到加强	18 个月
职能和目标	通过清理资产负债表上的不良资产改善银行的流动资金状况，尽量实现不良资产的价值	完全为出售金融资产公司资产，对破产的金融公司的资产进行拍卖代理
资产重组的基本方法和方式	按不良资产账面值的 50%～70% 以政府债券的银行购买不良资产，直接对不良资产进行拍卖，利用投资银行的业务手段进行重组，包装后出售	通过竞争性投标出售破产的金融公司近 200 亿美元的不良资产，FRA 在资产拍卖过程中，仅担任谈判者和促成谈判的角色
主导机构	政府、银行	银行

至此可以对上述三种处置管理模式进行简单的小结。

(1) 发达国家化解不良资产的模式主要偏重于整体解决，需要完善的法律框架和财力；

(2) 转轨国家分散处置模式得以顺利运作的重要前提是较好的市场框架，否则不但不能同时解决预算软化问题，反而可能诱发深层次的道德风险；

(3) 发展中国家资产管理公司模式的一大特点是政府介入程度很高，收效快但国有化的后遗症也很严重。

1.5 国际资产管理公司对不良资产的处置方式

基于国际上的不良资产处置的不同整体模式，本节继续分析国际上一些国家设立的资产管理公司所采用的不良资产处置方式，如表 1.7 所示。

表 1.7 各国资产管理公司处置不良资产的方式比较

国家	公司名称	目的	不良资产获取	手段
美国	RTC	处置 S&L 的不良资产、托管其存款	S&L 被关闭后，成为法定不良资产接受人	利用市场手段出售不良资产
瑞典	Securum	回收和处置银行不良资产	以资产的可能实现价值购买	获取抵押物、出售不良资产
韩国	KAMCO	回收和处置银行不良资产	根据市场价格收购不良资产	拍卖、重组、出售
马来西亚	Danaharta	处置银行不良资产或作为不良资产处置的顾问	以市场价格收购不良资产	利用市场手段出售不良资产
墨西哥	Fobaproa	协助有问题银行处置不良资产、增加有问题银行资金	以公司债券换取不良资产，银行负担不良资产处置 25%～30%的损失	出售不良资产
泰国	FRA	专门从事金融机构不良资产出售	法定不良资产接受人	封闭投标出售

在具体的操作过程中，各国家或者地区资产管理公司处置不良资产的主要措施与方法大致包括以下五种。

(1) **资产和债务重组** 通过重组使企业减轻债务负担，并且实现股权的多元化，使企业重新焕发生机。在这方面做得很成功的是瑞典政府即其 Securum 公司。

(2) **资产证券化** 充分利用金融市场尤其是证券市场将银行资产打折出售或部分证券化，收缩不良资产规模。在不良资产发生后，将其直接打折出售给高素质银行悉心经营，虽然会承受一定的利益损失，但大部分资产却可以得到保全，贷款风险得到化解或转移。

(3) **债权全部或部分转股权** 早在 1929 年的金融危机、股市崩溃和经济萧条之际，为了避免企业无法归还银行贷款而导致银行倒闭，意大利就曾将企业物力归还的贷款转化为银行对企业的股权。之后意大利政府成立了伊利亚控股公司，由其购买银行持有的企业股权，对这些企业进行重组，重组成功后，再把企业卖给私人。

(4) **直接的资本注入** 资本注入包括政府注资和私人投资者注资。事实上，除了政府直接注资以外，鼓励银行进行合并也是一种资本注入方法。韩国、印度尼西亚、印度和中国香港都采用过这种手段。

(5) **破产清算** 破产清算是解决不良资产的最后形式。对于那些已经资不抵债且前途无望的企业，破产清偿债务是唯一的手段。

当然在具体的一些个案处置中，还有一些诸如拍卖、租赁等方法被银行和专门的不良资产处置机构使用。同时为了促进不良资产问题的尽快解决，各国政府还比较注意创造良好的法律与市场环境。

1.6　中国资产管理公司不良资产主要处置方式的流程概述

自从 1999 年成立以来，各大资产管理都在积极开拓国内不良资产处置市场和空间、借鉴国外资产管理公司的成功经验大胆探索、创新业务运作手段、开发符合中国国情的多种处置方式，实现不良资产的快速处置和回收价值最大化，切实起到资源再配置和盘活资产的重大作用。

资产管理公司在处置不良资产之前，一般都会先做尽职调查，了解债务人及债务企业的相关情况，贷款形成、划为不良的原因，债权接收的过程，债权价值评估等，并在以上信息的基础上，选择最合适的某一种或几种处置方式。

下面从某资产管理公司处置不良资产的流程入手，对不良资产的处置过程建立一定的认识；然后从处置债权的两个角度：直接处置权益和间接处置权益，对常用的处置方式进行介绍；最后对所研究的不良资产数据库中各种处置方式的占比做简要分析，首先介绍不良资产处置的流程。

1.6.1　不良资产处置流程

我国金融资产管理公司的成立催生和培育了不良资产市场，成为连接商业银行、投资者和中介机构的重要纽带。商业银行与资产管理公司的不良贷款处置虽然是同源发生，但由于经营方式以及资产质量的差异，处置回收的效果也不同。总体而言金融资产管理公司接收的不良资产相较于商业银行，是更为难以回收的资产。不良贷款从产生到剥离至资产管理公司并被处置的流程如图 1.1 所示，其中图的第一列表示处置总体流程，第二列表示流程中需要处理的环节，第三列表示处理环节对应的处理主体、需要的相关材料等，第四列表示补充说明和环节。

通常资产管理公司把不良资产看作是一种配置不当或“放错位置”的资源，通过运用兼并、重组、破产等业务手段，推动资源的市场化流动，尽可能回收不良资产。资产管理公司对不良贷款的处置方式主要有两大类：单户处置和打包处置。所谓单户处置，是指对违约企业 (债务人) 的所有违约债项进行统一的清收处置；而在许多情况下，出于减少处置成本、加快处置进度等方面的考虑，资产管理公司会将满足一定条件的若干企业不良债权打包，作为一个整体出售给受让方，即所谓的打包处置。单户处置方式包括债权追偿、债权重组、资产转让、债转股和实物入股、实物资产租赁、委托处置、投资业务、资产证券化以及多种处置方式并用等。

1.6.2　不良资产处置方式概述

本节将从两种处置不良债权的角度来介绍资产管理公司常用的处置方式，分别是直接处置权益和转让处置权益的不良资产处置方式，进而介绍如何运用多种处置方式来实现回收。

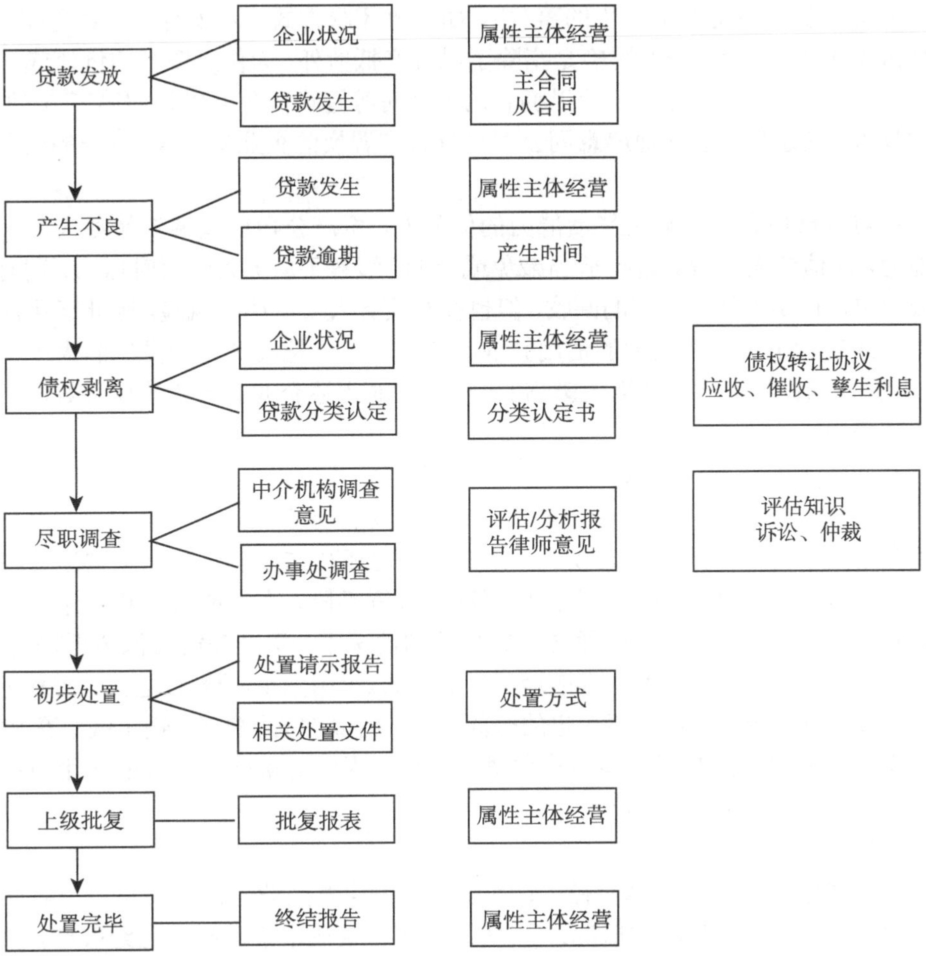

图 1.1 国内某资产管理公司处置不良资产流程图

1. 直接处置权益的不良资产处置方式

直接处置权益的不良资产处置方式包括债务重组、诉讼追偿、破产清偿等，都是资产管理公司常用的重要处置方式，这里仅对单一债务人的处置案例做分析。

1) 债务重组方式

债权重组方式的定义参见我国《2008 年企业会计准则》，是指在债务人发生财务危机时，债权人对现有债务进行重新组合和安排的行为，主要包括以物 (股) 偿债、修改债务条款、资产置换等方式。这些处置方式一般运用于单笔不良资产的处置。其中以物 (股) 偿债是指债务人无法按期清偿债务，以实物或股票冲抵债务；修改债务条款是指“在债务人发生财务困难的情况下，债权人按照其与债务人达成的协议或者法院的裁定作出让步的事项”，如修改还款方式、还款时间、对全部债权进行折扣变现处置等；资产置换是指除了以资产抵债外，为保障资产的价值或促进资产的处置，金融资产管理公司以拥有的资产对等置换债务人以外的第三方 (如其他债权人、其他股东或其他愿意同公司进行资产置换的企业或个人) 资产的处置方式。

在对有偿债意愿但缺乏偿债能力的债务人，资产公司通过调查债务人最大偿债能力，对债务人的债务进行适当减免或展期，缓解了债务人的暂时压力，同时资产公司也可以实现最大限度的回收，但也存在债务人二次违约风险。因此运用债权重组方式进行不良资产处置的适用企业也有限制，一是关系国计民生的大中型企业，二是对国民经济稳定有重大影响的企业，同时上述企业的主要债权人数量不多且比较集中。

2) 诉讼 (仲裁) 追偿方式

诉讼 (仲裁) 追偿是指如果债权人和债务人无法就还款达成一致意见，办事处采用向法院诉讼的方式追偿债权。诉讼是一种对还款态度恶劣和恶意逃避债权人同时又具有一定偿还能力的的企业所采取的处置手段。在目前制度和政策漏洞较多、社会信用意识淡薄、失信惩罚机制缺乏的情况下，资产公司为保全诉讼时效，防止资产流失，不得不较大规模地运用诉讼方式。但由于即使胜诉之后，要真正执行诉讼或仲裁结果，还是需要一定的时间，容易出现 “官司赢了，输了钱” 等现象，这会在很大程度上延长了不良资产的处置时间，因此诉讼处置方式的运用也存在回收周期长、处置成本高的不足。

3) 破产清偿方式

破产清偿是指通过法律途径申请企业破产，清算企业全部破产财产以收回部分债权的处置方式，分两种情况：① 债务人所在企业申请破产或已经破产，债权人只能接受采用破产清偿方式追回债权；② 债权人质疑债务人还款能力，向法院申请对债务人企业执行破产，清偿不良资产采用破产清偿处置的不良资产一般来说回收率不高，因为在债务人申请破产或被强制破产清偿时，债权人的债务清偿次序若不靠前，就无法实现优先清偿。

2. 转让处置权益的不良资产处置方式

转让处置权益的不良资产处置方式包括拍卖、竞价转让、协议转让、委托处置等，也是资产管理公司常用的重要处置方式，这些处置方式不仅适用于单户处置，也适用于打包出售等批量资产转让。

1) 拍卖

拍卖是指金融机构通过拍卖中介机构，以公开竞价的形式，将公司拥有处置权的资产转让给最高应价者的处置方式，拍卖具有时间快、透明度高、安全性好、手续简便等优点，可以通过竞价机制发现不良资产交易价格。

2) 竞价转让

竞价转让 (competitive pricing transfer) 是资产管理公司在总结不良资产公开处置经验的基础上探索出来的一种新的处置方式，可以由财产所有人自行组织或者由非专业拍卖总结机构组织。竞价转让方式一般有特定的 3~5 名潜在竞标人 (资产购买方、受让方)，通过他们互相竞价的方式，在约定时间一起向债权人提出报价，价高者得到不良贷款的债权。

3) 协议转让

协议转让 (negotiatory pricing transfer) 是指金融机构通过与有意向的债权受让人 (资产购买方、受让方) 协商，将公司拥有处置权的资产转让给购买方的处置方式。与竞价转让不同的是，此种情况下通常会存在目标或者特定的债权买受人，通过双方协商，将不良债权转让给特定买受人。

4) 委托处置

委托处置是资产管理公司将债权委托给专门的中介机构出面去追偿不良贷款，回收率高低取决于受托方的处置能力，但委托费用也相对较高。

5) 资产打包转让

不良资产组包是指将一定数量的债权、物权或股权等资产进行组合，形成具有某一特性的资产组合。资产管理公司根据一定的组包原则，将属于同一地区、同一行业、隶属于某一集团、或由同一担保方担保的某些不良资产组合在一起，出售给特定的购买者或投资机构，实现对不良资产的批量回收。从国际经验看，打包出售是批量处置资产的主要方式，它有利于降低资产处置成本，实现规模效益。采用资产打包出售方式可以以大项目带小项目、以优质资产带劣质资产、以更具吸引力的资产带缺乏吸引力的资产，还可以按行业、区域、资产性质、法律性质或按战略投资者的需求进行打包。

对于打包出售的不良资产，根据规定，在我国不良资产的购买者只能是有贷款管理权的金融机构，这就决定了贷款再出售的对象仅限于国有商业银行、股份制商业银行、非银行金融机构和境外合格投资者。此外，我国不良资产从银行平价转售到金融资产管理公司的方式也大大影响到了不良资产的出售折扣率，降低了其在价格上的吸引力。

资产打包出售适用于单笔资产处置成本高而回收价值低，资产分布过于分散不利于处置，单笔资产处置难度大、周期长以及具有其他适宜进行打包出售特点的资产。打包处置具有两个主要的优点，(a) 处置时间短，回收现金快；(b) 交易成本低，风险相对较小。同时也有两点不足指出，(a) 目前不良资产打包数额太大，都是几十亿的资产包，限制了有购买力的投资者；(b) 一次性买断债权对投资者带来各种的法律隐患。

目前打包出售主要采用债务重组、招标、转让、拍卖、公开竞价等多种方式。由于本书的研究受数据来源限制，没有较多的打包资产出售资料可供开展研究，故不在分析范围内。这也是今后可供继续研究的方向之一。

至此，不良资产处置中的各利益主体间关系如图 1.2 所示。

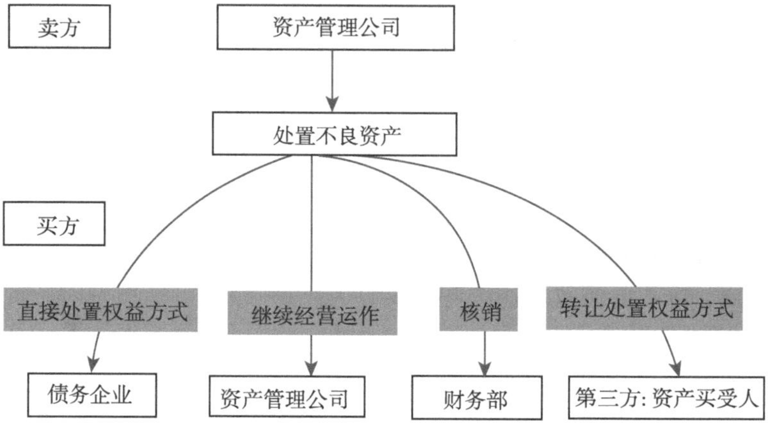

图 1.2　不良资产处置中的各主体方及关系

3. 多种处置方式并用

由于资产性质和债务企业性质的多样性，在处置回收过程中经常需要先后或同时运用多种处置方式。比较常见的方式有以诉促谈，通过提起诉讼向债务企业发出警示信号，进而争取通过债务重组、资产拍卖等其他方式回收资产；也有将部分实物资产以物抵债后，再进行债务重组或将剩余债权转让等，尽可能最大限度地实现较高的回收率，同时缩短处置回收时间。

同时各种处置方式各有利弊，难以判断孰优孰劣。各种处置方式适用条件也不同，即使采用同一处置方式，由于各项资产之间存在的具体差异，产生的结果也不相同。因此多种处置方式并用在不良资产回收中也是较为常见的。

1.7　不同处置方式样本分布频率对比

本节的研究数据来源于 LossMetrics 数据库，LossMetrics 数据库是东方资产管理公司旗下的东和数据公司建立的国内最大的中国银行业违约债务损失数据库，数据库中记录了东方资产管理公司从中国银行、工商银行、建设银行等国内几家大型商业银行接收的八万余户违约企业的不良资产相关信息。例如某笔贷款 A，其债务企业的经营状况为停业、工商登记状态为正常，该债项以房地产作为抵押，并被银行划分为可疑类不良贷款，资产管理公司从银行接收该不良资产后，采用拍卖方式出售作为抵押的房地产以回收贷款，因此对该贷款采用的处置方式即为拍卖。这些都是银行及资产管理公司在处置回收不良资产时需要考虑的实际因素。数据库中来自中国银行的贷款为政策性转让，来自中国工商银行和中国建设银行的贷款为商业性收购。涉及的债务企业涵盖了 23 个省市和 21 个行业大类，债权规模最小为 1 万元，最大为 7 亿元。无论是从样本量还是从数据覆盖范围角度评价，本书的数据都具有明显的优势，具有一定代表性，能够较好地反映中国不良资产的总体情况和分布特征。本节从分析开始，图 1.3 分析了单户处置结束的企业中不同处置方式的占比情况，对 LossMetrics 数据库中的不良贷款数据建立整体认识。

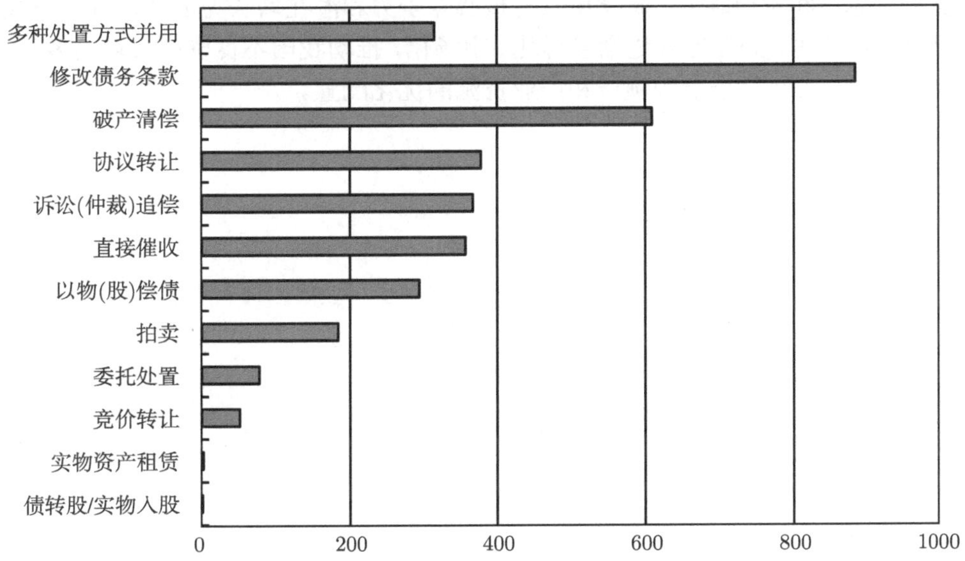

图 1.3 不同处置方式下的不良资产样本量对比

从图 1.3 可以看出，资产管理公司在处置不良资产时，最常采用的处置方式是债务重组中的修改债务条款方式。破产清偿、协议转让等也是常用的不良资产处置回收方式，而拍卖、竞价转让、委托处置的样本则相对较少，拍卖的资产通常通过拍卖中介机构以公开竞价方式转让，竞价转让也是将资产转让给最高应价者，委托处置则将资产委托给原剥离行或其他中介机构进行债权处置，这些处置方式对债务人匹配度有较高要求。

1.8 本 章 小 结

本章首先介绍了资产管理公司对不良资产处置的流程，然后将不良资产的处置方式分为两大类：债权人直接处置权益和转让处置权益的处置方式，分别概述了债务重组、诉讼追偿、破产清偿、拍卖、竞价转让、协议转让、委托处置等常用的单户处置方式以及资产打包出售等方式，并简要介绍多种处置方式并用的情形。紧接着分析了 LossMetrics 数据库中采用不同处置方式的样本在数据库中的分布频率对比，对研究数据建立整体认识。

除此之外，各大资产管理目前都处在发展历程中的关键时期，积极运用创新性思维，利用商业化手段处置不良资产，如资产证券化、保荐上市与证券承销、分层信托、结构交易模式、以债权出资组建合资公司、对抵债物追加投资，进行增值运作、建立不良资产超市等方式。一方面扩大了经营范围，提高处置收益；另一方面拓宽处置思路和发展眼界，研发出具有核心竞争力和潜在增长力的新型处置方式，提高行业影响力，处置方式逐渐多样化、市场化，推动我国不良资产市场的多元化多层次建设，实现整个金融领域和产业资源的优化配置。

第2章 不良资产处置方式的影响因素分析

2.1 引　　言

不良贷款是银行经营过程中的副产品，是一个国际性的金融难题，美国、日本、德国都相继出现过不良贷款的问题。随着经济的发展，中国也碰到了同样的难题，因此国务院于 1999 年成立四大资产管理公司来负责处置国有商业银行积累多年的不良贷款。时至今日，四大资产管理公司成功处置了超过两万亿元的不良贷款，有效提高了国有商业银行的经营效率和风险管理水平，并使得商业银行上市顺利实现。在上一章中，本书回顾了中国不良资产管理公司成立的历史和经验，并且比对了中外不良资产处置的经验，在本章中将继续对我国大规模处置不良贷款的过程中，资产管理公司具体处置的方式和回收率的影响因素做进一步分析，这也为本书以后章节中不良资产回收定量化模型打下坚实的变量基础。

国际上对不良贷款处置方式的研究思路主要是从宏观大局上探究不良贷款产生的原因，并据此提出处置方式上的建议，这些研究强调要建立良好的法律环境并尽快地将不良贷款推向市场吸引国际投资者。Peiser、Wang (2002) 指出美国处置不良贷款的成功经验在于迅速将不良贷款证券化，并向国际投资者开放不良贷款市场。对于中国的不良贷款处置问题，Peiser、Wang 从政府和社会意愿、法律环境、执行过程三个层面给出十五个不良贷款市场国际化的影响因素，其中执行过程层面的因素包括法院执行能力、资产转让费用、下岗职工安置和土地使用权等，作者充分考虑到了采取不同处置方式会对回收率有影响，并且考虑到了担保方式对处置方式的影响；Xu (2005) 研究了中国不良贷款处置的进程、方法和存在的问题；Chen (2006) 完整考察了自 1999 年开始的中国不良资产处置的初期阶段的整体过程并总结了资产处置的经验；Hoshi (2004) 针对日本的不良贷款处置的经验和方法进行了总结；杨华、徐荣梅 (2002) 从金融风险的社会化防范与化解的角度的各种不同处置方法，并介绍了中介机构、金融资产公司、资产管理公司、抵债物品处置机构等部门的在不良贷款处置中发挥的作用，以及这些机构管理运作的方法；吴德礼 (2001) 阐述了不良资产的管理模式，分析了不良资产的监控问题，并重点论述了银行与企业各自处置不良资产的方式和方法；何仕彬、唐莉 (1999) 等介绍了国外银行不良资产的处置模式，详细分析了欧洲、美国、日本等各国家或地区的不良资产处置方法；周小川 (1999) 分析了中国金融体系不良资产的出路，指出不良贷款处置对于我国银行业发展的重要性。以上研究尽管从不良资产处置的过程、方法、影响因素等多个角度对不良资产处置，尤其是我国不良资产处置进行了研究，但缺乏系统的量化处置方式的选择。本书基于 LossMetrics 数据库中的不良贷款数据，用定量方法研究处置方式的影响因素，以及这些因素如何影响处置方式的选择。

目前对不良贷款处置方式的定量研究，困难在于没有大量的不良贷款数据，包含处置方式的数据就更少。东和数据咨询公司的 LossMetrics 数据库包含大量不良贷款数据，而且处置方式的分类丰富，近年来东和中科 LGD 联合实验室依托此数据库做了大量的研究工作。王东浩等 (2012) 将不良贷款按债务企业规模分类，然后分析了商业银行不良贷款的回收率结构特征，并建立了回收率的区间判别模型，文章结果表明处置方式对回收率有显著影响；王凤玲等 (2011) 详细分析了各种方式处置的不良贷款的特征，并将处置方式作为解释变量建立了回收率的预测模型，文章结果表明处置方式作为解释变量能够大大提高模型的拟合优度。这两篇文章有一个相同点就是将处置方式作为解释变量加入回收率预测模型，本书在研究不良贷款处置的历史经验后发现处置方式在一定程度上是可以由其他解释变量来确定的，即不良贷款的某些因素性质决定过了该贷款的处置方式。例如对于已破产终结的债务企业，资产管理公司被迫选择破产清偿的处置方式，这时处置方式就由债务企业经营现状完全确定。本书通过计量模型证明了某些因素对处置方式有影响，而这些因素正是通过影响处置方式来最终影响回收率，因此需要先确定这些因素是如何影响处置方式选择的，进而探讨处置方式对回收率的影响。

本章将从样本个数出发研究不良贷款的处置方式，样本个数可以看作根据历史经验对处置方式进行投票的得票数。不良贷款处置的历史经验是多位处置专家在综合考虑各种实际情况之后进行的慎重抉择，因此他们采用最多的处置方式往往也是特定情况下最合适的处置方式。根据一定条件下以往不良贷款采用各种处置方式的样本个数，可以发掘出不良贷款的历史处置模式，这为研究和改良处置方式提供了前提条件。

本章考虑三种常用的处置方式：直接催收、诉讼追偿和破产清偿，它们都属于债权追偿处置方式这一大类。直接催收和诉讼追偿都较好理解，需要说明的是破产清偿可能包含两种情况：① 债务企业所在企业申请破产或已经破产，债权人只能采取破产清偿方式追回债权；② 债权人质疑债务企业还款能力，向法院申请对债务企业执行破产，清偿不良贷款。本章利用从 LossMetrics 数据库获得的 1882 条三种处置方式的不良贷款数据，每条数据包含了不良贷款的贷款信息、债务企业信息，并且记录了贷款所采取的处置方式。贷款信息包括贷款本金余额、贷款本金占比、贷款银行、贷款担保方式；贷款企业信息包括贷款企业注册资本、贷款企业工商登记状态、是否上市公司、企业经营现状、企业类型。在一定的贷款信息和债务企业信息下，本章得到三种处置方式的样本个数，利用决策树挖掘不良贷款的历史处置模式。例如若债务企业经营现状为破产终结或进入破产程序，则采取破产清偿处置；若债务企业经营现状不是破产终结或进入破产程序，并且不良贷款本金较小，则采取直接催收处置。依照这些处置模式进行不良贷款的处置更多的是基于现实情况所做的保守考虑，因此在某些情况下可以通过处置方式的改善以获得更高的期望回收率，后文对此将进行详细讨论。

2.2 节将对影响因素进行逐个分析，并用列联表方法检验各个影响因素与处置方式是否独立；2.3 节利用决策树和部分线性决策树 (partially linear tree-based regression, PLTR) 方法建立处置方式的判别模型，对决策树发掘出的历史处置模式进行分析和评价，最后与 PLTR 模型的判别效果进行比较；2.4 节是本章的总结。

2.2 影响因素分析和检验

本节将对处置方式的影响因素进行逐个分析，并利用列联表方法检验各个影响因素是否与处置方式独立。本节结果表明所选的影响因素除了是否上市公司和对数注册资本外都显著地不与处置方式独立，这是后文能利用这些影响因素建立处置方式的判别模型并且获得较高判别精度的基础。

2.2.1 影响因素分析

样本中不良贷款的贷款银行包括工商银行、建设银行和中国银行，其中中国银行对应于政策性划拨的不良贷款，工、建两行对应于商业性收购的不良贷款。由于两类贷款的获得方式不同且资产质量差异较大，因此实践中需要对它们采取不同的处置方式。各个银行贷款采用三种处置方式的样本比例如表 2.1 所示。从表 2.1 可见，工商银行采取诉讼追偿处置的不良贷款比例最高，建设银行采取直接催收处置的不良贷款比例最高，采取诉讼追偿处置的不良贷款略低于直接催收处置的比例，中国银行采取三种处置方式的不良贷款分布较均匀，其破产清偿处置的不良贷款比例高于其他两家银行。关于不良贷款的微观数据样本均来自于 Lossmetrics 数据库，并进行了一定的变量，样本可靠性筛选。

表 2.1 各贷款银行不同处置方式贷款的样本比例

贷款银行	直接催收	诉讼追偿	破产清偿
工商银行	21.21%	53.03%	25.76%
建设银行	48.19%	40.45%	11.36%
中国银行	37.02%	31.95%	31.03%

样本中的担保方式包括信用担保、抵质押担保、保证担保和混合担保，其中混合担保是指同一债务企业的多笔贷款采取不同担保方式。大量研究表明有效的

资产担保是提高不良贷款回收率的关键，贷款的担保方式会影响不良贷款处置的难易程度，也会影响处置方式的选择。不同担保类型的三种处置方式样本比例如表 2.2 所示。

表 2.2 各担保方式的不同处置方式贷款的样本比例

担保方式	直接催收	诉讼追偿	破产清偿
信用担保	37.50%	27.34%	35.16%
抵质押担保	37.65%	39.55%	22.80%
保证担保	42.67%	33.93%	23.41%
混合担保	34.73%	39.33%	25.94%

从表 2.2 可以看出，只有信用担保贷款采取破产清偿处置方式的比例较多，抵质押担保贷款和混合担保贷款采取诉讼追偿处置方式的比例最多，保证担保贷款采取直接催收处置方式的比例最多。

上市公司可获得的公开信息比非上市公司多，这必定有利于资产管理公司采取更妥当的处置方式。上市公司和非上市公司三种处置方式的样本比例如表 2.3 所示。从表 2.3 可以看出，无论公司是否上市，处置方式按样本比例从高到低都依次是直接催收、诉讼追偿和破产清偿。

表 2.3 上市与非上市公司的不同处置方式贷款的样本比例

是否上市公司	直接催收	诉讼追偿	破产清偿
否	38.53%	34.75%	26.73%
是	40.34%	33.76%	25.90%

债务企业的工商登记状态有正常、不明、吊销和注销四种情况。吊销企业仅丧失经营资格，其法人资格仍然存在，企业仍然担当独立承担清偿债务的责任，资产管理公司仍可对其进行诉讼追偿处置；注销企业在其注销之前需依法进行清算，注销之后其法人资格不复存在，不需再承担任何民事责任，因此资产管理公司必须在企业注销之前进行处置才可能获得回收。各工商登记状态债务企业的三种处置方式的样本比例如表 2.4 所示。从表 2.4 看出，只有工商登记注销债务企业贷款采取破产清偿处置的样本比例最多，工商登记正常的债务企业不良贷款采取直接催收和诉讼追偿处置比例较多，工商登记吊销的债务企业不良贷款采取直接催收处置

表 2.4 各工商登记状态不同处置方式贷款的样本比例

工商登记状态	直接催收	诉讼追偿	破产清偿
正常	41.33%	42.87%	15.80%
吊销	49.77%	30.70%	19.53%
注销	32.59%	15.65%	51.76%
不明	35.28%	34.02%	30.71%

的样本比例最多，工商登记状态不明的债务企业贷款采取直接催收处置的样本比例最多，但三种处置的样本比例差别不大。

与工商登记状态类似，债务企业经营现状也会对它的不良贷款处置方式产生重要影响。各经营现状债务企业三种处置方式的样本比例如表 2.5 所示。从表 2.5 看出，破产终结债务企业和进入破产程序债务企业的不良贷款采取破产清偿处置的不良贷款样本比例最多，其余经营状态企业的不良贷款大多采取直接催收和诉讼追偿处置，并且经营状态越好的企业不良贷款采取直接催收处置的样本比例越多。

表 2.5 各经营现状不同处置方式贷款的样本比例

经营现状	直接催收	诉讼追偿	破产清偿
营业	51.30%	41.74%	6.96%
停业	41.46%	45.33%	13.21%
关闭	44.98%	37.12%	17.90%
破产终结	21.02%	4.20%	74.77%
不明	46.25%	40.00%	13.75%
进入破产程序	9.17%	10.09%	80.73%
经营困难	45.56%	44.26%	10.19%

债务企业按其资本类型可分为内资企业、港澳台资企业和外资企业，国家和地方政府对不同资本类型的企业有不同的政策，而国家和地方政府政策也是资产管理公司处置不良贷款时需重点考虑的因素。各资本类型的债务企业三种处置方式的样本比例如表 2.6 所示。从表 2.6 看出，港澳台资企业采取诉讼追偿处置的不良贷款样本比例最多，内资企业和外资企业三种处置方式的样本分布接近，都是采取直接催收方式处置的样本比例最多。

表 2.6 各企业资本类型不同处置方式贷款的样本比例

企业资本类型	直接催收	诉讼追偿	破产清偿
内资企业	39.30%	33.80%	26.90%
港澳台资	30.49%	51.22%	18.29%
外资企业	39.52%	33.87%	26.61%

不良贷款的本金余额对处置方式的影响可以从两个角度去解释，一是本金余额会影响资产管理公司对该笔不良贷款的重视程度，处置不良贷款时更重视本金余额大的不良贷款，对其采取更谨慎的处置方式；二是资产管理公司处置不良贷款必须考虑处置成本，因此对本金余额小的贷款需选择节约成本的处置方式。由于本金余额取值连续，为了能利用列联表方法检验影响因素与处置方式是否独立，本小节将不良贷款样本按本金余额从高到低等分成四个等份。表 2.7 中 0 代表本金余

额最低的等份，3 代表本金余额最高的等份。从表 2.7 可见，本金余额最低等份的不良贷款采取直接催收处置的样本比例最高，本金余额越高采取诉讼追偿处置的不良贷款样本比例越高。

表 2.7 各本金余额等份不同处置方式贷款的样本比例

本金余额	直接催收	诉讼追偿	破产清偿
0	59.56%	25.35%	15.09%
1	37.55%	35.97%	26.48%
2	29.34%	38.32%	32.34%
3	29.54%	38.32%	32.14%

本金占比是指不良贷款本金余额与协议金额之比，协议金额是指本金余额、应收利息、催收利息之和。王博等 (2011) 对回收率的研究证明了本金占比越高，回收过程往往越容易，相应回收率也越高。由于本金占比也取值连续，对它的处置类似于本金余额，各部分本金占比三种处置方式的样本比例如表 2.8 所示。

表 2.8 各本金占比等份不同处置方式贷款的样本比例

本金占比	直接催收	诉讼追偿	破产清偿
0	33.93%	33.33%	32.73%
1	29.94%	36.13%	33.93%
2	31.60%	38.60%	29.80%
3	60.24%	30.02%	9.74%

从表 2.8 看出，本金占比最高的等份不良贷款采取直接催收处置的样本比例最高，采取破产清偿的样本比例最低。本金占比低的那些等份不良贷款采取诉讼追偿和破产清偿处置的不良贷款样本比例都较高。

企业注册资本反映了企业的规模大小，从而也反映了企业的偿债能力，反映了企业在行业和地方经济中的地位，这必然也是资产管理公司选择不良贷款处置方式时必须要考虑的一个因素。由于注册资本也取值连续，对它的处置类似于本金余额，各部分注册资本三种处置方式的样本比例如表 2.9 所示。从表 2.9 看出，无论哪一部分企业的不良贷款都是采取直接催收处置的样本比例最大，采取破产清偿处置的样本比例最小。

表 2.9 各注册资本等份不同处置方式贷款的样本比例

注册资本	直接催收	诉讼追偿	破产清偿
0	43.87%	32.81%	23.32%
1	36.29%	36.29%	27.42%
2	36.90%	33.53%	29.56%
3	38.92%	35.33%	25.75%

以上都是从直观的角度去分析各个因素对处置方式的影响，究竟这种影响能不能被不良贷款的历史处置经验所证实，留待 2.3 节的处置方式判别模型去回答。另外从上文影响因素不同取值时三种处置方式的样本比例看出，处置方式的确受到某些因素的影响，但是这种影响关系是什么，这些影响因素之间是否存在交互作用和相互替代关系，本节也在建立处置方式判别模型后给予回答。下一小节利用列联表的方法从统计上检验影响因素与处置方式之间的相关性是否可靠。

2.2.2 列联表检验

上一小节的结果大致表明某一因素不同取值下三种处置方式的样本比例服从不同的分布，这是否能说明这些因素与处置方式之间存在相关性，本小节用列联表方法来检验这一点。

先对列联表方法做简单介绍。假设总体中的样本关于属性 A_i 是 r_A 个类 $A_1, A_2, \cdots, A_{r_A}$ 当中之一，关于属性 B_j 是 r_B 个类 $B_1, B_2, \cdots, B_{r_B}$ 当中之一。若已知属于 A_i 和 B_j 的样本个数，那么列联表方法通过构造一个自由度为 $(r_A-1)(r_B-1)$ 的卡方统计量来检验总体的属性 A_i 和 B_j 否独立，该检验的原假设是属性 A_i 和 B_j 是独立的。本小节将所考虑的一个影响因素作为属性 A_i，将处置方式作为属性 B_j 检验特定的影响因素和不良贷款的处置方式是否独立。对上一小节中各影响因素的检验结果如表 2.10 所示。表 2.10 中除了是否上市公司和注册资本外，其余影响因素的检验 P 值都小于 0.05，也就是说这些影响因素和处置方式之间都显著地不独立，这为下一节利用这些影响因素建立决策树模型和 PLTR 模型打下了基础。列联表结果如表 2.10 所示。

表 2.10 列联表检验结果

影响因素	自由度	卡方统计量	P 值
贷款银行	4	79.8356	<0.0001
担保方式	6	37.4815	<0.0001
是否上市公司	2	0.4984	0.7794
工商登记状态	6	183.1766	<0.0001
经营现状	12	744.7917	<0.0001
企业类型	4	10.6797	0.0304
贷款本金余额	6	131.1187	<0.0001
本金占比	6	158.1391	<0.0001
注册资本	6	9.9185	0.1281

2.3 处置方式判别模型

本节考虑三种建立判别模型的方法：贝叶斯判别、决策树判别和 PLTR 判别。

贝叶斯判别是在假设三种处置方式的影响因素都服从正态分布的条件下计算各处置方式的后验概率，判定的处置方式为后验概率最大的处置方式; 决策树判别是一类非参数方法，它包括生长和剪枝两个过程;PLTR 判别的是一种半参数方法，它结合了一般判别和决策树判别，能表达出解释变量之间的交互作用，以及解释变量和被解释变量之间的线性和非线性关系。

PLTR 判别模型的主要思想是先建立解释变量与被解释变量之间的决策树模型，然后利用决策树模型的叶子结点构造新的解释变量，最后建立全部新旧解释变量与被解释变量之间的判别模型。本节根据这个思想构造一种简单的判别模型，在此称为 PLTR 判别模型。

本节将离散变量先转化成示性变量然后才加入贝叶斯判别模型。为了防止解释变量与被解释变量之间的伪相关性，本节利用 SAS 软件中的 stepdisc 过程选择出显著的变量。贝叶斯模型最后选择出的变量用来作为 PLTR 模型中的线性影响因素部分，PLTR 模型还有一部分变量来自决策树。对任意一个样本，通过判断其是否属于决策树的某个叶子结点可以得到一个示性变量，这样决策树叶子结点的个数就是从决策树得到的解释变量的个数。利用这两部分方法，再经过选变量和贝叶斯判别的过程，最终就可以建立 PLTR 判别模型。三种方法的误判情况如表 2.11 所示。

表 2.11 三种方法的误判率

判别方法	直接催收	诉讼追偿	破产清偿	总体
贝叶斯判别	40.69%	47.14%	36.02%	41.71%
决策树判别	48.97%	34.69%	36.45%	40.70%
PLTR 判别	45.88%	34.00%	36.02%	39.27%

表 2.11 是采用交叉验证方法得到的误判率，其中第二列表示实际处置方式为直接催收的样本用三种方法的误判概率。从表 2.11 看出 PLTR 判别模型有最低的总体误判率，这表明 PLTR 判别模型作为一种结合了决策树和线性贝叶斯判别的方法能提高判别精度。这主要是因为 PLTR 判别模型能利用决策树挖掘影响因素之间的交互作用，并且将各种影响因素之间的作用线性叠加，这样可以结合各自的优点，弥补决策树判别不善于处理连续型变量的缺点，提高模型判别精度。

2.3.1 决策树判别模型

本节详细介绍决策树判别的结果，并讨论决策树所发现出来的历史处置模式。将本金占比、对数本金余额、对数注册资本、贷款银行、担保方式、是否上市公司、工商登记状态、经营现状、企业类型作为解释变量，依次记为 $X1 \sim X9$，将处置方式作为被解释变量建立决策树判别模型，最后生成的决策树如图 2.1 所示。对本金余额和注册资本取对数是为了下一节建立 PLTR 判别模型的方便。

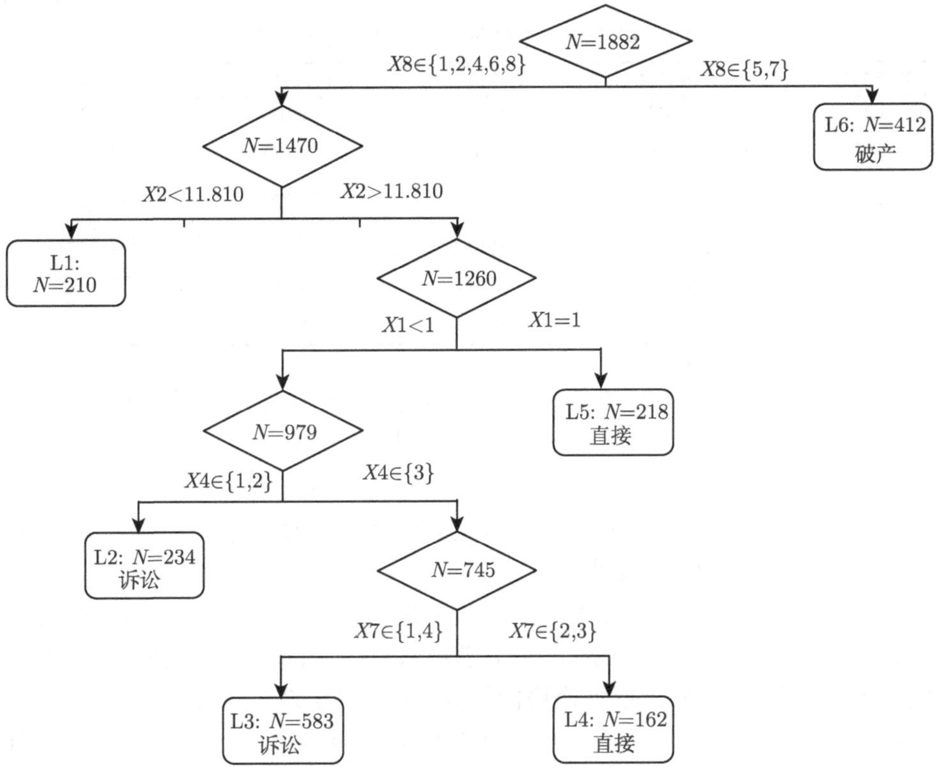

图 2.1 决策树模型

图 2.1 的决策树模型中，N 表示样本个数，$X4$ 取值 1~3 分别表示工商银行、建设银行、中国银行，$X7$ 取值 1~4 分别表示工商登记状态为正常、吊销、注销、不明，$X8$ 取值 1、2、4~8 分别表示经营现状为营业、停业、关闭、破产终结、不明、进入破产程序、经营困难。

图 2.1 显示对处置方式有影响的因素有本金占比、本金余额、贷款银行、工商登记状态和经营现状。2.2 节列联表检验不显著的变量是否上市公司和注册资本也用来建立决策树模型，但是它们没有被加进最后的决策树模型，这支持了 2.2 节中这两个因素对处置方式没有影响的观点。其次 2.2 节中列联表检验显示与处置方式有相关性的担保方式和企业类型没有出现在最后的决策树模型中，这表明它们与其他影响因素之间不存在交互作用。

图 2.1 中 6 个叶子结点依次编号为 L1~L6，叶子结点中的处置方式就是从样本个数出发得到的判别结果，各叶子结点包含三类样本的比例如表 2.12 所示。决策树充分发掘了解释变量之间的交互作用，最终可以概括为对应于叶子结点的六

种历史处置模式。

表 2.12　叶子结点中各类贷款样本比例和判别结果

叶子编号	直接催收	诉讼追偿	破产清偿	判别结果
L1	78.10%	19.52%	2.38%	直接催收
L2	29.49%	64.96%	5.56%	诉讼追偿
L3	32.76%	47.51%	19.73%	诉讼追偿
L4	55.56%	29.01%	15.43%	直接催收
L5	56.94%	37.37%	5.69%	直接催收
L6	18.93%	6.07%	75.00%	破产清偿

(1) 处置模式一：若债务企业经营现状不是破产终结或进入破产程序，并且不良贷款本金较小，则采取直接催收处置，对应叶子结点 L1；

(2) 处置模式二：若债务企业经营现状不是破产终结或进入破产程序，并且不良贷款本金较大，本金占比小于 1，并且贷款银行为工商银行或者建设银行，则采取诉讼追偿处置，对应叶子结点 L2；

(3) 处置模式三：若债务企业经营现状不是破产终结或进入破产程序，并且不良贷款本金较大，本金占比小于 1，并且贷款银行为中国银行，债务企业工商登记状态为正常或者不明，则采取诉讼追偿处置，对应叶子结点 L3；

(4) 处置模式四：若债务企业经营现状不是破产终结或进入破产程序，并且不良贷款本金较大，本金占比小于 1，并且贷款银行为中国银行，债务企业工商登记状态为吊销或者注销，则采取直接催收处置，对应叶子结点 L4；

(5) 处置模式五：若债务企业经营现状不是破产终结或进入破产程序，并且不良贷款本金较大，本金占比为 1，则采取直接催收处置，对应叶子结点 L5；

(6) 处置模式六：若债务企业经营现状为破产终结或进入破产程序，则采取破产清偿处置，对应叶子结点 L6。

由这六种历史处置模式可知，在不良贷款的处置过程中应尽量避免采取破产清偿的处置方式，至于究竟是采取直接催收还是诉讼追偿的处置方式则要考虑到不良贷款的本金余额、本金占比和债务企业工商登记状态情况。若本金余额较小，或者本金占比为 1，或者工商登记状态吊销或注销，则可采取直接催收的处置方式以节约回收成本，同时获得一定的回收率。而对其他不良贷款，历史处置模式建议采取诉讼处置方式较好。

2.3.2　决策树判别结果

决策树的每个叶子结点都包含有三类样本 —— 以直接催收、诉讼追偿和破产清偿处置的样本，而同一个叶子结点中的不良贷款具有相似的性质，因此可以通过比较它们的回收率来比较处置方式的好坏。上文是从样本个数出发得到的历史处置模式，下文从回收率的角度考察这些历史处置模式是否有可改善之处。计算每个叶子结点中三类样本的回收率得到表 2.13，最后一列是根据样本个数最多判别的处置方式。

表 2.13　叶子结点内各类贷款平均回收率

叶子编号	直接催收	诉讼追偿	破产清偿	判别结果
L1	79.08%	45.88%	2.00%	直接催收
L2	49.06%	47.96%	7.40%	诉讼追偿
L3	16.42%	26.77%	3.63%	诉讼追偿
L4	5.32%	15.03%	0.74%	直接催收
L5	80.47%	68.29%	33.24%	直接催收
L6	16.19%	32.75%	3.73%	破产清偿

从表 2.13 可以看出，只有处置模式一、二、五同时也是具有最高的平均回收率的处置方式，其余三种处置模式所选的处置方式并不是回收率最高的处置方式，对此结果有如下分析和建议。

(1) 历史处置模式对 L2 中贷款采取诉讼追偿处置，但是 L2 中直接催收处置的不良贷款平均回收率比诉讼追偿处置高，因此建议考虑对工商登记状态不是破产终结或者进入破产程序、对数本金余额小的不良贷款采取直接催收处置方式。

(2) L4 中不良贷款对应债务企业工商登记状态为吊销和注销，因此历史处置模式对 L4 中的不良贷款采取直接催收处置，但是观察 L4 中样本发现仍有接近 30%的样本采取了诉讼追偿的处置方式。这表明在此情况下仍有可能采取诉讼追偿处置，而这样使得期望回收率从 5.32%提高到 15.03%，至于如何能在此情况下采取诉讼追偿处置是要从实际出发进行深入研究的问题。

(3) L6 中的不良贷款对应债务企业的经营现状为破产终结或者进入破产程序，因此历史处置模式建议采取破产清偿的处置方式，这也是资产管理公司迫不得已而采取的处置方式。但考察叶子结点 L6 的样本发现，其中仍有 25%的不良贷款采取了其他两种处置方式，且获得了较高的回收率。这表明如果处置及时资产管理公司仍有可能采取非破产清偿的处置方式，从而摆脱被动局面，获得更高回收率。

总体而言，采取诉讼追偿处置能够获得稳定的高回收率，而在某些情况下采取直接催收处置获得的回收率比诉讼追偿更高，因此本书建议对不良贷款采取先进行诉讼追偿，在诉讼追偿的过程中考虑直接催收，以诉讼来保证直接催收的顺利完成。其次应把握处置时间争取主动，只有在别无选择的条件下才采取破产清偿的处置方式。

2.3.3 PLTR 判别模型

对任意一个样本，通过判断其是否属于决策树叶子结点 L1 ∼ L6 中的一个叶子结点可以得到六个新的示性变量，仍记为 L1 ∼ L6。为了避免共线性，本书将在贝叶斯判别模型中显著的变量和 L2 ∼ L6 一起作为新的贝叶斯判别模型的解释变量，这样就可以建立处置方式的 PLTR 判别模型。

表 2.14 列出了在贝叶斯判别和 PLTR 判别模型中显著的变量的系数，其中对影响因素本金余额和注册资本的取对数是为了使各个解释变量的系数大小更加接近。

表 2.14　PLTR 模型的线性判别函数

	贝叶斯模型			PLTR 模型		
	直接催收	诉讼追偿	破产清偿	直接催收	诉讼追偿	破产清偿
常数	−68.79	−69.77	−73.23	−55.35	−57	−60.04
是否保证担保	−0.79	−0.78	−1.19	−0.17	−0.2	−0.57
是否抵质押担保	0.4	0.72	0.34	−0.57	−0.27	−0.67
是否工商登记正常	−0.11	0.07	−0.38	0	0.02	−0.35
是否工商登记吊销	4.89	4.59	3.86	5.77	5.88	5.06
是否建行贷款	30.16	29.34	29.71	1.57	0.82	1.1
是否中行贷款	33.37	32.56	33.53			
是否破产企业	2.16	1.43	6.7			
是否进入破产程序企业	1.02	0.7	6.21	−1.26	−0.74	−0.56
对数本金余额	2.55	2.82	2.84	2.8	2.95	3.04
本金占比	18.11	17.06	16.11	24.18	23.79	22.73
对数注册资本	3.68	3.58	3.7	3.62	3.53	3.64
是否港澳台资企业	−8.4	−7.66	−8.45	−8.17	−7.38	−8.27
L2				−6.42	−3.77	−5.89
L3				−0.05	1.22	0.82
L4				−9.13	−8.41	−9.11
L6				0.21	0.41	5.25

从表 2.14 看出，是否中行贷款和是否破产企业两个变量在贝叶斯判别模型中是显著的，但是在 PLTR 模型却不显著。这说明它们的作用完全被新的解释变量 L2 ∼ L6 所替代，也就说它们对处置方式的影响完全通过它们与其他影响因素的交互作用来实现。注意到决策树对这两个解释变量的关注程度，本书认为这也是合理的现象。表 2.14 结果显示在决策树中出现的变量本金占比、本金余额、贷款银行、工商登记状态、经营现状仍出现在 PLTR 判别模型中，这表明这些变量与处置方式之间同时存在线性和非线性关系，它们的信息未被决策树所充分挖掘，尤其是三个连续变量的信息都没有被决策树所充分挖掘。

2.4 本 章 小 结

不良资产处置方法的选择是对不良资产研究的核心问题之一，也是不良资产实际处置中继续解决的问题。通过本章的研究，本书对不良资产的处置方式和处置过程的影响因素和计量模型进行了完整和详细地回顾，其中既对比了海外不良资产回收的经验，同时重点立足于我国不良资产处置的过程，考察了各因素对不良资产处置方式选择的影响；进一步地，通过构建判别和决策树方法，对不良资产处置的选择和影响因素给出了量化模型，既通过量化客观方法回答了处置方法的选择问题，同时也为后续章节中构建债务人资产回收模型中各变量因素选择和相互影响关系打下基础。

第 3 章　单户处置的回收率的影响因素分析

3.1　引　　言

在回顾了我国不良资产管理公司的建立历史，以及不良资产剥离、处置的过程，重点分析不良资产处置方式后，本章以及其后的章节将围绕不良资产中最核心的重点 —— 违约回收率 (1-违约损失率) 来展开，不良资产回收率是不良资产处置、定价和拍卖等一系列活动的基础，因此是研究不良资产问题中的最关键所在。本书围绕不良资产回收率，将首先构建其整体模型，在筛选出影响不良资产回收率显著因素的基础上，第 4~6 章从不良资产单户点回收率模型、单户分布回收率模型和打包处置模型三个角度分别构建 “点回收–分布回收”和 “单户回收–打包回收” 的研究体系；在构建了回收率的整体量化模型框架后，将针对回收率最重要和最被关注的三大因素，地区、处置时间和宏观经济因素分别从影响变量的角度来构建子模型，探讨这三大因素对回收率的影响，最终以此为基础，对比不良资产管理公司和银行业回收率的模型异同。

在本章中将首先研究回收率的影响因素，回收率的影响因素是学术界与业界关注的重点，影响因素的研究是对回收率进行量化建模的根本。Frye(2000a，200b) 在研究回收率时，结合抵押物分析了宏观经济因素，特别是在经济衰退阶段对债券和贷款回收率的影响；Friedman 和 Sandow(2003) 在标准普尔的 LossStats 模型中考虑了债务类型、担保品质量、债务结构、平均违约率和行业等影响因素；穆迪 KMV 公司的 Gupton 和 Stein(2002) 开发的 LossCalc 模型，以穆迪公司拥有的美国过去 20 多年 1800 多个违约观察数据为基础，对美国债券、贷款和优先股等建立了违约损失率模型，考虑了债权种类和资历等级、公司资本结构、行业因素和宏观经济因素等；Bellotti 和 Crook(2012) 针对违约回收率中的宏观因素进行了重点分析；Frontczak 和 Rostek(2015) 重点针对影响违约回收率的抵质押品因素进行了分析。国内对回收率的研究较少，大多集中在定性讨论上，使用实际数据的深入量化研究比较匮乏，陈忠阳论述了违约损失率的重要性及其影响因素，并介绍了 LGD 的量化方法和主要难点；张海宁绘制了我国银行业抽样数据的违约回收率直方图，并按照不同行业作出直方图进行了分析；叶晓可、刘海龙采用了浙江省温州市某银行 1986~2005 年的违约贷款数据，分别按照风险暴露、期限、担保方式和地区分析了 LGD 的结构特征；何自力 (2005，2006)，于晨曦 (2007) 分别针对抵质押品对回收率的影响作了分析；张清立和刘吕科 (2014) 针对违约回收率的影响因素进行了综述。这些研究提供了研究 LGD 的思路，但是还仅停留在比较简单的数据统计描述上，缺乏深入的研究与分析。

本章对单户处置的回收率的影响因素进行分析，内容安排如下，3.2 节对研究所依托的数据库 LossMetrics 进行了简单的介绍，并重点分析回收率的整体分布特征以及与国外的区别；3.3 节针对分布特征中的极端零回收和非极端回收两部分回收率分别研究其回收率的影响因素；3.4 节以全样本为角度，从担保方式、经营状况、工商登记状态、本金占比、贷款的五级分类、行业、地区等角度分析了这些因素对回收率的影响和回收率在这些变量上的分布特征，并重点对政策性剥离和商业性剥离两种转让形式下的不良贷款回收率水平进行了比较；3.5 节为本章总结。

3.2 回收率总体描述

3.2.1 LossMetrics 数据库概述

本书研究的不良贷款回收率数据与相关信息来自国内最大的违约损失率数据库 LossMetrics。该数据库中包含了两次大型剥离的不良贷款数据，这些不良贷款均为东方资产管理公司所有，其中第一次剥离，也就是政策性剥离的不良贷款来自中国银行，其他的非中国银行的不良贷款则来自第二次剥离。数据库里一共有近 2 万家企业，包含了 7 万余笔不良贷款。本节中将充分利用数据库中各企业的详尽信息。这些企业覆盖了全国 29 个省市和 19 个行业。数据库里的企业的处置方法分为两类，一类是打包处置，一类是单户处置，对打包处置的债务人，回收率数据是以资产包为单位，对单户处置的债务人，回收率数据则是以企业为单位。同时数据库包含了各笔不良贷款的企业和资产处置的详尽信息、抵押物与其他偿债物的评估结果等丰富信息，海量的数据能够为中国不良资产定价、LGD 的模型开发和预测提供了充足的样本基础；此外数据库还记录了每笔违约资产的贷款发生、划入不良和处置尽调三个时点的重要信息，数据信息覆盖了信贷资产从最初银行放贷、违约事件发生、银行产生损失到最终清收实现整个流程，可以大大弥补银行缺乏不良信贷资产处置清收数据缺陷。

3.2.2 回收率分布的直方图描述

首先，由于违约损失率和违约回收率加和为 1，因此分布和相关关系呈现互补情况，为保持全书的统一，以下均研究违约回收率。通过分析发现国内不良贷款的违约回收率分布呈现 U 型分布，即零回收和完全回收的贷款所占比重较大，这与 Gupton 和 Stein(2002) 利用穆迪的数据给出研究成果 —— 国外债券或贷款违约损失率分布存在差别。违约损失率是值域为 0 至 1 之间的统计变量，Gupton 和 Stein 在穆迪公司 Losscalc 模型框架中提出用 Beta 分布来拟合损失率分布。Beta 分布的形状多样，是最广泛且能很好地拟合 0 至 1 之间的连续数值分布，Beta 分布主要表现为钟型 (bell shaped)，U 型 (U shaped)，J 型和反 J 型。

我国违约损失率在 0 和 1 处堆积，利用 Beta 分布拟合，可得左高右低的非对称 U 型分布。非对称 U 型分布的特征，即零回收和完全回收的贷款在总体中占据了较大比重，且零回收比例要远高于完全回收比例，这与国外损失率呈现钟型双峰分布且峰值为 0.2 和 0.8 有所不同，而这个特点决定了国外已有的经验和模型不能照搬照套到我国的现实，特别地，U 型分布这一特色决定了建模方式和影响因素贡献度分析的差异，如图 3.1~图 3.3 所示。

通过对图 3.1~图 3.3 分析可以发现，美国违约回收率集中表现为非极端部分回收概率较高，而完全无回收或完全回收的概率较低，因此在管理、清收和处置中无须明显区别对待，对模型构建和因素分析方面也无须对比来研究；我国的违约回

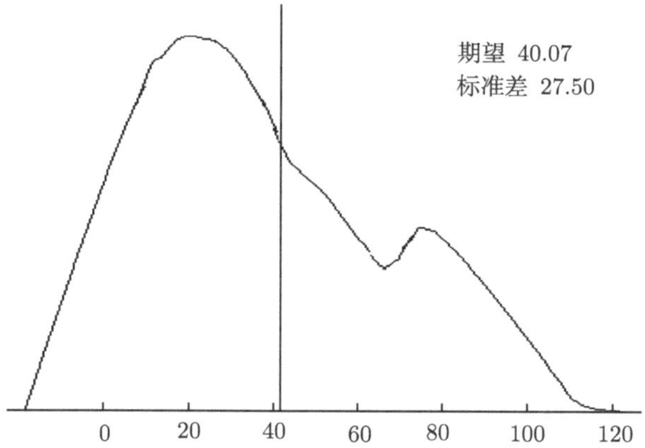

图 3.1 美国违约回收率总体分布图 (Gupton 和 Stein(2002))

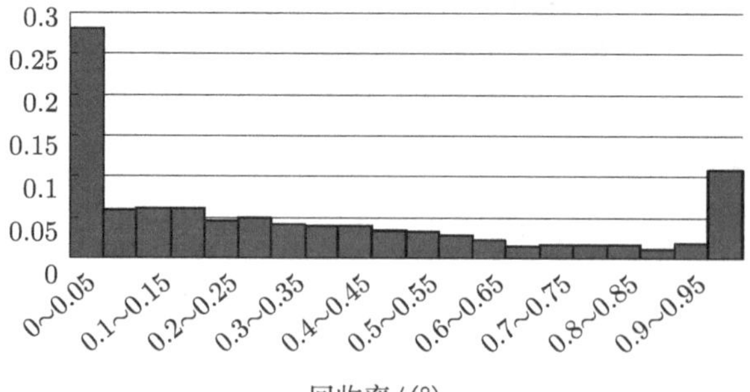

图 3.2 中国违约回收率总体分布图

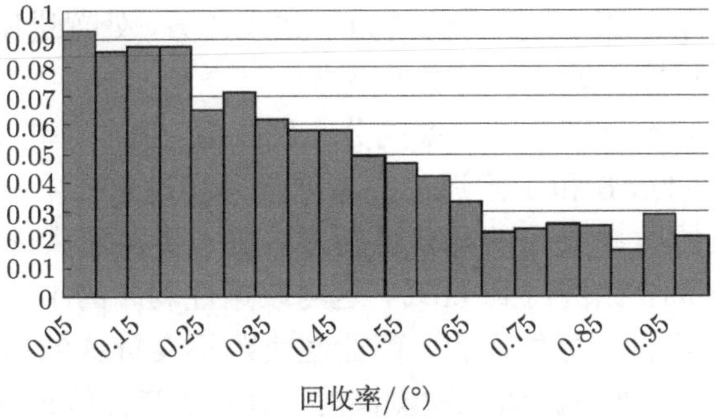

图 3.3　中国非极端部分回收分布图

收率则明显表现为极端回收概率较高，特别是极端零回收概率较高，而零回收与有回收贷款在性质上有明显差异，3.3 节将围绕此差异，通过因素比较分析、计量模型和内在金融机理展开研究。

其次，我国不良资产剥离过程中的两种不同方式，政策性剥离和商业性收购的资产回收率的差异也很大，而且其处置、回收影响因素等也各不相同，图 3.4 描述了政策性剥离和商业性收购的回收率总体分布的差异。

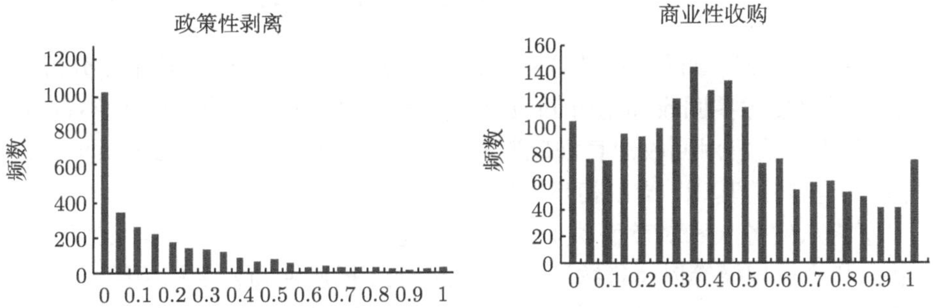

图 3.4　不良贷款不同剥离方式回收率分布

首先由政策性剥离的不良贷款可以发现，其回收率分布也存在一定的双峰特征，但是 0 附近的峰很高，而 1 附近的峰则很低。具体来说，回收率等于 0 的债务人数量是最多的，明显高于其他区间的债务人数量。几乎占到总样本的三分之一以上，如果再将 0 到 0.05 之间的样本算上，那么在 0 附近的样本超过总样本的 40%。同时随着回收率的增加，债务人数量有一个递减的趋势，即回收率较低的样本占据比例很高，这也是政策性剥离的不良贷款的一个很显著的特征。政策性剥离的不良贷款的资产质量较差，回收率较低，主要是由这种类型的不良贷款剥离的历史背景与资产管理公司的管理处置模式来决定的，一方面，这次剥离是由商业银行将部分质量最差的不良贷款进行划拨转让，这是政策性剥离不良贷款回收率低下的最主要原因；另一方面，这次剥离造成的损失由国家财政承担，由于没有成本的考虑，资产管理公司处置回收更多的是为了完成任务，处置进度成为第一目标，因而回收方面的重视程度不够，回收水平不高。

从商业性收购的不良贷款回收率的分布图来看，回收率的分布在 0 和 1 附近也有峰，但是峰比较低，0 和 1 附近的样本均没有超过总样本的 10%，这比政策性剥离的不良贷款的回收率分布的峰要低得多。进一步发现大部分样本的回收率集中在 0.15 到 0.6 之间，比例占到 60%，这与政策性剥离的不良贷款中大部分样本集中在 0 附近明显不同。总体而言，商业性收购不良贷款的质量要远高于政策性剥离的不良贷款，这主要是因为此次剥离时，引入了竞标等市场竞争机制，有成本与收益的考虑，此次剥离的不良资产的质量相对较好，在回收时资产管理公司也更加重视，最终回收率水平较高。

通过图 3.1~图 3.4 的对比可知，我国不良资产回收率与国外的分布差异很大，因此在后续的因素分析和量化模型的构建方面也有明显的差别，在本章中，将分别从“零回收-非零回收”和“政策性剥离-商业性剥离”两个角度来分析回收率的影响因素差异。

3.3 零回收和部分回收影响因素的对比分析

本节将深入分析零回收和部分回收影响因素的差异，通过差异比较分析，一方面可以直观地描述零回收和部分回收贷款形成的原因和金融机理，给不良资产处置、定价以及审贷官对回收的直观判断提供帮助，另一方面可以给违约回收率的计量模型打下坚实的基础，给出初步的定量研究。

以下将从债务人和贷款两类影响因素，包括债务人的影响因素：地区、行业、经营状态和企业规模等以及贷款因素：五级分类、抵质押和处置相关因素来对比分析各因素是如何影响最终不良资产的违约损失，从而造成极端零回收和非极端部分回收两者间的明显差异。

本书具体分为极端零回收、非极端部分回收和极端完全回收三类不良贷款的情况，在每类回收之下，分为横向占比、纵向占比和回收率均值，该均值为考虑了贷款规模的加权平均值，以地区因素为例，统计表头如表 3.1 所示。

表 3.1 不同回收占比表头

影响因素	极端零回收			非极端部分回收			极端完全回收		
	横向占比	纵向占比	均值	横向占比	纵向占比	均值	横向占比	纵向占比	均值
东北									
华北									

各占比的含义如下：(以地区因素中东北地区分类为例)

某回收类型横向占比 = 东北地区某回收类型数量/东北地区所有回收类型数量总和

某回收类型纵向占比 = 东北地区某回收类型数量/所有地区分类该回收类型数量总和

某回收类型可包括：零回收、部分回收和完全回收。

横向占比可以直接反映贷款的质量，如若某一因素零回收横向占比较高，则说明该因素下零回收相对有回收的比例提高，该地区相对其他地区的不良贷款质量较差；纵向占比一方面受不良贷款质量的影响，同时还与该因素的整体样本数量的大小有关，从不良贷款质量角度而言，没有横向占比那么直观，可作为研究不良贷款质量的辅助工具。均值是指某因素分类下的贷款加权平均回收，权重为贷款金额，其中零回收或完全回收的均值各因素均为 0 或 1，部分回收下各因素则有明显差异。通过分析横向、纵向占比以及均值大小，可以更全面的分析某一因素对不良贷款质量和数量差异的影响。

1) 地区

地区因素被广泛认为是影响回收率的重要债务人因素，以下通过零回收比例以及部分回收均值来分析各地区因素对回收率的影响。首先通过行政区域划分，分析来自东北、华北、华东、华南、华中、西南和西北的贷款极端零回收 (recovery rate=0) 和非极端部分回收 (0<recovery rate<1) 的比例和均值，各比例和均值都为百分比的情况。

通过图 3.5、图 3.6 可以看出，不良贷款的质量与地区经济因素有一定的相关性。经济、法律环境较好的华北、华南表现为零回收比例低、部分回收均值高，不良贷款质量较好；西北、西南贷款质量表现出两面性，西北零回收比例低、但部分回收均值也低，西南零回收比例高，但部分回收均值增加；华东地区是我国经济、法律环境整体都较好的地区，但零回收比例高，部分回收均值低，贷款质量较差，为更进一步研究各地区不良贷款回收率质量问题，本书通过表 3.2 给出了部分省份贷款回收率均值的情况。

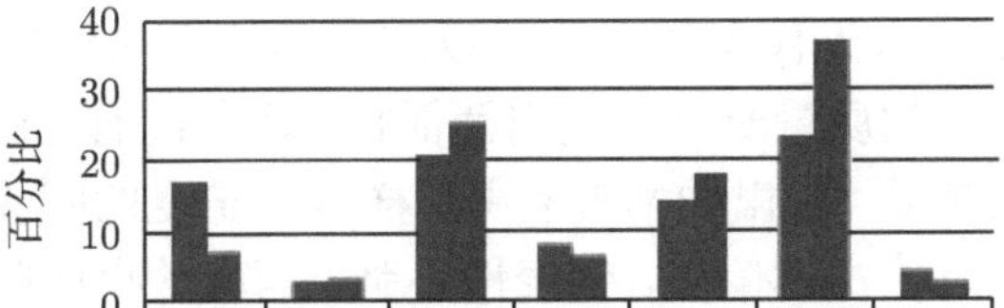

	东北	华北	华东	华南	华中	西南	西北
■ 横向占比	17.1	2.98	20.9	8.06	14.5	23.9	4.3
■ 纵向占比	6.88	3.13	25.6	6.25	18.1	37.5	2.5

图 3.5　地区零回收情况

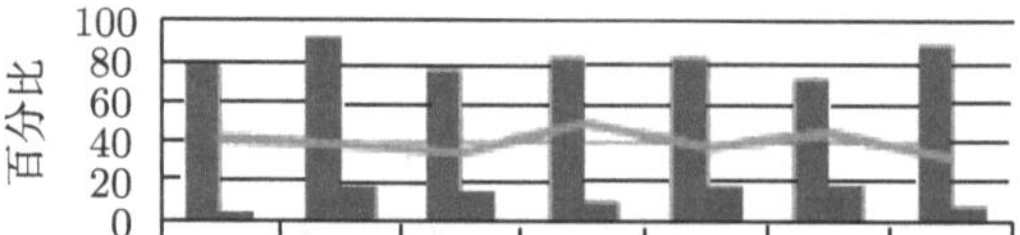

	东北	华北	华东	华南	华中	西南	西北
横向占比	79.69	94.64	77.04	84.68	83.92	72.51	91.4
纵向占比	5.67	17.67	16.78	11.67	18.56	20.22	9.44
均值	42.64	40.15	35.54	50.27	38.83	45.39	33.06

图 3.6　地区部分回收情况

表 3.2　各省、自治区、直辖市不良贷款回收率比较分析

省、自治区、直辖市	均值	标准差	省、自治区、直辖市	均值	标准差
浙江	0.533	0.437	黑龙江	0.321	0.321
广东	0.493	0.382	内蒙古	0.307	0.28
北京	0.488	0.414	甘肃	0.282	0.261
上海	0.488	0.387	贵州	0.282	0.394
福建	0.474	0.351	河北	0.265	0.302
宁夏回族自治区	0.457	0.265	湖北	0.254	0.292
海南	0.389	0.554	辽宁	0.248	0.321
云南	0.389	0.36	江苏	0.217	0.312
河南	0.377	0.303	湖南	0.214	0.206
天津	0.368	0.377	山东	0.193	0.268
青海	0.359	0.399	安徽	0.148	0.233
山西	0.358	0.265	江西	0.135	0.207
广西	0.344	0.391			

表 3.2 给出的是省级分类的所有贷款，包括零回收、部分回收和完全回收贷款的均值和方差结果，可以更全面地比较各地不良贷款质量情况。华北、华南的地区不良贷款回收率高、质量较好，与本地区的经济、法律环境较好有密切相关，表现为省级单位时，以北京为代表的华北和以广东为代表的华南整体回收率均值也较高；西北和西南的贷款质量所以呈现出两面性，西北的有回收贷款比例高，但均值低，与西北的代表宁夏、甘肃的情况有关，样本中宁夏的回收率情况较好，而甘肃较差，但该地区的总体样本偏少，代表性不强，西南的有回收贷款比例低，但均值高，也与地区代表云南和贵州的省份差别有关，但从全样本的角度，由于西南地区的零回收比例很高，总体均值仍不高，这与其经济、法律环境一般是相符的；华东地区则整体表现为零回收比例高，有回收均值低的较差情况，这是因为地区内省份差异非常大，浙江、上海、福建等华东省份贷款回收质量都较好，但安徽则回收率极低，且样本数量较大，因此极大地影响了整个地区的回收率均值情况。从图 3.5、

图 3.6 和表 3.2 的研究可以发现，我国地区差异应以省份划分为准确，因为某些大行政区域内的省份差异较大，会明显导致地区因素混淆。

2) 行业

行业差异是债务人另一个重要基本因素，本书在行业划分方面，兼顾样本数量和国民经济相关的密切行业，通过图 3.7、图 3.8 可以对比分析各行业零回收和部分回收的差异情况。

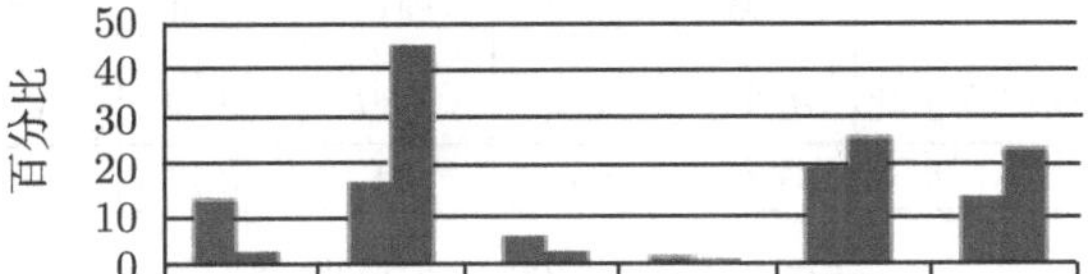

	采矿	制造	建筑	房地产	批发零售	其他
■横向占比	12.9	16.52	5.63	1.72	15.34	13.17
■纵向占比	2.5	45.63	2.5	0.63	25.63	23.13

图 3.7 行业零回收情况

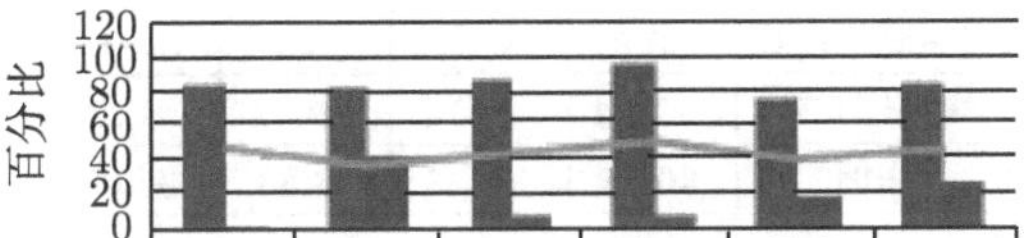

	采矿	制造	建筑	房地产	批发零售	其他
横向占比	83.87	81.45	87.32	96.55	75.47	83.99
纵向占比	2.89	40	6.89	6.22	17.78	26.22
均值	47.02	35.7	43.45	49.37	39.33	45.49

图 3.8 行业部分回收情况

通过图 3.7、图 3.8 的分析可以看出，制造业和批发零售业是不良贷款的主要来源，而且表现为零回收比例高、部分回收均值低的特点，整体行业不良贷款质量不高；建筑业和房地产业的样本数量虽然不大，但零回收贷款的比例很低，且部分回收的均值都很高，质量明显优于其他行业。如此明显的差异，与我国宏观国民经济走向有关，例如近年房地产业的蓬勃发展，企业自身经营状况的发展以及企业的抵押品，如房地产抵押品多为房产、土地，制造业多为设备和无抵押为主等多方面因素。因此仅通过行业划分，就可粗略地对不同行业债务人的清收、处置和拍卖策略给出初步规划，对资产管理公司和银行风控都有积极参考价值。

3) 经营状态

不良贷款的相关企业往往在经营中存在一定问题，获得具体的财务报表数据往往不完整，因此经营状态变量是衡量企业当前发展的最重要指标，也是对不良资产回收产生明显差异的原因，具体见图 3.9、图 3.10 的对比。

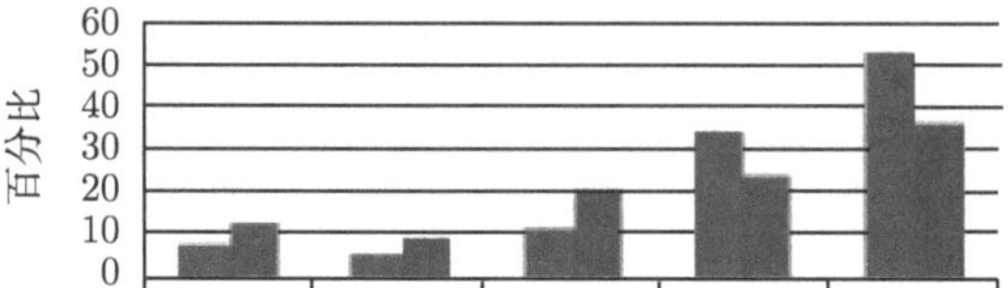

	正常	经营困难	停业	关闭	破产
■横向占比	6.99	4.68	10.56	33.33	53.27
■纵向占比	11.88	8.75	20	23.75	35.63

图 3.9　经营状况零回收情况

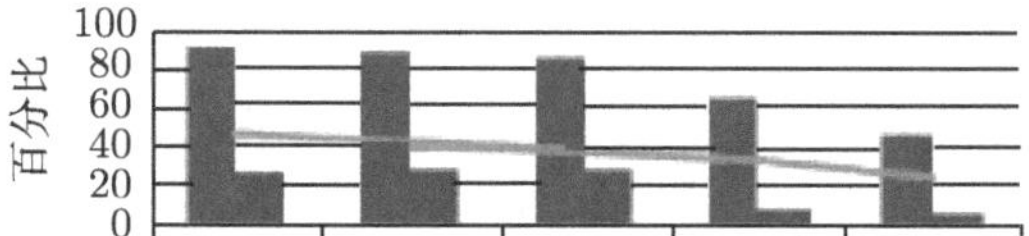

	正常	经营困难	停业	关闭	破产
横向占比	90.81	89.63	86.47	64.91	45.79
纵向占比	27.44	29.78	29.11	8.22	5.44
均值	46.44	42.28	38.83	34.65	25.48

图 3.10　经营状况部分回收情况

通过图 3.9、图 3.10 可以明显看出，经营状态在零回收和部分回收中的影响都十分显著，零回收比例由经营状态好至不好逐渐增加，而部分回收比例和均值则明显下降，由此可见，无论是从全局情况，还是从单一角度，经营状态都是极为重要的因素，且呈现出明显的相关关系。

4) 工商登记状态

工商登记状态与经营状态都是用于描述企业目前财务状态的替代变量，不良资产中的大部分企业都无法提供完整的财务报表，部分甚至完全没有财务报表，如果使用财务数据来建模，会大规模丢失样本，因此本书利用相关的示性变量来作为替代描述，可更好地利用不良贷款数据，提炼不良贷款影响因素。

通过图 3.11、图 3.12 可以看出，工商登记状态正常的贷款零回收横向占比低，部分回收均值高，贷款质量较好；吊销状态贷款次之，注销状态贷款质量最差。

5) 企业规模

企业规模被广泛认为是影响回收率的重要因素，但如何影响尚未定论。本书利用中国的不良资产大规模数据进行研究，把小规模企业定义为注册资本金在 150

万元以下的企业，中规模企业定义为注册资本金在 150 万元到 1000 万元之间的企业，大规模企业定义为注册资本金高于 1000 万元的企业，分析结果如图 3.13、图 3.14 所示。

零回收比例和部分回收比例与企业规模有明显的相关关系。零回收比例随着企业规模的增加，呈现明显下降，大型企业在回收中由于信誉、抵押品等因素，往往总会有一定回收，所以零回收比例较小；而部分回收中，大型企业的有回收比例和均值则明显提高，企业规模与回收率之间呈现明显正向相关性。

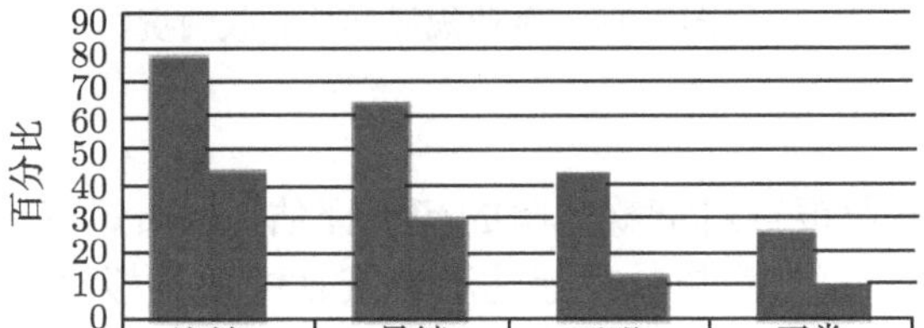

	注销	吊销	不明	正常
■横向占比	77.91	64.46	44.31	26.78
■纵向占比	45.01	30.78	13.27	10.94

图 3.11　工商登记状况零回收情况

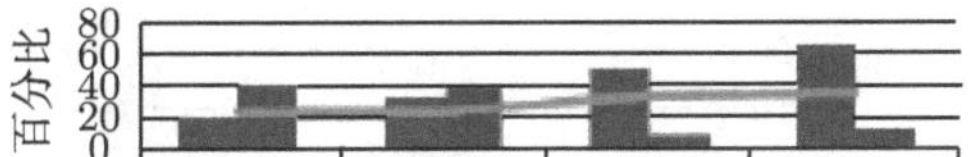

	注销	吊销	不明	正常
横向占比	21.12	32.76	52.43	67.15
纵向占比	40.03	38.57	9.13	12.17
均值	24.03	23.46	34.01	36.12

图 3.12　工商登记状况部分回收情况

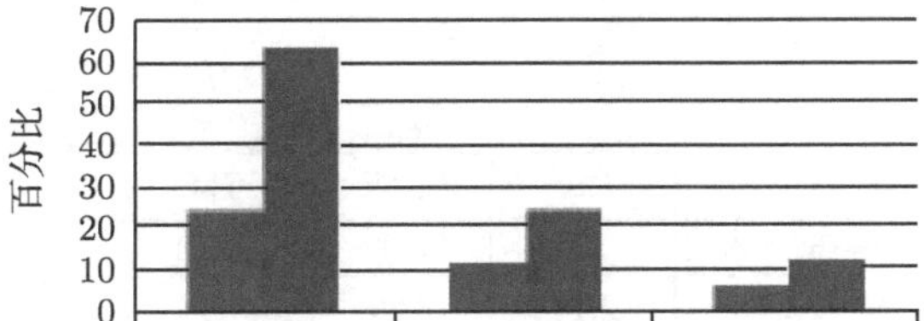

	小型	中型	大型
■横向占比	24.34	11.21	5.79
■纵向占比	63.75	24.38	11.88

图 3.13　企业规模零回收情况

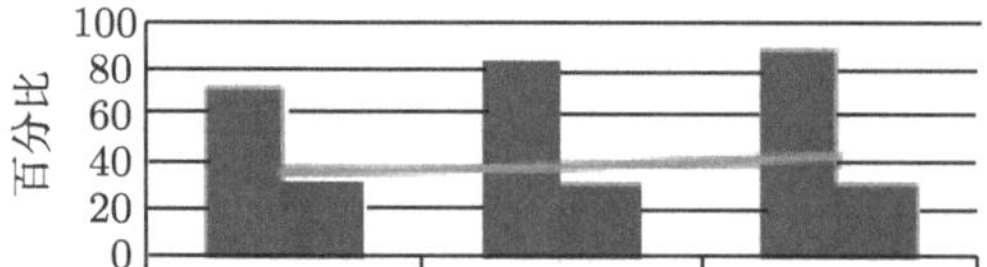

	小型	中型	大型
横向占比	72.55	85.63	90.85
纵向占比	33.78	33.11	33.11
均值	37.34	40.71	45.17

图 3.14　企业规模部分回收情况

6) 五级分类

五级分类是商业银行对贷款风险的初步评估，由质量好至差分为正常、关注、次级、可疑和损失，正常类贷款在违约不良贷款中数量极少，以下主要统计后四类贷款的情况。零回收比例和部分回收均值情况如图 3.15、图 3.16 所示。

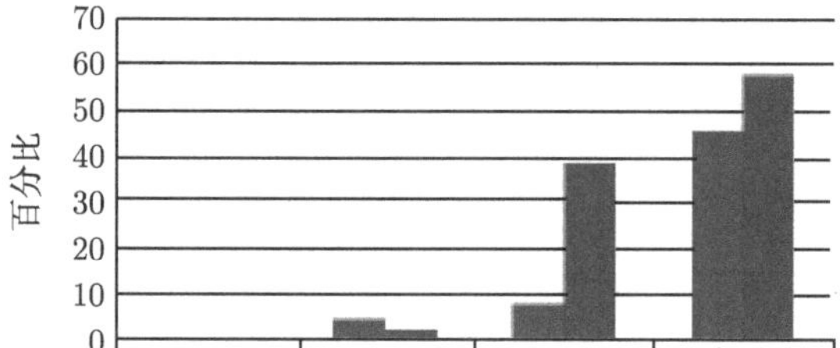

	关注	次级	可疑	损失
横向占比	0	4.65	8.01	46.04
纵向占比	0	2.5	39.38	58.13

图 3.15　五级分类零回收情况

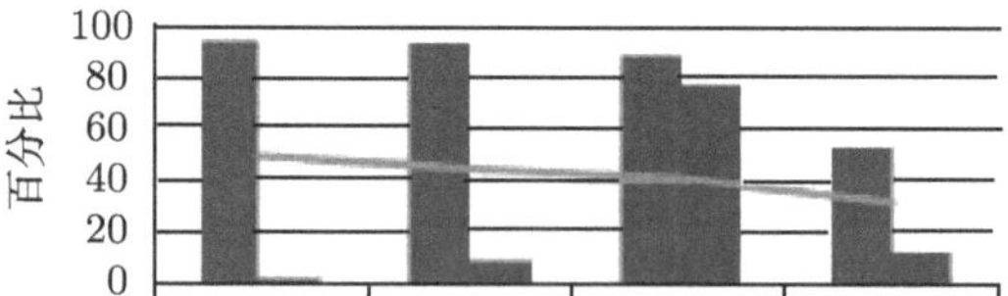

	关注	次级	可疑	损失
横向占比	95	93.02	88.18	52.97
纵向占比	2.11	8.89	77.11	11.89
均值	49.56	45.5	41.33	32.94

图 3.16　五级分类部分回收情况

从图 3.15、图 3.16 可以看出，五级分类这一变量在很大程度上可以反映零回收比例和部分回收均值的情况，其中关注类贷款的零回收比例为 0，次级的比例也较低，而零回收比例集中在损失类贷款中；部分回收均值中，损失类贷款的回收均值也明显较其他类的贷款显著得低，由此可见损失类贷款作为质量最差贷款在零回收比例和部分回收均值中都十分关键。

7) 抵押担保

抵押担保因素是贷款性质中最重要的因素之一，本书在研究抵押因素时更进一步展示抵押因素的具体内涵，分为房产类、设备和无抵押，担保类贷款主要指有第三方担保偿付，但第三方存在违约风险，通过图 3.17、图 3.18 对比分析零回收比例和部分回收贷款均值的差异。

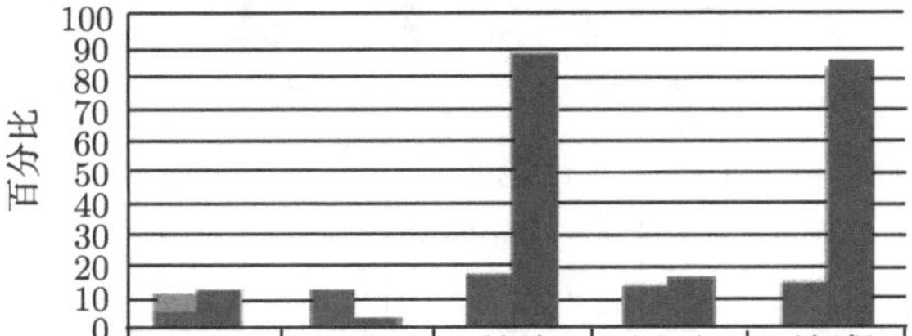

	房产土地	设备	无抵押	有担保	无担保
横向占比	5.93	11.36	17.42	13.9	14.76
纵向占比	8.75	3.13	88.25	16.25	83.75

图 3.17　抵质押零回收情况

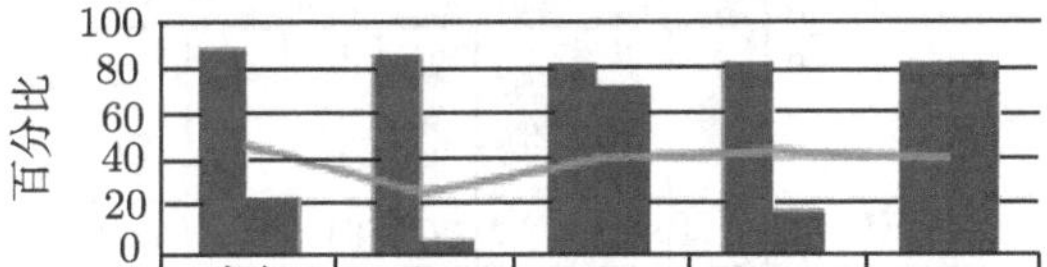

	房产土地	设备	无抵押	有担保	无担保
横向占比	88.56	86.36	80	82.35	82.16
纵向占比	23.22	4.22	72.44	17.11	82.89
均值	45.72	25.83	40.29	43.53	40.41

图 3.18　抵质押部分回收情况

由图 3.17、图 3.18 可以看出，同样是有抵押的贷款，差异是很明显的。在零回收比例中，房产土地的比例极低，设备明显提高，但都显著地优于无抵押贷款，有无担保的贷款在零回收比例中差异不明显；在部分回收比例中，土地房产的回收均值很高，而在设备类贷款中则出现了明显的洼地，甚至低于无抵押的贷款，分析原因可以发现，部分无抵押的贷款通过追偿，可能还可以得到较好的回收，而以设备为抵押的贷款，基本只能追偿设备，而设备真正的回收是极低的，可见设备类的抵押品质量不好，应尽快追偿。

8) 处置相关因素

与处置相关的因素较多，本书主要研究贷款处置时间长短、贷款来源和贷款处置方式三类因素对回收率的影响，其中贷款处置时间长短分为处置时间 1 年、2~3 年和其他三类；贷款来源主要分为政策性剥离贷款和商业型拍卖来源贷款；贷款处置方式分为追偿、重组、转让和其他类型。通过三类与处置相关的因素，全面分析不良贷款处置与回收率之间的关系，如图 3.19、图 3.20 所示。

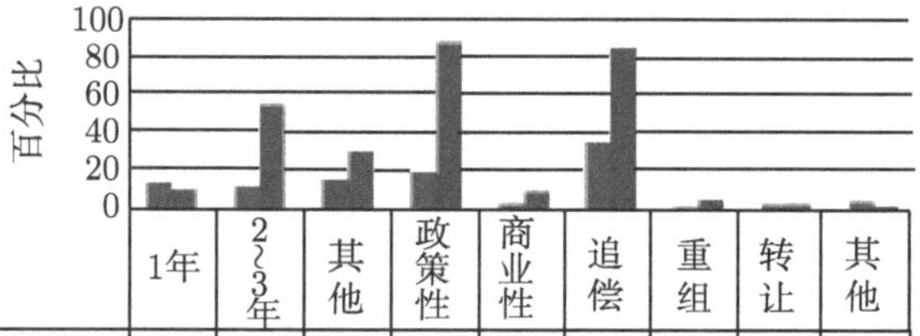

	1年	2~3年	其他	政策性	商业性	追偿	重组	转让	其他
横向占比	14.7	13.8	16.0	21.0	4.09	37	2.4	3.53	5.38
纵向占比	11.8	56.2	31.8	89.3	10.6	86.2	6.88	3.75	3.13

图 3.19　处置零回收情况

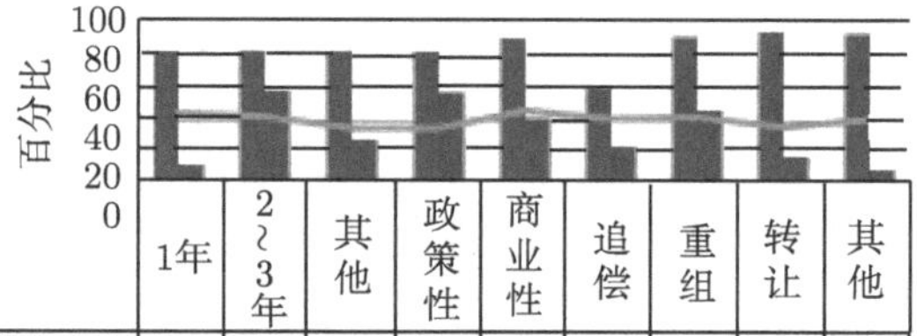

	1年	2~3年	其他	政策性	商业性	追偿	重组	转让	其他
横向占比	81.4	82.5	81.7	76.7	91.1	61.1	92.3	94.7	93.5
纵向占比	11.6	59.5	28.7	57.8	42.1	25.3	47.1	17.8	9.67
均值	45.4	43.2	36.2	36.4	46.8	42.0	42.6	37.0	42.0

图 3.20　处置部分回收情况

通过图 3.19、图 3.20 可以看出，在处置时间中，零回收比例随处置时间基本呈上升趋势，部分回收的均值基本呈下降趋势，因此处置时间越长，整体回收均值越低；在贷款来源方面，商业拍卖贷款的零回收比例很低，而部分回收均值较高；在处置方式的影响因素中，重组类贷款的零回收比例较低、部分回收均值较高，明显好于其他方式，对于可以采用重组方式的不良贷款，可尽量采用该方式。

3.4　不同剥离方式回收率的对比分析

在对“极端零回收-非极端回收”的影响因素进行了对比分析后，根据前面提到的思路将样本分成两类，即商业性收购和政策性剥离两类来展开影响因素的对比分析。在进行分析前，需要说明几个问题：

第一，资产管理公司处置不良资产时，可以分成两种形式，一种是单户处置，另一种是打包处置，本节只研究单户处置的样本。

第二，资产管理公司在处置单户的资产时，得到的回收率数据是以户为单位的，无法得到每一笔贷款的具体回收情况。

第三，数据库中的债务人有一笔贷款或者多笔贷款，对多笔贷款的债务人，其单笔的贷款之间的特殊信息可能有所不同，比如某个债务人，假设有两笔贷款，一笔贷款的五级分类为正常，另一笔为损失，虽然这种情况很少，但是这样的样本会给研究以户为单位的回收率带来不便，对此我们做了处理，即将这些样本去除。由于这种样本较少，这样处理对实际的结论影响非常小。

以下将从债务人与贷款的信息等角度对回收率的影响因素进行研究。下面是从 LossMetrics 中选取的研究中要用到的一些重要变量：

- 债务人的行业、地区。
- 债务人的经营现状：正常、停业、关闭、处于破产程序中、破产终结、经营困难、状态不明。
- 债务人的工商登记状态：正常、不明、吊销、注销。
- 贷款从银行剥离到资产管理公司时的五级分类：正常、关注、次级、损失和可疑。
- 贷款的担保方式：有抵押、有保证和信用贷款。
- 债务金额中的本金占比：将占比从 0 到 1 分成 9 类，第一类是 0 到 0.2 之间，之后的八类是以 0.1 为间隔，将 0.2 到 1 分成 8 类。
- 债务规模：指总的风险暴露，包括债务中的本金和利息。
- 债务的处置结束时间。

这些变量可以分成连续变量和离散变量两类，其中本金占比、债务规模是连续变量，而其他变量均为离散变量，并且除了债务的处置结束时间之外，其他变量均为类别变量。

由于使用了跟贷款有关的信息，对此进行了一定处理，以避免在分析时造成的不便。具体的处理方式如下：

第一，针对五级分类，绝大部分债务人的所有不良贷款的五级分类都是相同的，因此删去那些贷款的五级分类不同的债务人；

第二，针对担保方式，每笔贷款存在三种担保方式，即抵押、保证或者信用，对一个债务人，如果其有一笔抵押贷款，则认为这个债务人的担保方式为有抵押，如果该债务人无抵押，但是有一笔贷款有保证，则认为该债务人的担保方式为保证，如果既无抵押也无保证，则认为该债务人是信用类债务人。

数据在经过处理之后，一个债务人只有一种五级分类，担保方式也转为以户为单位的信息，这在分析以户为单位的回收率时会更加方便。最终用来分析的数据样本中，商业性收购的企业为 1700 多户，政策性剥离的债务人为 3400 多户。

以下将针对各类属性，分析这些变量对这两类不良贷款回收率的影响，并且统计样本在这些属性上的分布情况，还对相同属性下两类不良贷款的回收率水平和回收率的变异系数进行了对比，以便更好地对比这两类不良贷款的差异。

首先统计了两类不良贷款的平均回收率，政策性剥离的不良贷款的平均回收率水平为 0.1935，而商业性收购的不良贷款的平均回收率为 0.412，两者的差异非常显著；并且计算了两者回收率的标准差，发现商业性收购的不良贷款回收率的标准差要小于政策性剥离的不良贷款，即商业性收购的公司回收率之间的差异要更小，回收更加稳定，下面从具体的影响因素进行更细致与深入的分析。

1. *五级分类因素*

1) 不同五级分类下的回收率与样本分布

基于实际的数据绘制了商业性收购与政策性剥离的不良贷款中不同五级分类的回收率水平和样本分布情况，如图 3.21 所示。

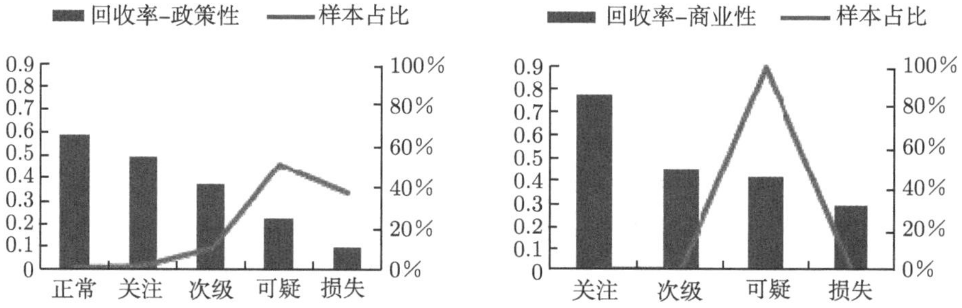

图 3.21　不同五级分类下的回收率与样本分布

在不良贷款中，正常类的贷款数量很少，因此部分统计中不出现正常类的回收率样本比例和样本回收情况，在此基础上首先分析政策性剥离的不良贷款。

从回收率的角度而言，随着贷款的五级分类从正常到损失，债务人的回收率水平在逐渐下降，这种情况是符合实际的，因为五级分类代表了银行对贷款质量的判断，从正常到损失，贷款的评级是下滑的，而资产管理公司对不良贷款的回收也印证了银行贷款评级的合理性。

从各种五级分类的样本占比来看，可疑类与损失类的债务人占比是最高的，两者占到了 90%以上的债务人，其中损失类债务人的样本占比达到 37.25%，这一方面印证了当时政策性剥离的不良贷款剥离时的历史背景，另一方面也说明了政策性剥离的不良贷款的质量较低，回收存在较大困难。

然后分析商业性收购的不良贷款。

从回收率的角度，回收率的表现模式跟政策性剥离的样本是类似的，关注类债务人回收率最高，而损失类债务人的回收率最低。但是从样本分布的角度来看，可疑类债务人的样本占比是最高的，达到了 99% 以上。这跟政策性剥离不良贷款回收率的分布情况是明显不同的。

2) 五级分类因素下两类不良贷款的回收率与变异系数比较

进一步比较五级分类情况下，政策性剥离与商业性收购的不良贷款的回收率水平和变异系数情况 (图 3.22)。

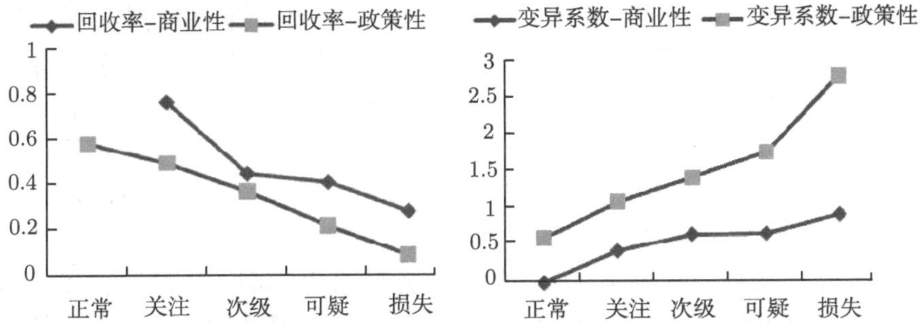

图 3.22 五级分类下两类不良贷款的回收率与变异系数比较

从回收率高低水平来看，相同的五级分类状况下，商业性收购的不良贷款回收率水平明显要高于政策性剥离的不良贷款。

进一步计算每种五级分类下债务人回收率的标准差以及该五级分类的回收率变异系数 (变异系数 = 标准差/均值，变异系数能够在一定程度上说明变量的波动程度)，根据变异系数的计算结果发现，不同五级分类下商业性收购不良贷款回收率的变异系数要明显低于政策性收购的不良贷款，也就是说商业性收购的不良贷款的回收要比政策性的稳定；另一方面不同五级分类下，商业性收购不良贷款回收率的变异系数变化程度比政策性剥离得小，说明了不同五级分类下商业性收购不良贷款的回收率水平差异程度要小，这一点也可以从不同五级分类下回收率的水平看出来。同时五级分类从正常到损失，随着资产质量的降低，变异系数也在逐渐增加，说明回收的稳定性也在降低。因而通过比较这两类不良贷款不同五级分类下的情况可知政策性剥离的不良贷款回收率要明显低于商业性收购，回收的稳定性也较差，波动较大。

2. 经营状况因素

1) 不同经营状况下的回收率与样本分布

图 3.23 显示了两类不良贷款在债务人不同经营状况下的回收率水平和各种经营状况下的样本分布情况。

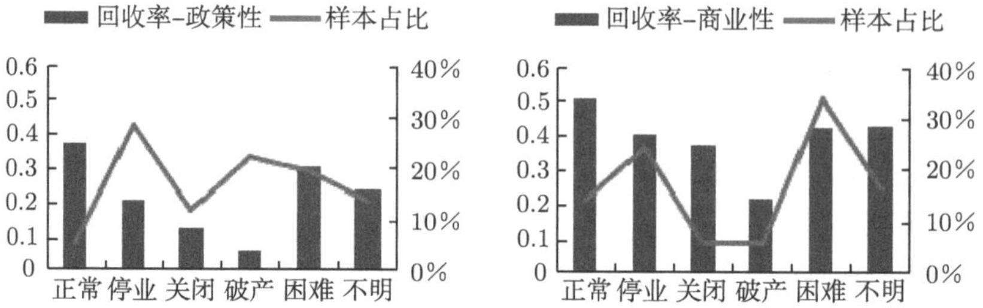

图 3.23　不同经营状况下的回收率与样本分布

首先来看政策性剥离的不良贷款，从回收率水平来分析，根据实际数据和图形可知，不同经营状况下的债务人，回收率水平存在明显差异，其中经营正常的债务人平均回收率水平是最高的，其次是经营困难的债务人，那些破产终结和处于破产程序当中的债务人回收率是最低的，这也符合经济理论与实际情况。从正常到破产，债务人的经营状况在恶化，而债务人的经营状况与其还款能力密切相关，经营状况越好，还款能力也越强，因而从正常到破产，债务人的回收率也明显降低。

从样本分布来看，不同经营状态的债务人数量也不同，政策性剥离的债务人中，停业与破产的债务人样本占比为第一和第二，而且经营状态为破产的债务人占比很多，达到 22%以上，说明了政策性剥离的不良贷款资质较差。

商业性收购不良贷款不同经营状况下的回收率水平表现与政策性剥离的样本表现基本相同，经营正常的债务人回收率水平最高，破产终结或者破产中的债务人回收率水平最低。从样本分布来看，商业性收购的债务人主要为经营困难和停业，经营状况好于关闭的占大部分，破产的债务人不到 5%，说明了商业性收购的债务人资质较好。

总体而言，经营状况能够在一定程度上代表债务人的偿债能力，从而影响贷款的回收率；商业性收购的债务人中破产较少，而政策性剥离的债务人中破产的很多，因此商业性收购不良贷款的质量明显好于政策性剥离的不良贷款。

2) 经营状况因素下两类不良资产的回收率和变异系数比较

从两类贷款的回收率表现来看，相同的经营状况下，商业性收购的债务人回收率要高于政策性剥离的债务人回收率；从两类贷款的回收率变异系数来看，商业性收购的不良贷款变异系数较低，说明商业性收购的不良贷款回收水平比较稳定。另外随着企业的经营状况恶化，企业的回收率稳定性也在下降。

3. 工商登记状态

1) 不同工商登记状态下回收率与样本分布

根据统计的结果可以得出，当企业的工商登记状态为正常时，企业的回收率是最高的，回收率最低的是当企业的工商登记状态为注销，这也是符合实际情况与经

济理论的 (图 3.24 和图 3.25)。

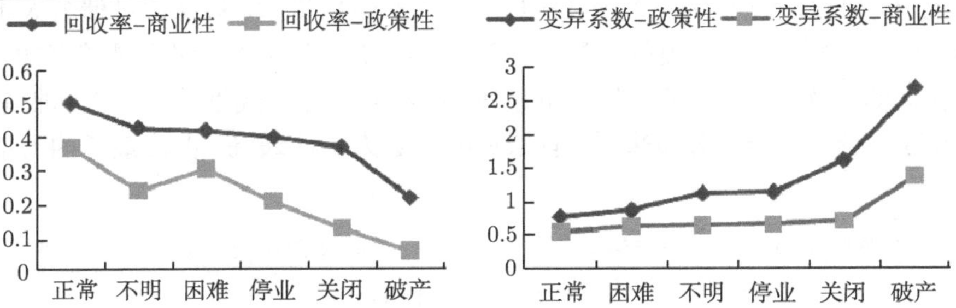

图 3.24 不同经营状况下两类不良资产的回收率和变异系数比较

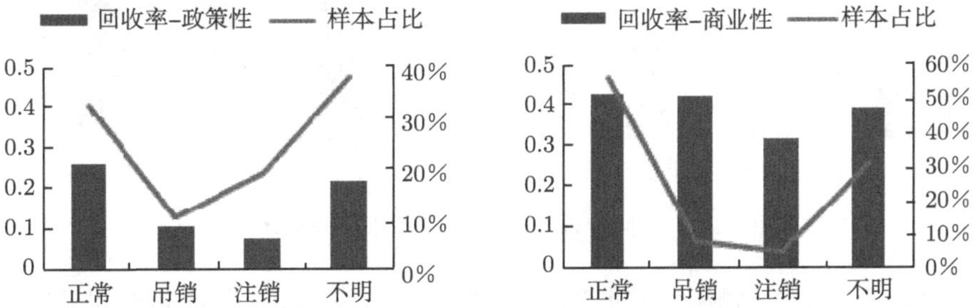

图 3.25 不同工商登记状态下回收率与样本分布

2) 工商登记状态因素下两类资产的回收率水平与变异系数比较

从回收率水平来看，同一种工商登记状态下，商业性收购的不良贷款回收率均要显著高于政策性收购的不良贷款回收率。从变异系数来看，商业性收购的不良贷款回收率的变异系数则较低，说明波动较小，回收的稳定性较好 (图 3.26)。

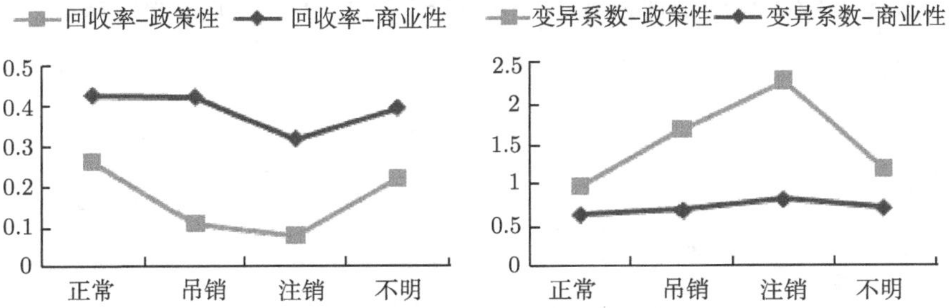

图 3.26 相同工商登记状态下两类资产的回收率水平与变异系数比较

4. 担保方式因素

1) 不同担保方式下回收率水平与样本分布

首先分析政策性剥离的不良贷款，从图 3.27 中可知有抵押的债务人的平均回收率水平是最高的，其次是有保证的债务人，回收率最低的是贷款全部为信用类的债务人。在催收有抵押的债务人时，可以将抵押物拍卖获得回收，在催收有保证的债务人时，可以通过其保证人来获得回收，而对信用贷款，只能通过债务人本身来获得回收。一般而言，在银行放贷时，有抵押的债务人的资产级别是较高的，其次是有保证的贷款，信用债务人的质量最差，而不同担保方式下的债务人回收率水平也论证了这点。从样本分布来看，有抵押的债务人占比最高，占比最低的为信用类贷款。

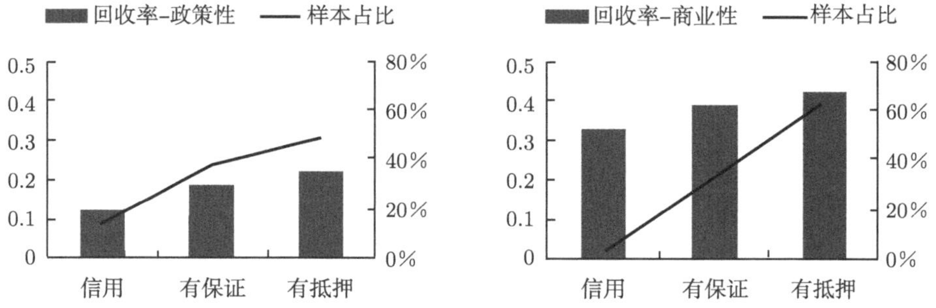

图 3.27 不同担保方式下回收率水平与样本分布

再来分析商业性收购不良贷款，有抵押的回收率最高；其次是有保证的，信用债务人的回收率水平最低，这跟政策性剥离不良贷款的表现一样。样本占比方面，有抵押的债务人占比最高，信用债务人的占比最低。但是我们发现，商业性收购的样本中，有抵押和有保证的债务人的比例占据绝大部分，信用贷款只占 3.41%，这与政策性剥离的不良贷款有明显不同。

2) 担保方式因素下两类资产的回收率与变异系数比较

图 3.28 比较了相同担保方式下，两类资产的回收率水平和变异系数。

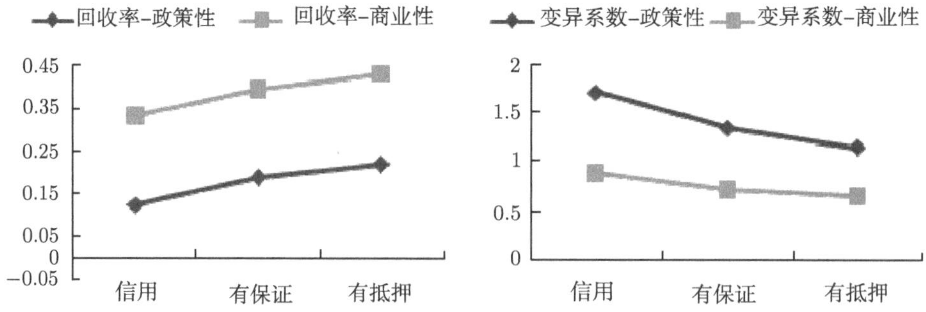

图 3.28 相同担保方式下两类资产的回收率与变异系数比较

从回收率水平来看，这三种担保方式下商业性收购的不良贷款回收率水平明显高于政策性剥离的不良贷款；从变异系数来看，商业性收购的不良贷款要明显低于政策性收购的不良贷款，因此商业性收购的不良贷款的质量更好，而且回收也更稳定。

5. 本金占比因素

1) 不同本金占比类别下回收率水平和样本分布

首先来分析政策性剥离的不良贷款，随着债务中本金占比的增加，企业的回收率水平也基本呈现出上升的趋势，当本金占比小于 0.2 时，企业的回收率非常低，基本上接近为 0，主要原因是由于在不良资产回收的实际过程中，资产管理公司更重视债务中的本金，会要求债务人先偿还本金，有能力的再偿还利息，因而在整个债务中，本金相对利息具有优先偿还权，所以在其他条件相同的情况下，本金比例越高的债务，回收率倾向于越高。另外从样本分布情况来看，本金占比在 0.6 到 0.7 之间的债务人数量最多，占到了总样本的 21.1%，其次是 0.6 到 0.8 之间的债务人，占比为 18.9%。

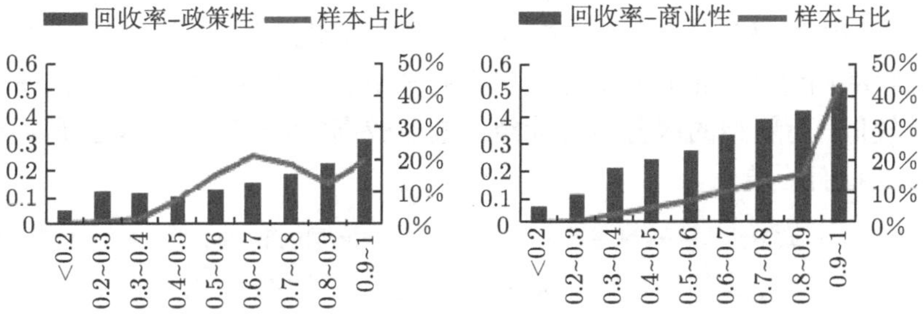

图 3.29 不同本金占比类别下回收率水平和样本分布

其次来看商业性收购的不良贷款，从回收率的角度看，随着本金占比的增加，债务人的回收率呈现上升的趋势，而且比政策性的不良贷款表现出来的趋势更为一致，当本金占比小于 0.2 时，回收率非常低。从样本分布情况来看，本金占比越高，债务人数量的占比也越高，40% 以上的债务人的本金占比都在 0.9 以上。

2) 相同本金占比类别下两类资产的回收率与变异系数比较

从回收率水平来看，当本金占比大于 0.3 时，对每一个本金占比区间，商业性收购的不良贷款的回收率都要高于政策性收购的不良贷款的回收率。而当本金占比低于 0.3 时，两者的回收率水平非常接近；从变异系数来看，每一个本金占比区间，商业性收购的不良贷款的回收率的变动都要低于政策性剥离的不良贷款。因而从本金占比的角度得到的结论与从五级分类、担保方式、工商登记状态和经营现状等角度得到的结论是一致的 (图 3.30)。

6. 行业因素

以下按照国家统计局标准，将行业划分成第一产业、第二产业和第三产业，然后进行统计。

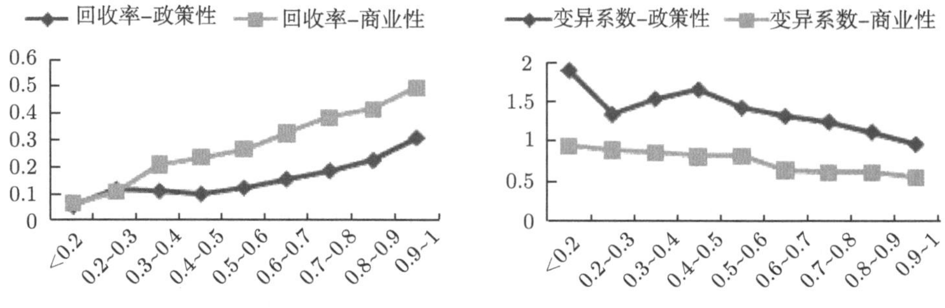

图 3.30　相同本金占比类别下两类资产的回收率与变异系数比较

1) 不同行业下回收率水平和样本分布

如图 3.31 所示，政策性剥离的不良贷款不同产业之间的回收率存在差异，第三产业的回收率水平最高，而第一产业的回收率水平则最低。对商业性收购的不良贷款，不同产业的回收率水平也存在差异，第三产业回收率水平仍然最高，但是第二产业回收率水平最低。关于第三产业的回收率水平最高，而传统的第二产业和第一产业回收率相对较低的原因，可以用张海宁 (2004) 提到的 “农业 (第一产业) 的经济效益较低，而新型的服务型行业经济效益较高” 来解释。当然还需要更有力的数据来支撑我们的结论。

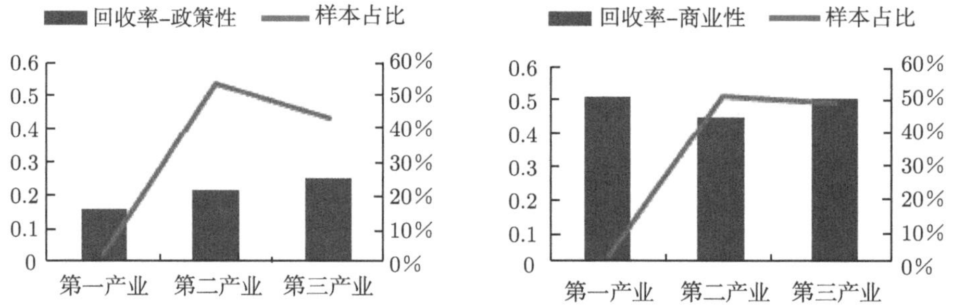

图 3.31　不同产业下回收率水平和样本分布

2) 相同行业下两类资产的回收率与变异系数比较

从三个产业下两类不良贷款回收率水平来看，商业性收购的不良贷款回收远高于政策性剥离的不良贷款回收率；变异系数方面，三个产业均是政策性剥离的变异系数高，说明政策性剥离的回收率的波动性更大 (图 3.32)。

7. **地区**

由于样本原因，商业性收购样本中的企业覆盖地区与政策性剥离的样本覆盖的地区不同，因而只统计出两类不良贷款中不同地区的回收率水平，不再进行比较，如图 3.33 所示。

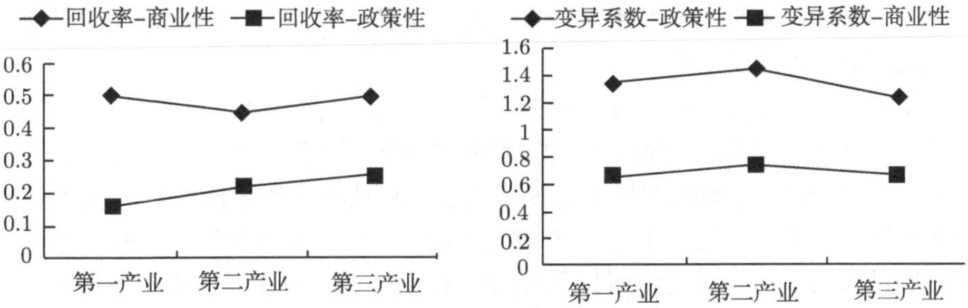

图 3.32 不同产业下两类资产的回收率与变异系数比较

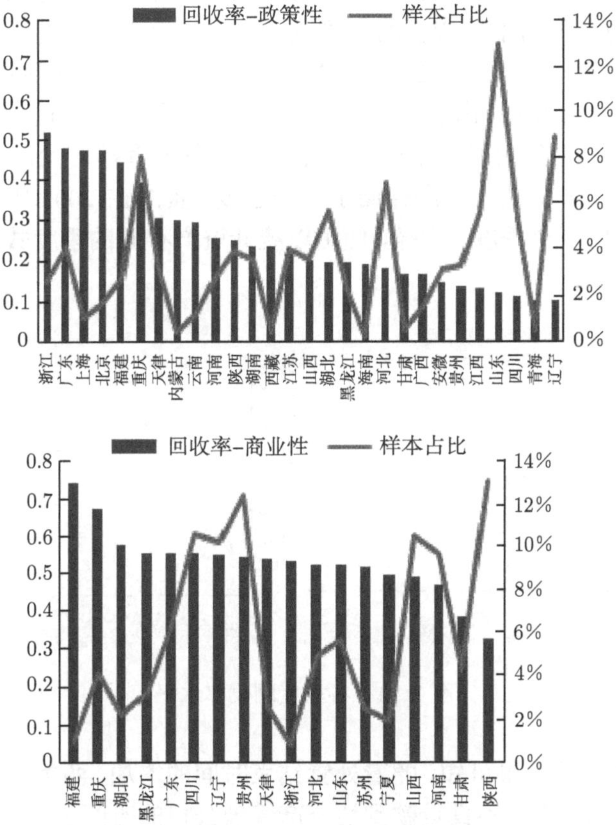

图 3.33 不同地区的回收率水平和样本分布

首先从图 3.3 的政策性贷款回收率水平上来看，对政策性剥离的不良贷款，不同地区的回收率水平差异较大，比如浙江省的平均回收率超过了 0.5，而回收率最低的地区如辽宁只有 0.13 左右。可以粗略地看出，经济发达地区如上海、广东、北京、浙江、福建等地的回收率水平较高，而经济落后地区如云南、贵州、广西、江西等地的回收率水平则较低。

其次从图 3.33 的商业性收购的不良贷款的回收率在地区上也存在一定的差异，比如福建的回收率较高，而陕西的回收率水平较低，但是大部分地区的平均回收率均为 0.5 左右，地区之间的差异明显要小得多，并且回收率较低的地区基本上集中在西部地区。从样本在地区上的分布情况来看，对这两类不良资产，不同地区回收率的差别都较大。由于后文将对地区差异进行更深入地研究，这里不再展开。

8. *资产存储时间*

我们统计了从 2000 年第三个季度开始到 2009 年第二个季度为止，每一个季度处置的所有的公司的不良贷款的平均回收率。其中政策性剥离的不良贷款是从 2000 年第三季度到 2006 年第四季度，商业性收购的不良贷款则是从 2005 年第二季度到 2009 年第二季度。由于不良资产转让到资产管理公司的时间一致，因而可以将不良贷款的处置结束时的季度看成是不良贷款的存储时间，比如资产在 2000 年第三季度处置完毕，认为资产存储了一个季度，资产在 2001 年第一季度处置结束，认为资产存储两个季度。这样，便可以统计资产存储的季度数所对应的回收率水平，如图 3.34 所示。

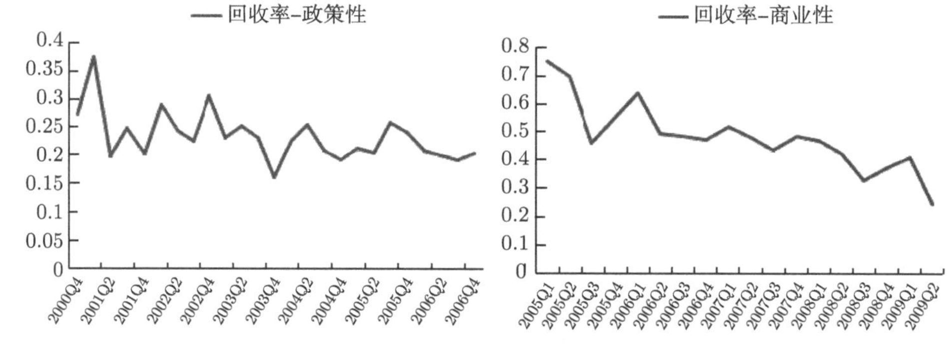

图 3.34　各季度回收率水平

基于实际的计算结果可知，随着处置结束时间的增加，两类不良贷款的回收率水平均在逐渐下降。由于不良贷款到达资产管理公司的时间是一致的，也就是说资产越晚处置，其回收水平也就越低。这其中的主要原因在于资产管理公司会优先处置容易处置和质量更好的资产，同时不良资产本身也存在“冰棍效应”，放置越久回收就越低。

而且比较两类不良贷款回收率在时间上的衰减趋势，我们发现商业性收购的不良贷款的回收率的下降趋势更为明显。这其中的主要原因在于资产管理公司在处置商业性收购不良贷款时，要比处置政策性的债务人更多地考虑成本和收益，那些质量更好的贷款会更早地处置，而这种行为要比在处置政策性剥离的贷款时表现得更为明显，也会导致回收率在时间上的下降趋势更为明显。关于资产管理公司在处置时对不良贷款的选择行为影响导致回收率在时间维度上的衰减问题，本书第 8 章将会继续进行深入研究。

3.5 本章小结

本章主要通过数量化的统计和对比，展开对不良资产违约回收率的影响因素研究。其中 3.2 节对 LossMetrics 数据库的总体概况和回收率的分布进行了整体研究；3.3 节主要从违约回收率零回收和非零回收的不同角度，从资产回收的高低差异来研究相关的影响因素；3.4 节主要从不良资产剥离的方式来对比相关的影响因素。通过比较分析可以发现，地区、行业、经营状态、处置方式和时间、五级分类等因素从"极端-非极端"回收以及"政策性-商业性"剥离两个角度来看，对回收率的差异都十分显著，不仅可以从直观定性的角度对回收率有初步判断，而且可以为此后计量模型的变量选择打下基础。

第 4 章　单户处置回收率计量模型

4.1 引　言

在上一章的影响变量选择基础上，本章将围绕不良资产违约回收率构建计量模型。违约回收率的计量，一方面是出自巴塞尔资本协议和商业银行风险管理的要求，巴塞尔资本协议第二版中规定，商业银行在使用内部评级法中的高级法计算资本充足率时，可自行开发模型来估计信用风险暴露的违约损失率 (loss given default, LGD)，因此关于回收率计量模型的研究，是很重要的课题之一；另一方面是来自于不良资产处置、定价和拍卖的需求，只有通过违约回收率的定量估计和预测模型，才能对不良资产的真实价值做出准确的判断，从而指导资产管理公司的一系列清收行动，因此违约回收率的定量化模型是本书讨论的重点。

基于文献中对回收率影响因素的分析，国内外学者和机构进行深入研究，一些机构开发了较有影响的商业化回收率预测模型，主要有穆迪 KMV 公司的 LossCalc 模型和标准普尔公司的 LossStats 模型。穆迪 KMV 公司的 Gupton 和 Stein(2002) 开发的 LossCalc 模型，以穆迪公司拥有的美国过去 20 多年 1800 多个违约观察数据为基础，对美国债券、贷款和优先股违约损失建立了违约损失和一年后违约损失两种版本的预测模型，模型包含的解释因素有债权种类和资历等级、公司资本结构、行业因素和宏观经济因素四类，实际应用效果显示，此模型的预测精度高于历史平均法的预测精度；标准普尔 LossStats 模型由 Friedman 和 Sandow(2003) 提出，模型中考虑的因素主要有债务类型、担保品质量、债务结构、平均违约率和行业因素等，LossStats 模型不仅能够估计出回收率的均值和方差，还可以得出回收率的分布密度。在学术界方面，Frye(2000a) 把系统性因子引入 LGD 计量模型中构建了最初的违约损失率量化模型，但在此计量模型中，值域范围为 [0，1] 的违约损失率 (LGD) 被作为正态分布随机变量处理，与实际情况不完全吻合；为保证 LGD 的非负性，Pykhtin(2003) 在原有线性模型基础上，利用对数正态分布来描述 LGD 并建立量化模型，对数正态分布描述 LGD 虽然保证了其非负性，但与其 [0，1] 范围的值域限制仍然不吻合；Andersen 和 Sidenius(2004) 利用 beta-正态逆变换方式把值域为 [0，1] 的损失率映射到实数范围；Düllmann 和 Trapp(2004) 利用 logit 变换把损失率映射到 $(-\infty, +\infty)$。这两种方法都从根本上考虑了 LGD 的值域限制，较好地吻合了实际数据的特征，通过变化映射后的数据建立 LGD 模型成为学术界和业界普遍采用的方法。近年来违约回收率的研究又有了长足进步，Gürtler、Hibbeln(2013)结合违约概率和暴露探讨了违约损失率的建模方法改进；Calabrese (2014) 探讨了在经济下行状态下的违约回收率模型的构建；Yao、Crook (2015) 利用改进的支持向量机模型对违约损失率进行了估计和预测。

目前国内对 LGD 的研究还只停留在影响因素的统计分析或对 LGD 预测模型的理论探讨阶段，武剑 (2005) 分析了银行测算违约损失率所需具备的基本条件，并探讨了初级评级法和高级评级法下的违约损失率参数的估计方法；沈沛龙和崔婕(2005) 从内部评级法的角度探讨了违约损失率的影响和模型方法。中国目前正处于银行业改革的过渡时期，这种特殊性决定了中国的 LGD 在分布特征及影响因素方面都有可能表现出与国外截然不同的特点，这就要求我们建立符合自身特点的 LGD 预测模型；同时在巴塞尔新资本协议Ⅱ、巴塞尔资本协议Ⅲ在中国推广实施阶段，研究并建立适用于中国国情的 LGD 预测模型，无疑也是非常必要的。刘志刚 (2007) 依托东方资产管理公司旗下的东和数据公司近年收集的数据初步对不良贷款回收率影响的因素进行了分析，并对建模提出了初步构造方法。进一步的利用东和数据公司的数据，陈浩 (2008) 用支持向量机对不良贷款有无回收作了具体深入的分析，得到了可靠的模型；王博 (2008)，陈暮紫 (2008) 分别建立了对单笔贷款或多笔贷款的债务人回收率模型，并校验了模型的可靠性，本章将深入讨论不良贷款回收率计量模型的构建。

建立回收率的计量模型，在技术上有多种模型形式可供选择：普通线性回归，对因变量做 Logit 变换或“贝塔 (Beta) 正态”变换的非线性回归，智能的机器学习方法如神经网络模型，以及复杂的最优化方法等。这些方法各有特点，因此有各自不同的适用范围和局限性。本章的目的，不是建立预测结果尽可能精确的回收率计量模型，因为这种模型技术复杂，较难理解，实用性不强。本章要做的是通过形式简单、结果容易解释的模型，研究回收率的各个影响因素在计量模型中如何起作用，特别是宏观经济因素在模型中扮演什么样的角色。因此本章选择普通线性回归模型。

4.2 模型自变量设定

基于上一章中的影响因素分析，本节将用上述若干因素作为自变量，建立单户处置回收率的预测模型。模型的备选自变量包括上一章提到的相关影响因素，并对它们做如下的变量转换处理。

- 对注册资本、债权金额等衡量金额大小的变量，取自然对数。
- 行业、地区、经营状况、债权转让方式等类别变量以虚拟变量形式出现。
- 对担保方式、五级分类等贷款层面的因素，通过计算比例的方式将其转化为企业层面的变量。具体方法是：对担保方式因素，分别计算每户企业名下的抵质押贷款和保证贷款的金额占其名下不良贷款总金额的比例，作为模型自变量 (不计算信用贷款的占比，目的是避免多重共线性)。对五级分类因素也做同样处理。

• 对逾期时间这个同样属于贷款层面的因素，本书以每笔贷款金额为权重，计算一户企业的平均逾期时间，作为模型自变量。

在宏观变量的选择方面，根据已有文献中的经验以及对中国经济的通常理解，选择了下面五个指标作为宏观经济周期的代表。这几个指标的数值越大，代表经济状况越好，因此预期它们对回收率的影响都是正向的：

• GDPR：国内生产总值 GDP 增速 (%)。

• BCI：企业景气指数 (business climate index)，综合反映企业的生产经营状况。

• CI：宏观经济一致指数 (coincident index)，反映当前经济的基本走势，由工业生产、就业、社会需求、社会收入等 4 个方面合成。

• LI：宏观经济先行指数 (leading index)，由一组领先于一致指数的先行指标合成，用于对经济未来的走势进行预测。

• INV：全社会固定资产投资增速。

这些指标数据来自国家统计局的公开发布，频度为季度。为了和回收率的样本时间跨度相一致，我们取 2001 年一季度到 2008 年一季度的数据。表 4.1 是这几个宏观变量的描述统计。

表 4.1　宏观变量描述统计

变量	区间段	观测数	平均值	标准差	最小值	最大值
GDPR	2001Q1～2008Q1	29	10.3	1.2	8.1	12.2
BCI	2001Q1～2008Q1	29	131.9	7.4	117.4	144.9
LI	2001Q1～2008Q1	29	101.7	1.0	99.2	103.5
CI	2001Q1～2008Q1	29	100.0	2.5	95.0	103.0
INV	2001Q1～2008Q1	29	26.8	5.5	14.7	38.3

4.3　各因素的解释力比较

通过回归模型来考察以上各个影响因素对回收率差异的贡献。方法是对所有数据样本，以回收率为因变量，对每个因素涉及的自变量分别建立回归模型，考察模型 R 平方的相对大小，如表 4.2 所示。

可以看到，“经营状况” 对回收率差异的解释力最强，模型 R 平方达 14%；其次是 “风险暴露规模及结构” 和 “债权转让方式”，模型 R 平方均在 10% 以上。这三个解释力最高的因素分别反映了债务人、债项及债权转让方式三个不同层面的信息："经营状况" 反映的是债务人的特征，很大程度上代表了宏观经济和企业财务状况；"风险暴露规模及结构" 衡量了债权金额大小；而 "债权转让方式" 是资产管理公司从商业银行接收债权的方式，反映了接收成本的高低。宏观经济因素的 R 平方为 7%，解释能力在所有因素中排在中等位置。

表 4.2 回收率影响因素单独建模结果统计

因素	观测数	R 平方	F-统计量	Pr 值
经营状况	4467	0.140	103.8	<0.0001
风险暴露规模及结构	4467	0.137	353.2	<0.0001
债权转让方式	4467	0.127	650.7	<0.0001
五级分类	4467	0.108	181.0	<0.0001
地区	4467	0.090	14.7	<0.0001
宏观经济	4467	0.070	42.1	<0.0001
担保方式	4467	0.064	153.2	<0.0001
行业	4467	0.055	13.6	<0.0001
企业规模	4467	0.029	134.2	<0.0001
逾期时间	4467	0.015	68.1	<0.0001

4.4 回收率计量模型

将所有备选自变量都加入模型，这些变量中有大量的虚拟变量，使总的备选变量个数多达 82 个。本节采用逐步回归 (stepwise) 法筛选出显著变量，最终得到的模型参数估计结果如表 4.3 所示。

表 4.3 单户模型准确性检验

回收率预测值区间	样本数	实际回收率平均值	实际回收率标准差
[0, 0.1)	741	0.055	0.115
[0.1, 0.2)	734	0.135	0.186
[0.2, 0.3)	740	0.216	0.234
[0.3, 0.4)	791	0.331	0.276
[0.4, 0.5)	696	0.446	0.291
[0.5, 0.6)	538	0.556	0.311
[0.6, 0.7)	191	0.721	0.298
[0.7, 0.8)	36	0.860	0.303

通过表 4.4 可以看出，经过逐步回归筛选，模型仍然含有多达 31 个自变量。上文所讨论的各个影响因素基本上在模型中都是显著的，但值得注意的是，并没有一个宏观经济变量在模型中显著。关于这一点，后文中将会详细探讨，模型的 R 平方达到 37.8%，对截面数据而言，已经具备了一定的解释能力。而从样本内残差频

率分布直方图，即图 4.1 来看，68.95%样本的残差在 ±0.2 以内，而平均绝对误差为 0.177，说明模型具有较好的预测效果。

表 4.4　回收率模型参数估计-单户处置

自变量	系数估计	标准误	Pr > t
截距项	0.401	0.047	<0.0001
Ln(注册资本)	0.021	0.003	<0.0001
Ln(债权金额)	−0.033	0.003	<0.0001
本金比率	0.346	0.022	<0.0001
北京	0.133	0.034	<0.0001
河北	−0.055	0.016	0.0007
江苏	−0.081	0.024	0.0007
浙江	0.168	0.029	<0.0001
福建	0.139	0.024	<0.0001
湖南	−0.042	0.021	0.0438
广东	0.139	0.016	<0.0001
重庆	0.081	0.015	<0.0001
四川	−0.057	0.016	0.0003
陕西	−0.057	0.015	0.0002
甘肃	−0.123	0.029	<0.0001
农林牧渔业	−0.075	0.029	0.0107
制造业	−0.039	0.008	<0.0001
住宿和餐饮业	0.061	0.024	0.0118
金融业	−0.176	0.083	0.0329
经营困难	−0.037	0.015	0.0116
不明	−0.071	0.017	<0.0001
停业	−0.083	0.015	<0.0001
关闭	−0.154	0.019	<0.0001
进入破产程序	−0.202	0.025	<0.0001
破产终结	−0.231	0.017	<0.0001
政策性接收	−0.130	0.010	<0.0001
“关注” 类贷款占比	0.143	0.034	<0.0001
“次级” 类贷款占比	0.032	0.015	0.0391
“损失” 类贷款占比	−0.067	0.011	<0.0001
抵质押贷款占比	0.070	0.010	<0.0001
保证贷款占比	0.049	0.010	<0.0001
逾期时间	−0.010	0.003	<0.0001
观测数		4467	
R 平方		0.378	
F 统计量		84.32	
Pr > F		<0.0001	

把模型对回收率的预测值按 0.1 的步长划分成若干个区间，统计每个区间内的

平均实际回收率，如表 4.3 所示。可见模型的准确性较高，每个子区间内实际值的平均数基本都在这个区间范围内，只有 [0.6, 0.7)、[0.7, 0.8) 这两个子区间的预测值稍微偏高。

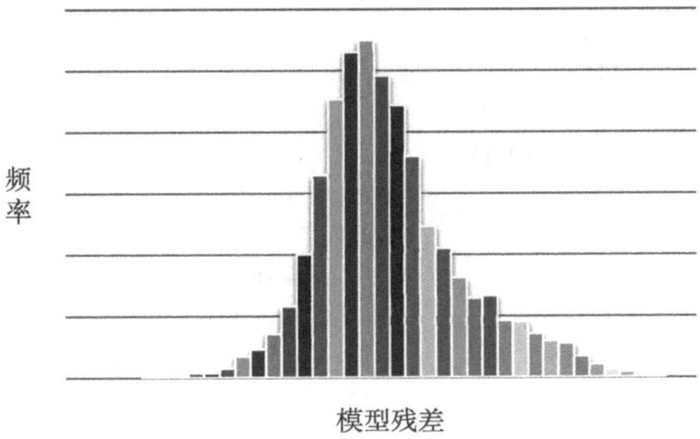

图 4.1 单户模型残差频率直方图

4.5 宏观经济变量对计量模型的贡献

用逐步回归法进行变量筛选后得到的模型，如表 4.4 所示，其中有 31 个解释变量，但宏观经济变量被排除在外。但是在影响因素分析中，已证实 GDP 增速对回收率有正向影响。为了考察宏观经济变量究竟能否成为回收率计量模型的自变量，下面尝试将宏观经济变量加入模型，考察它们对模型是否有贡献。

表 4.4 中的模型 1，就是上一节已经建立的含有 31 个解释变量的预测模型。在模型 2~ 模型 8 中，我们在已含有 31 个解释变量的模型基础上，分别加入一个宏观经济变量并重新估计系数，在模型 9 中，同时把所有宏观经济变量加入到模型中并重新估计系数。为了使结果清晰易观察，略去已有的 31 个自变量的系数估计，用 “截距项 $+X1 \sim X31$” 代表原模型的所有自变量。

观察表 4.5 中宏观经济变量系数，所有的系数在 10%的水平下都是不显著的；模型 9 中的宏观经济变量，也没有一个在 10%的水平下显著；再对比模型 R 平方：未加入宏观经济变量的原模型 (模型 1)，R 平方为 0.378；模型 2~ 模型 8 在加入一个宏观经济变量后，R 平方在 0.378~0.379，相比模型 1 几乎没有改变；模型 9 在加入了所有宏观经济变量后，R 平方增加到 0.381，只比模型 1 提高了 0.003；可见，在已有的 31 个解释变量的基础上，再加入宏观经济变量，对模型的解释能力基本没有增强。这说明原模型的 31 个解释变量中已经包含能够反映宏观经济波动的因素。

表 4.5　将宏观经济因素加入单户回收率模型

	模型 1	模型 2	模型 3	模型 4	模型 5	模型 6	模型 7	模型 8	模型 9
截距项 + $X_1 \sim X_{31}$	…	…	…	…	…	…	…	…	…
GDPR		0.009 (0.007)							0.021 (0.007)
GDPR(−1)			0.007 (0.004)						−0.001 (0.008)
LI				−0.001 (0.004)					−0.004 (0.006)
CI					−0.001 (0.002)				0.002 (0.006)
BCI						0.000 (0.001)			−0.001 (0.001)
BCI(−1)							0.001 (0.001)		0.000 (0.001)
INV								−0.001 (0.001)	−0.002 (0.001)
观测数	4467	4467	4467	4467	4467	4467	4467	4467	4467
R 平方	0.378	0.379	0.379	0.378	0.378	0.378	0.378	0.379	0.381
F 统计量	84.32	82.03	81.86	81.75	81.75	81.77	81.79	81.92	69.77
P 值	<0.0001	<0.0001	<0.0001	<0.0001	<0.0001	<0.0001	<0.0001	<0.0001	<0.0001

不妨观察原模型中 31 个自变量所代表的因素，可以发现，其中“经营状况”是最有可能与宏观经济波动有直接联系的一个因素。我们来检验“经营状况”在多大程度上与宏观经济波动相关。

根据第 3 章对不同经营状况下回收率的统计结果，“经营状况”这一因素从最“好”到最“差”依次为营业、经营困难、不明、停业、关闭、进入破产程序、破产终结。我们把这 7 种状态依次编号为 1~7，并按以下的方法构造两个季度时间序列：

$$\text{pct\_}G_t = \frac{N_{1,t} + N_{2,t}}{\sum_{i=1}^{7} N_{i,t}}, \quad \text{pct\_}B_t = \frac{N_{6,t} + N_{7,t}}{\sum_{i=1}^{7} N_{i,t}} \tag{4.1}$$

其中 $N_{i,t}$ 表示第 t 季度中第 i 个状态的样本数量，即令 pct_G 为每个季度的样本中最优的 2 种经营状况的样本占比，令 pct_B 为每个季度的样本中最差的 2 种经营状况的样本占比。将这两个指标与季度 GDP 增速对比，如图 4.2 所示，可见 pct_G 与 GDP 增速季度时间序列的趋势非常相似，而 pct_B 与 GDP 增速的趋势基本相反，pct_G 和 pct_B 与 GDP 增速时间序列的相关系数分别高达 0.76 和 −0.65。这说明样本中“经营状况”随时间的变化趋势已在很大程度上反映了宏观经济的波动，模型中包含“经营状况”因素，实际上也就包含了一部分宏观经济波动的因素。

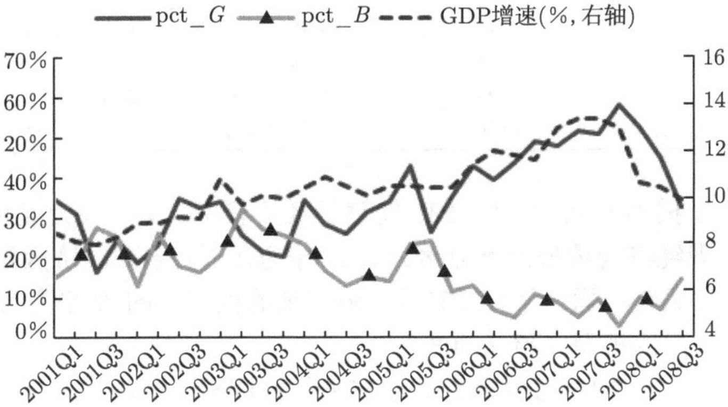

图 4.2 经营状况与 GDP 增速时间趋势

如果用宏观经济因素代替原模型中的经营状况因素，会对模型的解释力有何影响？为了考察这一点，去掉原 31 个自变量中代表“经营状况”因素的 6 个变量，并用“截距项 $+X1 \sim X25$”代表余下的 25 个自变量。在这 25 个变量的基础上，再分别加入一个或多个宏观经济变量并重新估计系数。表 4.6 中的模型 1～ 模型 9 展示了估计结果。

表 4.6 将宏观经济因素代替经营状况因素

	模型 1	模型 2	模型 3	模型 4	模型 5	模型 6	模型 7	模型 8	模型 9
截距项 + $X_1 \sim X_{25}$	⋯	⋯	⋯	⋯	⋯	⋯	⋯	⋯	⋯
GDPR		0.009**							0.022***
		(0.004)							(0.007)
GDPR(−1)			0.006						−0.004
			(0.005)						(0.008)
LI				0.000					−0.004
				(0.004)					(0.007)
CI					−0.001				0.001
					(0.002)				(0.006)
BCI						0.000			−0.001
						(0.001)			(0.001)
BCI(−1)							0.001		0.000
							(0.001)		(0.001)
INV								−0.002	−0.002
								(0.002)	(0.001)

续表

	模型 1	模型 2	模型 3	模型 4	模型 5	模型 6	模型 7	模型 8	模型 9
观测数	4467	4467	4467	4467	4467	4467	4467	4467	4467
R 平方	0.338	0.339	0.338	0.338	0.338	0.338	0.338	0.339	0.341
F 统计量	90.77	87.62	87.37	87.26	87.26	87.30	87.32	87.58	71.71
P 值	<0.0001	<0.0001	<0.0001	<0.0001	<0.0001	<0.0001	<0.0001	0.002	<0.0001

由模型 2 及模型 9 可见，GDPR 代替了经营状况之后，成为显著变量。但除 GDPR 外的宏观经济变量依旧不显著。从 R 平方来看，宏观经济因素对模型解释力的提升作用仍然较微弱：含所有宏观经济变量的模型 9 的 R 平方为 0.341，仅比不含宏观经济变量的模型 1 高 0.003。

在表 4.5、表 4.6 中，因为重点关注宏观经济因素、经营状况因素之间的相互关系和解释的替代性，由于模型结果过多，对其他变量的系数和正负关系进行了省略，其中表 4.5 对常数项和包含经营状况因素的 31 个变量的拟合系数进行了省略，表 4.6 对常数项和去除了经营状况因素的 25 个变量的拟合系数进行了省略，通过表 4.5、表 4.6 的宏观经济变量的系数显著性，研究经营状况和宏观经济变量的相关性和解释的替代性。

图 4.2 给出了经营状况和宏观经济的波动相关关系，图 4.3 对比了表 4.5 和表 4.6 所示的各种模型的 R 平方。可以明显看到，经营状况因素对模型解释力的提升远大于宏观经济因素。

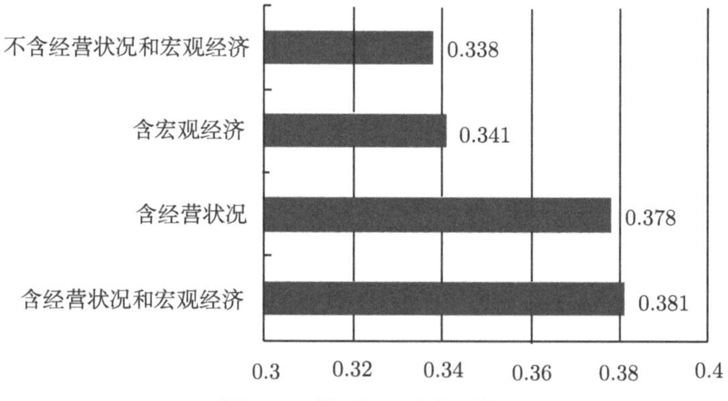

图 4.3　模型 R 平方对比

究其原因，宏观经济是一种系统性因素，也就是说，所有企业面临的宏观经济环境都是一样的；而经营状况是一种个体性因素，每户企业的经营状况不同，除了受共同的宏观经济因素影响之外，还可能包含企业自身的各种条件影响。因此，“经营状况”这种更细层面的因素，对回收率的解释力必然强于宏观经济因素。

4.6 本章小结

在上一章对回收率影响因素分析的基础上，本章建立了针对单户处置的回收率计量模型，并且利用模型对各个影响因素对回收率的贡献进行了测算。

若用模型拟合优度 R 平方来衡量，“经营状况” 因素对回收率差异的解释力最强，其次是 “风险暴露规模及结构” 和 “债权转让方式”，这三个解释力最高的因素分别反映了债务人、债项及债权转让方式三个不同层面的信息。宏观经济因素的解释能力在所有因素中排在中等位置。

最终逐步回归得到的模型含有 31 个显著的自变量，但不含宏观经济变量。研究结论表明，模型中已有的 “经营状况” 因素，已在一定程度上包含了宏观经济周期波动的信息，而且因为在更细的层面上描述了贷款企业的性质，所以带来的对模型解释力的提升远大于宏观经济因素。

单户处置回收率计量模型的 R 平方达到 37.8%，已经具备了一定的解释能力。残差分析也说明模型具有较好的预测效果。

准确可靠的估计和预测不良贷款回收率既是不良贷款处置的基石，同时也是数量化衡量不良金融资产价值的开始。回收率计量模型的建立，不仅可以为资产管理公司管理旗下不良资产提供重要手段，也进一步为银行业提供监管普通贷款，防止其转变为不良金融资产给出了借鉴和重要启示。

第 5 章　基于广义 Beta 分布的单户回收率分布特征

5.1　引　　言

本章将延续第 4 章的内容，探讨单户债务人的回收率估计问题，本书第 4 章在兼顾估值准确性和实践应用性的双重角度下，利用线性估计方法对回收率进行了点估计，并且对其影响因素进行了探讨，但是由于回收率分布问题本身非常复杂，仅从点估计的角度来考虑是远远不够的，其分布的特征、规律以及估计将极大地扩展我们对回收率的认识。回收率实际上服从什么分布并没有定论，从目前已有的研究成果来看，回收率一般假定服从正态分布、对数正态分布、双对数分布、Beta 分布等。Frye(2000) 在研究系统性风险对回收率的影响时，就假设回收率服从正态分布，然后进行建模；而 Pykhtin(2003) 则利用对数正态分布来描述 LGD，在此基础上研究了回收率的非预期风险。由于回收率的取值范围为 [0，1]，服从正态分布的随机变量其取值范围为全体实数，而服从对数正态分布的随机变量取值则为全体正实数，因而使用这些分布来刻画回收率均存在缺陷。而双对数分布、Logit 正态分布和 Beta 分布可以较好地解决此问题，其中 Logit 正态分布和 Beta 分布运用最为广泛。Düllmann 和 Trapp(2005) 在研究影响回收率的系统性风险时，便使用 Logit 正态分布来描述回收率，使用该分布来描述回收率时，最主要的原因是考虑到经过 Logit 变换之后的回收率取值范围在全体实数上，对其进行回归建模更为方便。

Beta 分布是一种刻画取值在 (0，1) 上的随机变量概率分布，其在刻画回收率的分布上具有独特的优势，在回收率的研究中使用 Beta 分布的成果很多。JP Morgan(1997) 在 Credit-Metrics 的技术文档中使用 Beta 分布来刻画回收率。而穆迪评级公司开发的著名 LossCalc 模型中就假设回收率服从 Beta 分布，利用已有信息估计出 Beta 分布的形状参数，然后再对回收率做正态分布逆变换，进而对转换后的回收率建立回归计量模型。国内的一些学者也对 Beta 分布研究回收率进行了探索，王国栋 (2009) 使用双 Beta 分布来刻画回收率的分布特征，并利用核估计对回收率的密度函数进行了估计。

这些研究在使用 Beta 分布来刻画回收率时，均是假设所有样本服从同一个

Beta 分布，而实际上由于回收率数据的复杂性，很难相信所有样本是服从同一个 Beta 分布，而广义 Beta 回归模型认为不同样本服从不同的 Beta 分布，在广义 Beta 回归模型的框架下，不仅能够分析不同属性下的样本分布特征，也能够分析各因素对回收率的影响，因而成为近来研究的热点。Ferrari(2004) 把不同影响因素引入到 Beta 分布拟合中并给出参数估计的渐进性质；Michael(2006) 通过具体 SAS 程序实现广义 Bete 回归的极大似然估计方法；Xingzhenghuang 和 Oosterlee(2008) 综述广义 Beta 回归的各种估计方法；Bruche(2010) 认为回收率服从 Beta 分布，并且在广义 Beta 回归模型的方法下，研究了宏观变量和信用周期变量对美国债券回收率的影响。国内一些学者也分析了宏观因素对回收率分布的影响，陈暮紫 (2010) 使用广义 Beta 回归模型重点研究了宏观因素对回收率的影响；王博 (2011) 使用广义 Beta 回归模型，将宏观经济周期因素引入到回收率的研究中，并对回收率进行压力测试；陈暮紫 (2015) 利用修正的广义 Beta 模型进一步结合预期效用来分析影响回收率的各个因素；李军 (2015) 针对我国某银行的利用诉讼方式进行回收的违约贷款，利用广义 Beta 模型进行了回收率估计。本章基于广义 Beta 回归模型，对不同剥离形式下的不良贷款回收率分布特征和影响分布的因素进行了量化分析。

5.2 广义 Beta 回归模型

Beta 分布是用来刻画随机变量的取值在 (0, 1) 上的概率分布，其在回收率的拟合上应用得较多。Beta 分布的密度函数如下：

$$f(x,\alpha,\beta)=\frac{1}{\mathrm{B}(\alpha,\beta)}x^{\alpha-1}(1-x)^{\beta-1} \tag{5.1}$$

其中

$$\mathrm{B}(\alpha,\beta)=\frac{\Gamma(\alpha)\Gamma(\beta)}{\Gamma(\alpha+\beta)}$$

Beta 分布的形状主要依赖于参数 α,β 的变化。当 $\alpha>1,\beta>1$, Beta 分布形状为钟型，并且密度在 $x=\dfrac{\alpha-1}{\alpha+\beta-2}$ 达到取极大值；当 $\alpha<1,\beta<1$, 分布形状为 U 型，密度在 $x=\dfrac{1-\alpha}{2-\alpha-\beta}$ 时取极大值；当 $\alpha>1$, $\beta<1$, 分布形状为 J 型；当 $\alpha<1$, $\beta>1$, 分布形状为反 J 型；如果 $\alpha=1$, $\beta=1$, 则分布退化为均匀分布。

另外 Beta 分布的均值和方差由 α,β 来决定，其中

均值

$$\mu=E[x]=\frac{\alpha}{\alpha+\beta} \tag{5.2}$$

方差

$$\sigma^2 = \mathrm{Var}[x] = \frac{\alpha\beta}{(\alpha+\beta)^2(\alpha+\beta+1)} = \frac{\mu(1-\mu)}{(\alpha+\beta+1)} \tag{5.3}$$

以上 Beta 分布的两个参数 α, β 并没有直观的含义。令 $\psi = \alpha + \beta$，当均值一定时，方差的大小由 ψ 决定，因此 ψ 被认为是度量变量离散程度的参数，ψ 越大，方差越小。根据均值和方差的表达式，可以得出：$\alpha = \mu\psi$，$\beta = (1-\mu)\psi$。因此 Beta 分布的密度函数可以改写成由均值 μ 和离散程度 ψ 这两个比较直观的参数来刻画，即

$$f(x, \mu, \psi) = \frac{1}{\mathrm{B}(\mu\psi, (1-\mu)\psi)} x^{\mu\psi-1}(1-x)^{(1-\mu)\psi-1} \tag{5.4}$$

在广义 Beta 回归模型中，主要是通过一些连接函数，来建立形状参数 μ，ψ 与回收率的影响之间的关系。本章取的连接函数如下：

$$g(\mu) = \log\left(\frac{\mu}{1-\mu}\right) = kh(\varphi) = \log(\varphi) = l \tag{5.5}$$

针对上式提到的 k, l，引入回收率的影响因素，建立如下关系：

$$\begin{cases} k_i = a_0 + a_1 f_{i,1} + a_2 f_{i,2} + \cdots + a_n f_{i,n} \\ l_i = b_0 + b_1 f_{i,1} + b_2 f_{i,2} + \cdots + b_n f_{i,n} \end{cases} \tag{5.6}$$

其中 $f_{i,j}$ 指模型中所考虑的回收率的影响因素，如行业、地区、经营状况等。

基于此建立了广义 Beta 回归模型，进而可通过极大似然方法进行估计。

将所有样本的密度函数相乘，便可以得到似然函数，因此 Beta 分布的密度函数可以写成如下式

$$\begin{aligned} f(x_i; \mu_i, \psi_i) &= \frac{1}{\mathrm{B}(\mu\psi_i, (1-\mu)\psi_i)} x_i^{\mu\psi_i-1}(1-x_i)^{(1-\mu)\psi_i-1} \\ &= \frac{\Gamma(\psi_i)}{\Gamma(\mu_i\psi_i)\Gamma((1-\mu)\psi_i)} x_i^{\mu_i\psi_i-1}(1-x_i)^{(1-\mu_i)\psi_i-1} \end{aligned} \tag{5.7}$$

所有样本的密度乘积等于：$L = \prod_{i=1}^{N} f(x_i; \mu_i, \psi_i)$，对数似然函数表示为

$$\begin{aligned} \ln L = \sum_{i=1}^{N} [&\ln\Gamma(\psi_i) - \ln\Gamma(\mu_i\psi_i) - \ln\Gamma((\psi_i(1-\mu_i)) \\ &+ (\mu_i\psi_i - 1)\ln x_i + ((1-\mu_i)\psi_i - 1)\ln(1-x_i)] \end{aligned} \tag{5.8}$$

对该函数求极大值，满足极大值条件的参数估计即为所求的最终系数估计。

在模型效果识别的问题上，上述 $\ln L$ 可以作为模型的一个检验指标，$\ln L$ 越大，说明分布拟合效果就越好，但如果模型中引入了过多的示性变量，$\ln L$ 可能也会较大，容易出现过度拟合的问题，所以权衡模型拟合效果和变量数量的检验指标本书选取 AIC 准则，具体定义如下所示：$\mathrm{AIC} = -2\ln L + 2k$。

5.3 不同因素下回收率的分布特征分析

本节对单因素 Beta 分布进行分析，并将不同影响因素下的回收率分布绘制成图，但是由于某些变量是以连续形式进入模型，无法作图，为了方便表示只给出离散变量的 Beta 分布图，本节各因素的内涵参见第 3 章。

5.3.1 地区因素

根据第 3 章研究的结果，地区因素对回收率具有显著的影响，尤其是对政策性剥离的不良贷款，不同地区之间的回收率差异非常显著，而商业性收购不良贷款回收率的地区差异则相对较小。对政策性剥离的不良贷款，不同地区的回收率水平的差异受到地区的经济发展水平和市场化程度影响很大，因此按照经济发展水平和市场化程度将这些地区进行聚类成四个区域：市场化程度高、较高、一般、较低，然后按照聚类后的区域绘制回收率的 Beta 分布图。对商业性收购的不良贷款，按照“十一五”规划里的区域划分方法，将其划分成东部、东北、中部、西部四个区域，然后绘制四个区域的回收率的 Beta 分布图形，如图 5.1 所示。

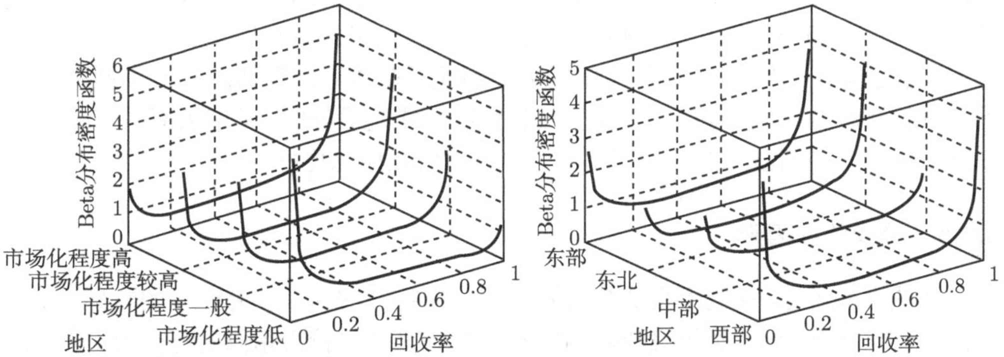

图 5.1 不同地区的回收率的 Beta 分布

对商业性收购的不良贷款，其回收率的分布在四个区域呈现不同的特征，其中东部和东北在 1 附近的峰值较高，说明东北和东部地区的回收水平较高；西部地区则在 0 附近的峰值和 1 附近的峰值均较高，说明西部地区的回收率差异较大，这是由于西部地区中的重庆市回收率水平很高，整体提高了 1 附近的峰值；中部地区则在 0 和 1 附近的峰值均较低，从实际数据来看，中部地区的平均回收率水平较低，而且 0 附近和 1 附近的积累概率也较低。改革开放以来，东部地区的经济发展水平要比西部地区和中部地区好，因此商业性收购的不良贷款的回收率在区域上的分布特征与国内经济发展的区域特征在一定程度上是吻合的，但如果从单个省市来看，这样的特征不如区域明显。

5.3.2　行业因素

按国家统计局的划分，把各行业分为三大产业进行分析，如图 5.2 所示。

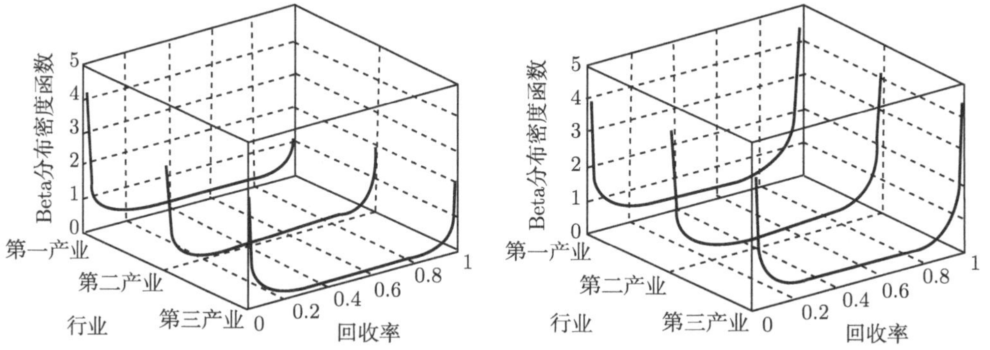

图 5.2　不同行业的回收率的 Beta 分布

从政策性剥离的不良贷款来看，第一产业的回收率分布在 0 附近的峰值是最高的，在 1 附近的峰值则是最低的，说明第一产业的回收率水平较低；第二产业和第三产业的分布特征则较为类似，第三产业在 1 附近的峰值稍高。从商业性收购的不良贷款来看，第二产业在 1 附近的峰值是最低的，这种情况与政策性剥离的不良贷款有所差异，但是第三产业的回收情况始终是最好的，其中的原因可能是第三产业中多是高新技术产业和服务业，其经济效益情况更好。

5.3.3　经营状况因素

从图 5.3 来看，两类不良贷款的回收率分布特征均存在较为明显的差异，并且不同经营状况下，这两类不良贷款的回收率分布呈现出较为相似的特征，即随着企业经营状况的恶化，其回收率分布在 0 附近的峰值持续增加，而在 1 附近的峰值则降低。比如经营状况为破产的债务人的回收率分布在 0 附近的峰值最高，而在 1 附近的峰值则最低，说明企业处于破产时，偿债能力极低；当经营状况为正常时，回收率分布在 0 附近的峰值最低，并在 1 附近的峰值最高，其次是经营状况为困难，在 0 附近的峰值较低，而在 1 附近的峰值较高。

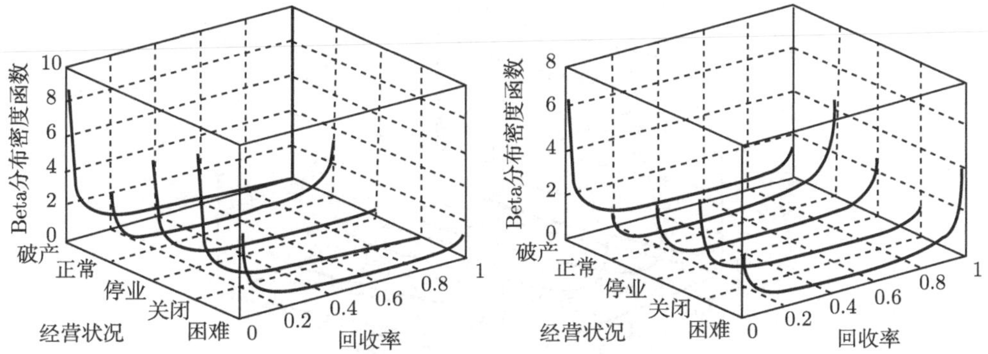

图 5.3 不同经营状况的回收率的 Beta 分布

5.3.4 工商登记因素

从图 5.4 的工商登记状态来看，随着工商登记状态从正常到吊销再到注销，回收率在 0 附近的峰值逐渐增加，在 1 附近的峰值也逐渐降低。

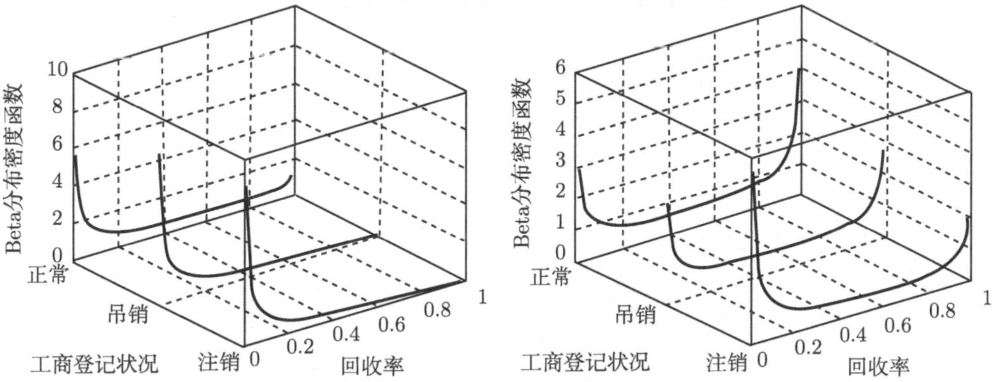

图 5.4 不同工商登记状态的回收率的 Beta 分布

5.3.5 五级分类因素

由于商业性收购的不良贷款的五级分类绝大多数为可疑类，因此，这里我们只对政策性剥离的不良贷款的五级分类进行分析。从分布情况来看，随着五级分类中等级的降低，即从正常类到损失类，回收率分布在 0 附近的峰值逐渐增加，1 附近的峰值逐渐降低，回收率的均值水平也逐渐降低。这样的结果与之前影响因素分析的结果是一致的，具体如图 5.5 所示。

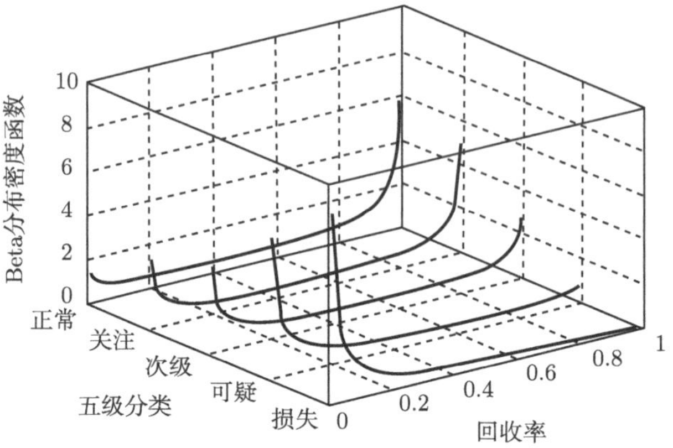

图 5.5　不同五级分类的回收率的 Beta 分布图 (政策性剥离)

5.3.6　担保因素

从担保因素来看，对两类不良贷款，抵押贷款的回收率的分布的均值是最高的，并且其在 0 附近的峰值最低，1 附近的峰值最高，而信用债务人的回收率分布均值最低，其在 0 附近的峰值最高，1 附近的峰值最低，具体如图 5.6 所示。

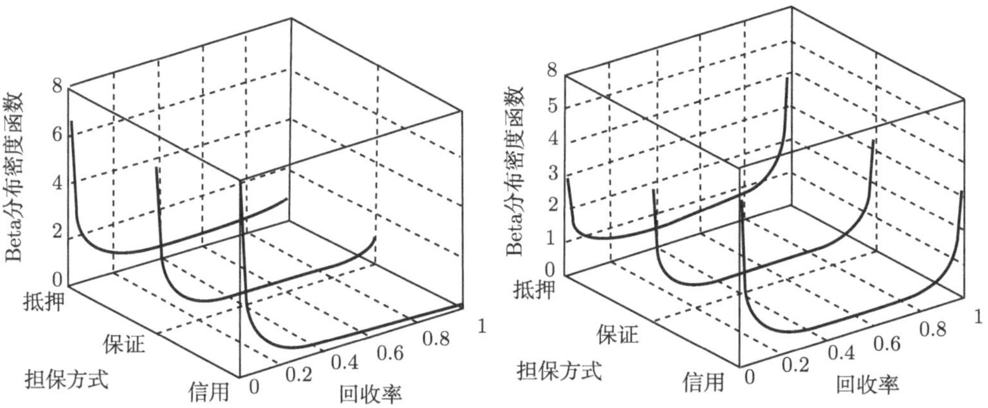

图 5.6　不同担保方式的回收率的 Beta 分布图

5.4　多因素广义 Beta 回归模型

5.4.1　基于政策性剥离样本的模型

将所有自变量纳入模型进行估计，若同一类的自变量之间存在着共线性，必须摈弃其中某个变量，该变量的选取由样本的分布特征和其在单变量模型中的显著程度来决定，比如取某个变量的值的样本较少，或者该变量显著性不强，则不将其纳入模型，最终自变量初始集合为：人均 GDP、行业为第一产业、行业为第三产业、五级分类为损失、工商登记为吊销、工商登记为注销、经营为破产、经营为正常、经营为停业、经营为关闭、经营为困难、债务规模、本金占比、担保为抵押、担保为信用、资产存储时间等 16 个变量。需要说明的是，为了极大似然估计的方便，对人均 GDP 和存储时间的量纲进行了一些处理：将人均 GDP 除以 10000，将存储时间除以 100。基于这些变量对模型进行估计，估计的结果如表 5.1 所示。

表 5.1 全变量下的多变量广义 Beta 回归模型(政策性剥离)

变量	alpha 系数	P 值	Beta 系数	P 值
截距	−0.6631	0.0132	1.5329	<0.0001
人均 GDP	3.632	<0.0001	2.352	<0.0001
行业为第一产业	−0.7395	<0.0001	−0.8234	<0.0001
行业为第三产业	0.07815	0.1043	−0.02278	0.6319
五级分类为损失	−0.6713	<0.0001	−0.3395	<0.0001
工商登记为吊销	−0.2569	0.0056	−0.06885	0.4665
工商登记为注销	−0.386	<0.0001	−0.2157	0.0134
经营为破产	−0.9367	<0.0001	−0.5453	<0.0001
经营为正常	0.411	0.0002	−0.1512	0.146
经营为停业	−0.2081	0.0071	−0.422	<0.0001
经营为关闭	−0.4575	<0.0001	−0.4369	<0.0001
经营为困难	0.1613	0.0478	−0.1889	0.012
债务规模	−10.7406	<0.0001	−17.8065	<0.0001
本金占比	1.7625	<0.0001	1.3544	<0.0001
担保为抵押	0.1811	0.0006	−0.0193	0.712
担保为信用	−0.2801	0.0005	−0.2575	0.0017
存储时间	−1.8637	<0.0001	−1.1325	0.0048
拟合指标	数值			
−2 Log Likelihood	−8895			
AIC	−8827			
AICC	−8827			
BIC	−8621			

根据估计的结果，可以得出如下结论。

(1) 从多变量模型 alpha 系数估计的结果来看，除了变量“行业为第三产业”之外，所有变量均至少在 5%的阈值水平下显著，并且绝大部分至少在 1%的水平下显著；Beta 系数估计的结果与 alpha 系数估计的结果较为一致，但是变量“行业为第三产业”、“经营为正常”、“担保为抵押”和“工商登记为吊销”在 5%的阈值水平下不显著。

(2) 对连续变量的 alpha 系数，人均 GDP 在 alpha 系数估计中很显著地为正，说明人均 GDP 越高，则回收率的均值可能也越高，这与第 3 章地区差异的研究结果是一致的；“债务规模” 系数为负，说明债务规模越大，则分布的均值倾向于越低；“本金占比”alpha 系数为正，说明债务中本金占比越高，分布均值倾向于越高；变量 “资产存储时间” 估计的系数为负，说明后处置的资产回收率水平比先处置资产回收率要低。需要说明的是，得到上面的结论的前提都是基于其他条件不变，这些结果与前文的因素研究结果是一致的。

(3) 对离散变量的 alpha 系数，行业因素方面，当行业为第一产业时，系数为负，而行业为第三产业时，系数为正，说明在其他条件相同时，第三产业的回收率均值要高于第二产业和第一产业，而第一产业的回收率均值最低；工商登记状态因素方面，在其他条件不变的前提下，当公司工商登记为吊销和注销时，回收率的均值要低于工商登记状态为正常的企业，并且 “工商登记状态为注销” 时的系数更低，说明工商登记为注销时，回收率均值要低于工商登记为吊销时的均值；经营现状因素方面，其他条件不变时，当经营状况为破产、停业和关闭时，其回收率的均值要低于经营状况为正常或者困难时的回收率均值，并且从系数的大小来看，经营状况为正常的公司的回收率均值最高，其次是经营为困难的企业，回收率最低则为经营上破产的企业；担保方式方面，其他因素不变时，当担保方式为抵押时，回收率均值最高，而为信用时，回收率的均值最低。因此从所有变量的 alpha 系数估计结果来看，与之前影响因素的分析结果是完全一致的，也符合经济和金融的内涵。

由于变量 “行业为第三产业” 在 alpha 系数估计中的显著性程度较低，将其删去，再进行估计，估计的结果如表 5.2 所示。

表 5.2　显著变量的多变量广义 Beta 回归模型(政策性剥离)

变量	alpha 系数估计	t Value	Beta 系数估计	t Value
截距	−0.6127	0.0208	1.5072	<0.0001
人均 GDP	3.63	<0.0001	2.37	<0.0001
行业为第一产业	−0.7754	<0.0001	−0.8141	<0.0001
五级分类为损失	−0.6668	<0.0001	−0.3409	<0.0001
工商登记为吊销	−0.2523	0.0065	−0.06967	0.461
工商登记为注销	−0.3874	<0.0001	−0.2159	0.0133
经营为破产	−0.9541	<0.0001	−0.5394	<0.0001
经营为正常	0.4133	0.0002	−0.1537	0.1398
经营为停业	−0.2119	0.0061	−0.4185	<0.0001
经营为关闭	−0.4622	<0.0001	−0.4363	<0.0001
经营为困难	0.1627	0.0458	−0.1883	0.0123
债务规模	−10.7601	<0.0001	−17.7432	<0.0001
本金占比	1.7538	<0.0001	1.3583	<0.0001

续表

变量	alpha 系数估计	t Value	Beta 系数估计	t Value
担保为抵押	0.1814	0.0006	−0.01654	0.7515
担保为信用	−0.2759	0.0006	−0.2606	0.0015
存储时间	−1.8661	<0.0001	−1.1365	0.0046
拟合指标	数值			
−2 Log Likelihood	−8890			
AIC	−8826			
AICC	−8826			
BIC	−8632			

删除变量“行业为第三产业”之后，模型的其他变量仍然非常显著，并且系数变化较小，从拟合指标来看，模型的拟合效果变化很小，而 BIC 指标甚至更小。

5.4.2 基于商业性收购样本的模型

与政策性剥离的不良贷款相似，先给出基于全变量的模型。这里的自变量变量与基于政策性剥离的样本模型使用的自变量存在一个不同之处是，地区因素方面，人均 GDP 因素在模型中估计系数虽然为正，但是并不显著，因而将所有省或者直辖市划分为“东部、东北、中部、西部”四个区域，然后将这些区域以虚拟变量的形式放入模型。基于全变量的模型估计结果如表 5.3 所示。

表 5.3 全变量下的多变量广义 Beta 回归模型(商业性收购)

变量	均值系数	Pr > |t|	方差系数	Pr > |t|
截距	0.8864	0.0447	2.0253	<0.0001
中部地区	−0.3757	<0.0001	−0.4491	<0.0001
西部地区	−0.284	0.0001	0.303	<0.0001
第一产业	0.0722	0.1162	−0.00199	0.585
第三产业	0.0962	0.0868	−0.00169	0.9759
工商登记正常	0.1481	0.0722	0.1874	0.0179
工商登记吊销	0.1077	0.3838	0.1029	0.4077
工商登记注销	0.05139	0.7536	0.2132	0.1482
经营为破产	−0.7351	<0.0001	0.3346	0.0242
经营为正常	0.1527	0.202	−0.1552	0.1849
经营为停业	−0.08201	0.4018	−0.1476	0.1066
经营为关闭	−0.4192	0.0057	−0.3252	0.0344
经营为困难	−0.00311	0.9762	−0.2097	0.0332
债务规模	−11.3286	<0.0001	−18.7952	<0.0001
本金占比	2.3738	<0.0001	1.2761	<0.0001
担保为抵押	0.1226	0.0508	−0.228	0.0002

续表

变量	均值系数	Pr > $\|t\|$	方差系数	Pr > $\|t\|$
担保为信用	−0.015	0.4727	0.2062	0.1888
资产存储时间	−3.8522	0.0001	−1.5184	0.1066
拟合指数	数值			
−2 Log Likelihood	−2155			
AIC	−2087			
AICC	−2085			
BIC	−1900			

分析估计结果，可得到如下结论。

(1) 对连续变量的均值系数，“债务规模” 的系数显著为负，说明债务规模越大，在其他因素相同的条件下，回收率的均值越低；“本金占比” 的系数显著为正，说明其他因素相同时，本金占比越高，回收率均值越高；“资产存储时间” 的系数为负，说明后处置的资产的回收率均值较低。因此这些估计结果与政策性剥离的模型结果一致，也与之前因素分析的结果一致。

(2) 对离散变量的均值系数，地区因素方面，当地区为中部和西部时，系数显著为负，说明其他条件不变时，中部和西部的回收率均值水平要低于东部和东北部地区，这其实在一定程度上也反映了地区经济发展水平的不平衡造成的影响；行业因素方面，第一产业和第二产业的系数均为正，且第三产业的系数更大，说明在其他因素相同时，第三产业的回收率均值水平最高，其次为第一产业，第二产业则最低，这与政策性剥离的模型结果有一定的区别，并且发现行业因素显著性不强，说明行业间的差异较小；工商登记状态方面，工商登记状态正常时的系数最大，注销时系数最小，说明工商登记状态为正常时，其他条件如果不变，回收率均值最高，其次是工商登记吊销，回收率均值最低的状态为注销；经营状况方面，根据系数大小，容易发现，当经营状况为正常时，回收率均值最高，其次是经营状况为困难，而经营状况为破产时的回收率水平最低；担保方式方面，根据系数大小和正负关系可知，其他因素如果不变，担保方式为抵押时的回收率均值最高，最低的情况是信用类担保 (即无担保)。

进一步给出只包含那些对均值和方差有显著影响的变量的模型，结果如表 5.4 所示。

根据模型的估计结果，可以得出以下结论：

(1) 对均值有显著影响的变量，对方差影响也显著。但是变量 “抵押为担保” 和 “经营现状为困难” 对均值没有影响，对方差参数影响显著，其分别可以解释为在均值不变的情况下，当担保为抵押和经营状况为困难时，方差较小。

(2) 只包含显著变量模型的拟合效果与全变量模型相比，相差不大，只包含显著变量的模型拟合效果似乎更优一些。

表 5.4 变量的多变量广义 Beta 回归模型(商业性收购)

变量	均值系数	P 值	方差系数	P 值
截距	0.9316	0.0279	1.9695	<0.0001
中部地区	−0.3686	<0.0001	−0.4768	<0.0001
西部地区	−0.2799	0.0001	0.2962	<0.0001
工商登记正常	0.1563	0.0147	0.1806	0.0219
经营为破产	−0.7309	<0.0001	0.3517	0.0174
经营为关闭	−0.3834	0.0042	−0.2709	0.0726
经营为困难			−0.1959	0.0452
债务规模	−10.9531	<0.0001	−18.7405	<0.0001
本金占比	2.4243	<0.0001	1.303	<0.0001
担保为抵押			−0.2308	0.0001
存储时间	−3.8867	<0.0001	−1.4223	0.1288
拟合指标	数值			
−2 Log Likelihood	−2142			
AIC	−2090			
AICC	−2089			
BIC	−1947			

5.4.3 模型比较和分析

本节从显著变量和模型拟合效果两个角度对这两类模型进行比较。

首先，从显著变量的个数来看，基于政策性剥离的不良贷款样本建立的模型中，显著变量多出很多，说明政策性剥离的不良贷款回收率存在着更为明显的差异，而商业性收购的不良贷款在资产质量上普遍较好，差异相对较小。比如商业性收购的模型中，行业因素、工商登记状态因素显著性较低，并且由于绝大部分是可疑类贷款，五级分类因素也不显著。

其次，从模型的拟合效果来看，基于政策性剥离的样本的模型，无论是全变量还是显著变量，其各项拟合指标，如负对数值、AIC、AICC、BIC 等统计变量的值均要远远小于基于商业性收购的模型，说明政策性剥离样本的模型拟合情况更好，主要原因是由于商业性收购的样本的回收率差异更小，通过显著变量和模型更难捕捉回收规律，预测回收率大小。

这些结论与之前因素研究得到的结论是完全一致的，导致这样结果的主要原因在于商业性收购的资产质量更好，在剥离时经过了资产质量的选择，有意降低了低质量资产的购买，并且由于成本因素，在处置时态度也更为积极，尽量达到优化处置，因而回收水平更贴近其内在价值，因而回收的稳定性也更好。

5.5 本章小结

通过第 4、5 章的研究，本书针对不良资产单户处置的债务人构建了以 OLS 方法为主的单点估计和以广义 Beta 估计为主的分布估计模型，给出了单户处置的债务人多角度、多模型的回收率估计结果。单户处置的方法是不良资产清收的重要方法之一，通过构建单户债务人的多个模型，一是可以交叉检验各模型的结果，以提高模型的准确度和精确性；二是可以从多个角度来弥补单一模型的不足，点估计模型更直观并且是分布估计模型的参照和基础，分布估计模型可以提供区间估计和相应的在险价值 (Value at risk, VaR) 估计，通过点估计和分布估计两种不同且为国际上最主流的方法，可以为不良资产清收、处置和管理提供回收率估计的最基础和核心参考。同时在各模型中给出的显著变量，可以直观地给回收率的清收处置和管理过程提供相应的重点监控指标，为资产管理公司的实际应用提供强有力的支持。

第 6 章　打包处置回收率的影响因素分析

6.1 引　　言

除了单户处置外，打包处置是金融资产管理公司处置不良贷款时常用的一种方法，国外学者对此进行了深入研究，Litsey(2013) 深入研究了打包处置和银团贷款在银行间市场的运作过程；Lim (2014) 对银团贷款和其承销过程进行了研究；Olomola(2014) 针对尼日利亚的银行贷款打包处置进行了研究。同时国内学者针对我国商业银行违约贷款和不良贷款的打包处置也进行了研究，朱志强 (2004) 研究了不良资产打包处置中的重点和难点对策；程凤朝 (2003) 针对金融资产评估进行了分析，也强调了金融资产中打包处置的重要性；张维 (2005) 研究了打包不良资产的销售方式；董天天 (2009) 讨论了商业银行自身违约贷款的打包处置问题；姚金楼 (2015) 对商业银行不良贷款的打包转让流程、影响和政策进行了深入讨论；李佳 (2012) 通过美国金融市场的衍生品工具，讨论了其中金融资产和债务打包处置的问题。

在实际不良资产处置中，资产管理公司常常将同属一个地区或一个行业的企业不良债权，组包出售给投资者。资产打包出售适用于单户处置成本高而回收价值低，资产分布过于分散不利于处置，单笔资产处置难度大、周期长以及具有其他适宜进行打包出售特点的资产。打包处置具有两个主要的优点：一是处置时间短，回收现金快；二是交易成本低，风险相对较小。同时也有两点不足：一是目前不良资产打包数额太大，都是几十亿的资产包，限制了有购买力的投资者；二是一次性买断债权对投资者来讲可能产生各种法律隐患。表 6.1 是 LossMetrics 数据库中单户和打包已处置完毕的债权规模比较。截至 2009 年通过单户方式处置结束不良贷款本金共 668 亿元，打包处置的本金共 1094 亿元。

表 6.1　单户和打包处置规模比较

类别	已处置户数/包数	已处置本金/亿元
单户处置	5931	668
打包处置	529	1094

从表 6.1 可知按处置金额大小衡量，打包处置是金融资产管理公司更主要的处置手段。一个资产包少则包含几户企业的不良债权，多则包含上百户，每户企业下还可能有若干笔不良贷款。要直接对资产包的回收率建立计量模型比较困难。在本

章中，采取“由单户估值到整体估值”的两步法来构建打包回收率计量模型。思路是先利用第 4 章中建立的单户处置回收率模型，估计资产包中单个企业的回收率，并将整个包的单户回收率估计值汇总，作为整个包回收率计量模型的变量之一。

6.2 模型预处理

6.2.1 样本选取

本章所采用的数据样本来自 LossMetrics 数据库中记录的以打包方式处置完毕的不良资产包，共 306 个。包中共有 13803 户企业的不良贷款，最大的一个包含 380 户，剔除只含有 3 户以下的资产包。在本书中对打包回收率数据的异常值做了清洗，剔除了回收率小于 0 或大于 1.2(120%) 的样本。

图 6.1 是单户处置样本回收率的频率分布直方图。从图 6.1 中可以看到，打包处置回收率的频率分布与单户处置回收率分布形状相似，同样是极不对称的分布形状，回收率在 0.05 以下的样本频率很明显地高于其他区间的频率，形成峰值。回收率完全为 0 的样本就有 88 个，占总数的 29.5%。在回收率大于 0.05 的部分，频率分布大体上有随回收率的升高而逐级递减的趋势。在回收率大于 0.5 的部分，样本已经很少，只有 23 个，占总数的 8%。

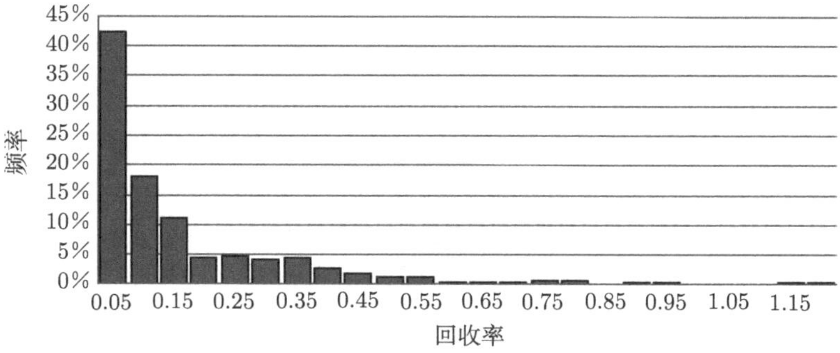

图 6.1　打包处置回收率频率分布

6.2.2 资产包回收率的影响因素

资产包是不良贷款的集合，从这个意义上说，能够影响单户处置回收率的因素，如行业、地区、企业规模、经营状况、担保方式、逾期时间等，也应该是打包回收率的影响因素。如果要在资产包的层面考虑这些单户的因素，就必须对这些因素做一些转换处理，如考虑一个资产包内各种行业的占比结构、各种经营状况的占比结构等，比较繁琐。

本书避开这种直接考虑单户因素的方式，转而用一种间接的方式处理，第 4 章中已经建立了单户处置回收率的计量模型，影响单户回收率的因素在该模型中已经有所反映，因此可以用单户模型对包内每户企业的估计结果，来代表所有单户层面影响因素的综合体现。

另外作为一个整体的资产包，其本身的属性也是其回收率的潜在影响因素。这些属性包括包的规模大小等。宏观经济周期也会影响包的回收率，以下对这些因素逐一进行讨论。

6.3 预估回收率

6.3.1 资产包模型介绍

在本章中，利用第 4 章建立的单户计量模型，见表 6.2，对包内每户企业的回收率做出估计，并将其按照每户在包中所占的债权金额大小加权平均，得到整个资产包回收率的一个估计值，本章中称其为“预估回收率”。由于单户的估计结果是对每户企业不良债权质量好坏的一种反映，所以“预估回收率”是整个资产包质量好坏的反映，可以作为债权包回收率的一个重要影响因素。

表 6.2 打包回收率描述统计

统计量	实际回收率	预估回收率
样本数	306	306
均值	0.206	0.389
标准差	0.217	0.216
最大值	1.104	1.047
75%分位数	0.279	0.543

具体地说，对于包含 n 户企业的债权包，先应用单户模型估计第 i 户企业的回收率 $\hat{R}_i$，再按债权金额 M_i 加权平均，得到资产包的预估回收率 R'_{pack}，即

$$R'_{\text{pack}} = \frac{\sum_{i=1}^{n} M_i \cdot \hat{R}_i}{\sum_{i=1}^{n} M_i} \tag{6.1}$$

其中 $\hat{R}_i$ 为由单户计量模型得到的包内第 i 户企业的回收率估计值，M_i 为第 i 户企业的债权金额。图 6.2 是用该方法计算的资产包预估回收率 R'_{pack} 与实际回收率 R_{pack} 的散点图。

由图 6.2 可知，二者是正相关的，计算得它们的相关系数为 0.422。表 6.2 显示了二者的一些样本统计结果。可见，实际回收率要系统性地低于预估回收率。这是由于资产包采用整体转让出售，而非清收追偿的处置手段，从而提高了处置时效

性，降低了处置成本，因此打包处置需要进行一定的让利，这使得打包处置的回收率水平要比按单户处置计量模型估计的潜在回收率低。

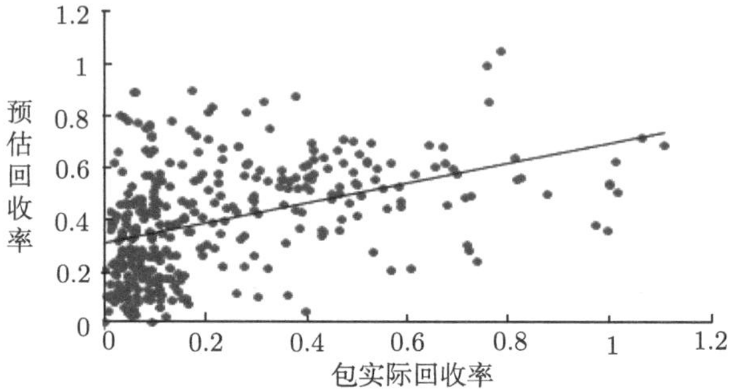

图 6.2　打包预估回收率与实际回收率

6.3.2　资产包影响因素

资产包中包含多个不同的债务人和其相应贷款，因此单户债务人的特征不能简单的代入一个估值模型中，因为各债务人和贷款的相应特征可能完全不一样，因此需要从资产包的宏观特征中来寻找可能影响其回收率的重要因素，以下是对资产包回收率估值的因素分析。

1) 规模

资产包的规模可以用包内所含的企业户数来衡量。表 6.3 及图 6.3 显示，资产包的回收率与包内所含的企业户数存在着负相关的关系，户数在 10 户以下的，回收率达到 26.8%，而包内含 100 户企业以上的，平均回收率降至 8.9%的水平。

表 6.3　包回收率与包内企业户数

户数	样本数	回收率均值	标准差
10 以下	153	0.268	0.244
10~20	51	0.188	0.195
20~40	43	0.155	0.192
40~100	34	0.102	0.087
100 以上	25	0.089	0.077

资产包的大小还可以用债权总金额大小来衡量。一般来说，包的总金额与户数之间会有一定的正相关性。我们按照资产包的债权总金额从小到大，把所有样本分成样本数相近的 5 组，分别统计回收率，如表 6.4 和图 6.4 所示，可见打包回收率随打包债权总金额增加而递减。

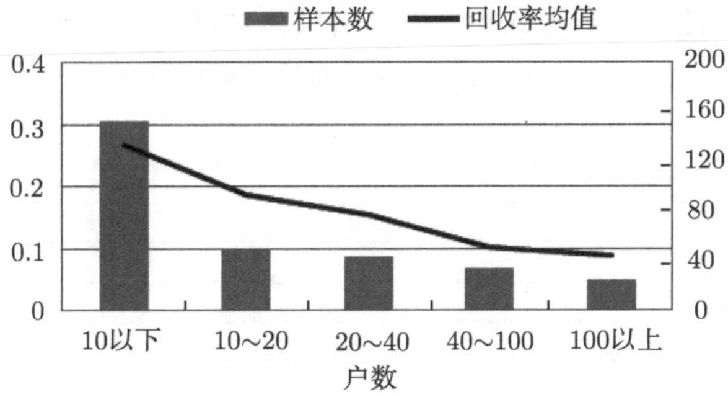

图 6.3 包回收率与包内企业户数

表 6.4 包回收率与总金额

金额 (百万元)	样本数	回收率均值	标准差
0~6	55	0.347	0.282
6~15	66	0.236	0.212
15~40	57	0.179	0.203
40~150	61	0.145	0.155
150 以上	67	0.138	0.156

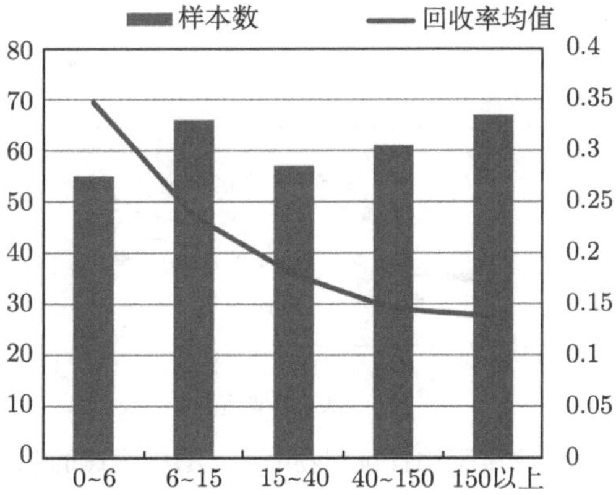

图 6.4 包回收率与总金额

2) 宏观经济周期

以回收率样本时间跨度 (2003 年第 3 季度 ~2008 年第 4 季度) 内 GDP 增速的中位数 —— 10.4%作为一个分界点，将样本区间划分为经济相对繁荣的时期和相对低迷的时期，图 6.5 是这两类时期下回收率的频率分布直方图。可见 GDP 增速小于 10.4%时，样本更多地分布在回收率较低的区间段，特别是在 0.05 以下的分布频率，GDP 增速小于 10.4%时的累积明显大于 GDP 增速大于 10.4%时。

图 6.6 是季度平均打包回收率和 GDP 增速的散点图，每个散点为季度平均打包回收率，横轴为 GDP 增速，可以明显看出两者之间有正相关的关系。图 6.6 中

的两条线分别是线性及指数形式拟合的二者关系曲线。

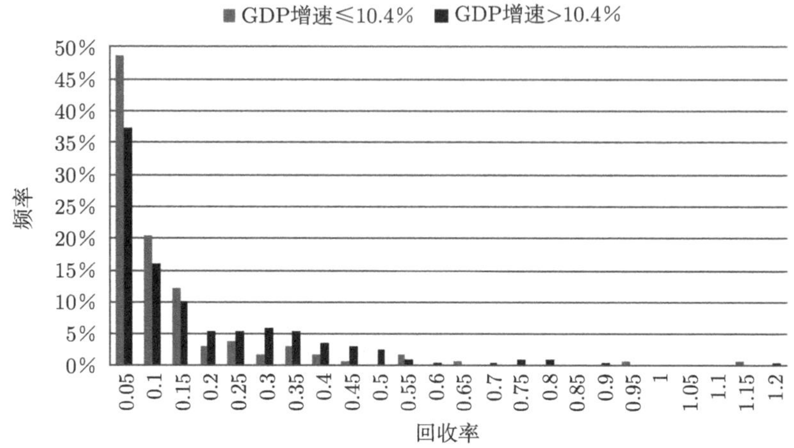

图 6.5　不同 GDP 增速下的打包回收率频率分布

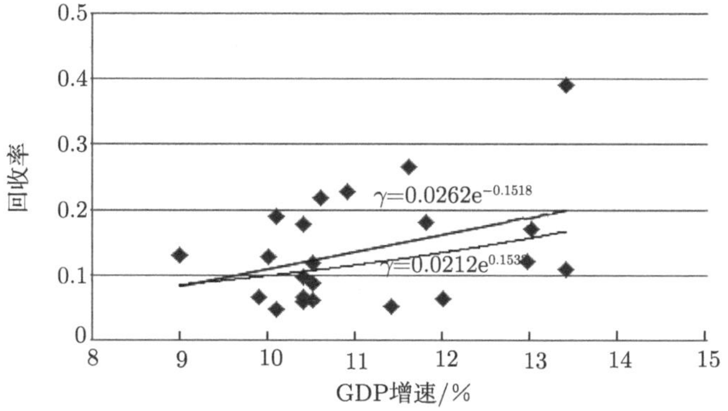

图 6.6　季度平均打包回收率和 GDP 增速的散点图

6.3.3　各因素的解释力比较

资产包回收率计量模型包含的变量如下：

- R'_{pack}：债权包预估回收率；
- 债权总金额的自然对数；
- 包内户数哑变量含义：

HS10：户数 $\leqslant 10$ 则取 1，反之取 0；

HS20：$10 <$ 户数 $\leqslant 20$ 则取 1，反之取 0；

HS40：$20 <$ 户数 $\leqslant 40$ 则取 1，反之取 0；

HS100：$40 <$ 户数 $\leqslant 100$ 则取 1，反之取 0；

注意这里对包的规模没有直接用户数这个变量，而是转化成了虚拟变量。这样做的原因是，根据实际经验，回收率与包内户数之间并不是简单的线性关系，而是户数在一定范围内的包有相似的回收率，因此用虚拟变量能更好地反映这种关系，而且经过实验后也发现用虚拟变量的模型效果更好。

在宏观经济周期的代表变量的选择方面，与前面几章相同选择了下面五个指标作为宏观经济周期的代表。这几个指标的数值越大，代表经济状况越好，因此预期它们对回收率的影响都是正向的。

- GDPR：国内生产总值 GDP 增速 (%)；
- BCI：企业景气指数 (business climate index)，综合反映企业的生产经营状况；
- CI：宏观经济一致指数 (coincident index)，反映当前经济的基本走势，由工业生产、就业、社会需求、社会收入等 4 个方面合成；
- LI：宏观经济先行指数 (leading index)，由一组领先于一致指数的先行指标合成，用于对经济未来的走势进行预测；
- INV：全社会固定资产投资增速。

这些指标数据来自国家统计局的公开发布，频度为季度。通过回归模型来考察以上各个影响因素对资产包回收率差异的贡献大小。方法是对所有数据样本，以资产包回收率为因变量，对单个自变量分别建立回归模型，考察模型 R 平方的相对大小。

如表 6.5 所示，预估回收率 R'_{pack} 的解释力最强，R 平方达到 17.5%；用债权总金额或户数衡量资产包规模，解释力相差不大，R 平方都在 10%左右；宏观经济因素的 R 平方为 8.2%，解释能力在所有因素中最小。

表 6.5 包回收率影响因素单独建模结果统计

因素	观测数	R 平方	F 统计量	P 值
预估回收率 R'_{pack}	306	0.175	71.97	<0.0001
债权总金额	306	0.104	35.18	<0.0001
户数	306	0.100	8.36	<0.0001
宏观经济	306	0.082	5.59	<0.0001

6.4 打包回收率计量模型

我们以资产包的实际回收率为因变量，以预估回收率 R'_{pack}、债权总金额 (对数)、户数哑变量、宏观经济变量为自变量，采用回归模型建立打包回收率计量模型。与单户回收率计量模型类似，我们使用逐步回归方法筛选显著的自变量。模型最终的变量估计结果如表 6.6 所示。

表 6.6　打包回收率计量模型

自变量	系数估计	标准误	Pr > t
截距项	0.015	0.146	0.918
R'_{pack}	0.337	0.050	<0.0001
Ln(债权总金额)	−0.023	0.007	0.0008
HS10	0.084	0.025	0.0008
GDPR	0.037	0.008	<0.0001
观测数			306
R 平方			0.306
F 统计量			33.14
P 值			<0.0001

从系数估计来看，预估回收率 R'_{pack} 的系数为 0.337，这个数字可以大致理解为打包处置相对单户处置的“折扣率”；债权总金额显著为负，与前面的分析相一致；户数哑变量只有“HS10”这一个是显著的；宏观经济变量方面，GDP 增速显著为正，这说明预估回收率这个变量中还没有完全反映宏观经济周期对包内资产回收率的影响。

模型的 R 平方达到 0.306，解释能力较强。从组合模型的样本残差分布，图 6.7 来看，绝大部分样本 (93.1%) 的残差在 ±0.1 以内，而有 69.6%的样本残差在 ±0.05 以内。这个结果远优于单户处置的模型。

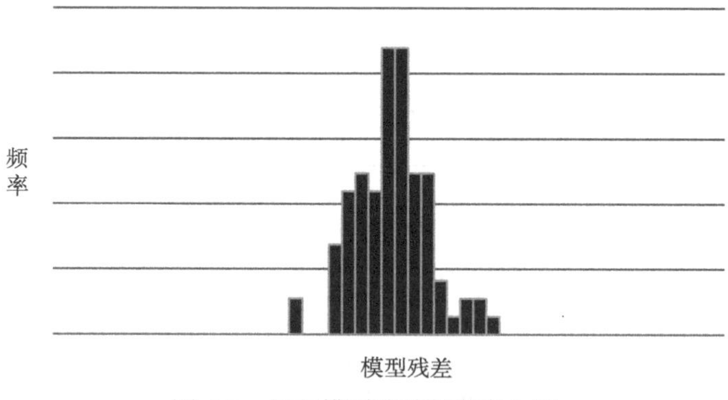

图 6.7　打包模型残差频率直方图

把模型对回收率的预测值按 0.1 的步长划分成若干个区间，统计每个区间内的平均实际回收率，如表 6.7 所示。可见模型的准确性较高，每个子区间内实际值的平均数基本都在这个区间范围内。

表 6.7 打包模型准确性检验

回收率预测值区间	样本数	实际回收率平均值	实际回收率标准差
[0, 0.1)	63	0.082	0.066
[0.1, 0.2)	91	0.131	0.312
[0.2, 0.3)	94	0.228	0.227
[0.3, 0.4)	35	0.397	0.243
[0.4, 0.5)	19	0.447	0.248
[0.5, 0.6)	4	0.518	0.296

6.5 本 章 小 结

将不良资产打包处置，是金融资产管理公司除了单户处置之外常用的一种处置手段，以往的研究很少涉及。但估计打包处置回收率，其重要性不亚于对单户回收率的估计。本章利用数据库中的历史数据，对打包处置的回收率做了分析。

在本章中，以单户回收率计量模型为基础，先对不良资产包内每户企业的潜在回收率做估计，再按金额加权平均，称作资产包的预估回收率。实证研究显示，预估回收率与包的实际回收率有正相关关系；而且包的实际回收率系统性地低于预估回收率，这说明打包处置中存在“折扣”效应。另外，资产包的规模与回收率有负相关，宏观经济对打包回收率有正向影响。

基于这些影响因素，本章建立了打包处置回收率的计量模型。通过逐步回归筛选后，预估回收率、债权金额、户数、GDP 增长率都成为显著的模型自变量。其中预估回收率的解释能力最强，这也印证了单户回收率计量模型的有效性。模型的准确性验证效果较好。

本章对资产包回收率的估计采用的是间接的方法，即先估计包中单户资产的回收率再加总。这种方法由于利用了此前构建的单户模型，所以比较简单易行。但从直观上讲，间接法的估计效果或许不如直接估计，即直接以包内不良资产的属性作为模型因子建模，但由于包内资产的复杂性、多样性往往无法实现，而本章的替代方法不仅可行，而且实际检验效果也较好，可以作为对资产包估计的一个重要参考。

第 7 章　不良贷款回收率的地区差异分析

7.1 引　　言

本书的第 3 章至第 6 章主要从全模型的角度来深入讨论如何构建不良贷款的回收率模型，该问题是不良贷款管理和清收的基础。通过以上各章的讨论，除了建立了不良贷款回收率的量化模型外，最重要的是分析了影响回收率的重要因素。在影响回收率的重要因素中主要包括债务人和债项自身的因素，其中地区、处置时间、抵质押和宏观经济变量作为显著且直接影响回收过程和结果，同时却又并不直观易懂的因素，将成为本书后文子模型构建的关键切入点，本章主要对不良贷款回收率的地区差异进行深入的研究。从前文对不良贷款回收率影响因素的分析中可知，无论是政策性剥离还是商业性收购，不良贷款的回收率水平都存在地区差异，尤其是政策性剥离的不良贷款，地区之间的回收率差异非常明显，但是对两类剥离形式下的不良贷款回收率差异的大小、造成这种地区差异的原因等并没有进行深入的研究；同时如此明显的地区差异，是不同于国外违约贷款回收率的一个显著特征，国外的不良贷款回收率往往表现为行业差异明显，而地区差异较小，这与国外地区间经济差异不大是息息相关的，因此我国不良资产回收率的地区差异体现出明显的中国特色，值得进行深入研究。

目前国际上关于 LGD 地区差异地深入研究比较少，一个比较经典的研究成果来自 Querci(2005)，Querci 考察了意大利西北、东北、中部和南部等地域差异对违约损失率的影响，结果表明东北部企业的 LGD 高于其他三个地区，其中最低为 49%，最高为 61%，但是在回收率存在区域差异的原因上，Querci 并没有给出深入的研究结论；Qi(2009) 通过对住房抵押贷款的研究，重点研究了区域性房价和地区性差异对贷款违约和回收的影响；Hillebrand(2006) 在对商业银行贷款的违约回收率模型构建中也考察了地区影响因素，并且把地区因素引入到最终模型中；Leow(2012) 通过对英国商业银行贷款的考察，针对住房抵押贷款构建了两阶段模型，并且在模型中重点考察了区域性房价和地区因素对违约损失率的影响；Park(2014) 重点针对房地产市场的周期性变化，讨论了区域性房产价格对银行贷款违约损失率的影响；Han (2013) 基于债券数据，尤其是与住房抵押贷款相关的衍生债券数据，考察地区因素对债券回收造成的影响；Schuermann(2014) 在商业银行的压力测试模型中也引入了地区因素来完善模型，总体而言，国外在对贷款违约损失率的模型构建中一般都会考察地区因素，而且特别的针对住房抵押贷款，会对地区因素作重点分析。

在国内基本上银行界和学术界都认为回收率存在比较显著的地区性差异，但是比较系统与深入的研究则很少。叶小可、刘海龙 (2006) 在分析浙江省温州市某银行 1986~2005 年的 3045 个违约贷款项目时，将温州地区三区八县根据经济发展状况划分为市区、发达县、欠发达县等三个特定经济区域，发现违约损失率与区域经济发展程度负相关，即从统计意义来说，经济发展好的县区，违约损失率较低；经济发展不好的县区，违约损失率较高，如表 7.1 所示。

表 7.1　不同地区的贷款 LGD

区域	样本数	算术平均 LGD	加权平均 LGD
市区	811	42.26%	37.02%
发达县	1673	25.57%	18.37%
欠发达县	561	73.51%	50.50%

资料来源：引用自叶晓可，刘海龙 (2006)

叶晓可、刘海龙的工作表明了中国的不良贷款 LGD 可能存在显著的地区差异，这为开展进一步的地区因素研究提供了有价值的启发，但是此研究存在许多不足，表现为一方面，研究的数据样本只涉及温州市，如果要分析中国不良贷款 LGD 的地区差异，那么显然样本代表性不够；另一方面，其研究仅限于初步的数据统计，而对于 LGD 的县级差异与县级的经济发展水平的关系也没有给出严格的论证；最后，影响 LGD 的因素非常多而且复杂，此研究仅限于从经济发展水平的角度去考虑，不够全面与深入。因此需要以更有代表性的样本，对造成中国不良贷款的 LGD 地区差异的原因进行更加全面和深入的研究，才能得到可靠的结论。

此外洪露 (2014) 也基于住房按揭的贷款数据构建了违约损失率模型，重点分析了不同地区住房贷款的违约回收情况；张清立 (2014) 全面分析了影响违约回收率的多个因素，并对地区因素进行了重点分析；张志超 (2015) 构建了企业贷款的违约损失率模型，并且考察了不同地区企业的违约损失差别；彭苑 (2014) 对银行贷款的违约损失率之间的联动效应进行了研究，并且考察了地区因素在其中的影响；石宝峰 (2014) 针对小企业的信用风险和违约损失进行了考察，并在模型中引入地区因素来完善分析。由此可见无论国内外的研究中都发现，地区因素对违约损失率确实存在影响，但这些研究或者基于定性分析，或者构建的量化模型仅仅基于少数地区，代表性有限。

研究不良贷款的回收率或者违约损失率的地区差异除了在学术、理论上的重要意义，也具有重要的实践价值，主要是由于一方面，国内在处置不良资产时，是以地区为单位处置的，即由资产管理公司在各个省份的办事处对本省地域范围内的不良资产进行处置；另一方面，考虑到国内的不良贷款回收率主要来自处置清收的数据，在不良贷款的处置过程中，需要跟债务人以及其他的利益相关方谈判，这与当地的司法环境高度相关。因此我国的不同地区在经济发展水平、文化习惯和法律环境等的明显差异，可能对不良资产的回收产生较大的影响，研究不良贷款回收中的地区差异，不仅能够为不同地区的不良贷款处置回收和风险管理提供决策依据，也能够服务于商业银行的贷款风险管理。

按照不同的剥离形式，本章将不良贷款分成商业性收购与政策性剥离两类，分别研究了回收率地区差异，并进行了比较分析，需要说明的是，结合地区差异的显著情况，我们将重点放在政策性剥离的不良贷款上。

7.2 政策性剥离的不良贷款回收率的地区差异研究

7.2.1 研究方法与思路

对政策性剥离的不良贷款，我们采用的数据样本约为 3200 条，覆盖了 21 个省 (直辖市)，这些企业均已经在 2001 年到 2005 年之间处置完毕。由于数据量较大，能够较好地反映 2001 年到 2005 年我国不良贷款回收率的地区状况。需要说明的是，虽然 2006 年也有一些企业的回收率数据，但是考虑到较多的省份在 2006 年没有处置信息，本章并没有给出 2006 的研究结果。

首先分年对样本中各省的回收率水平进行了统计，从结果来看，每一年的各省回收率之间存在较大的差异，我们使用 Theil 指数衡量回收率的地区差异。

其次对造成回收率地区差异的原因进行了探究，基于 2001 年到 2005 年的政策性剥离不良贷款数据，利用一系列能反映省份的经济发展水平与市场化程度的指标，从组合平均回收率和个体回收率方面来解释不同省份之间回收率的差异，结果显示这些指标具有较好地解释能力。这些指标包括人均 GDP、中介组织发育和法律环境指数、要素市场发育程度指数、地方政府对企业的干预程度指数、非国有经济的发育程度指数。

在构建不良贷款回收率的量化模型时，如果使用全样本，由于地区很多，将每一个地区均纳入模型，需要构造很多虚拟变量，给解释带来困难，而每个地区单独建模却又常常受到样本量不足的限制，造成模型的统计性质不佳，因此我们希望将处置环境比较相似的不良贷款放在同一样本空间内建立模型，这需要对如何划分区域进行探索。我国 “十一五” 规划将国内的省份划分成东北、东部、西部、中部四个区域，但是如果将这种区域划分方法用在回收率的研究上，其合理性也需要进行分析。

基于能够刻画各省的经济发展水平和市场化程度的指标对省进行了聚类分析，

将所有的省份划分成 4 个区域，在此基础上计算了区域的 Theil 指数；同时我们提出了一种新的聚类方法：先计算这些指标的主成分，然后选取解释能力最大的主成分，根据此主成分再进行聚类分析，并且也直接利用这些指标对省份进行了聚类。本章对这两种聚类方法得到的回收率的差异情况进行了比较。

7.2.2 回收率存在显著的地区差异的论证

要研究不良贷款回收率的地区差异，首先必须验证其是否存在显著的差异。首先对回收率进行地区的统计，从直观上来观察回收率的地区差异；其次对不同地区的回收率进行方差分析，从统计检验上来证明不同地区存在显著的地区差异；进一步引入著名的 Theil 指数来衡量这种差异的大小。

本书选取的研究数据为单户清收的数据，总共包含约 3300 个债务人，时间从 2001 年到 2005 年。除了 2001 年的样本中没有江苏省之外，其他各年份覆盖了包含江苏在内的 21 个省。

我们统计了 2001 年到 2005 年每个省的平均回收率，从统计的结果来看，这 5 年内各地区之间的回收率水平存在比较显著的差异。图 7.1 能够比较直观地显示这些地区的回收率水平存在显著的差异。从图 7.1 中可以看出，每一年内不同地区的回收率之间都存在着非常显著的差异，其中纵轴表示平均回收率，横轴代表不同的 21 个省份。

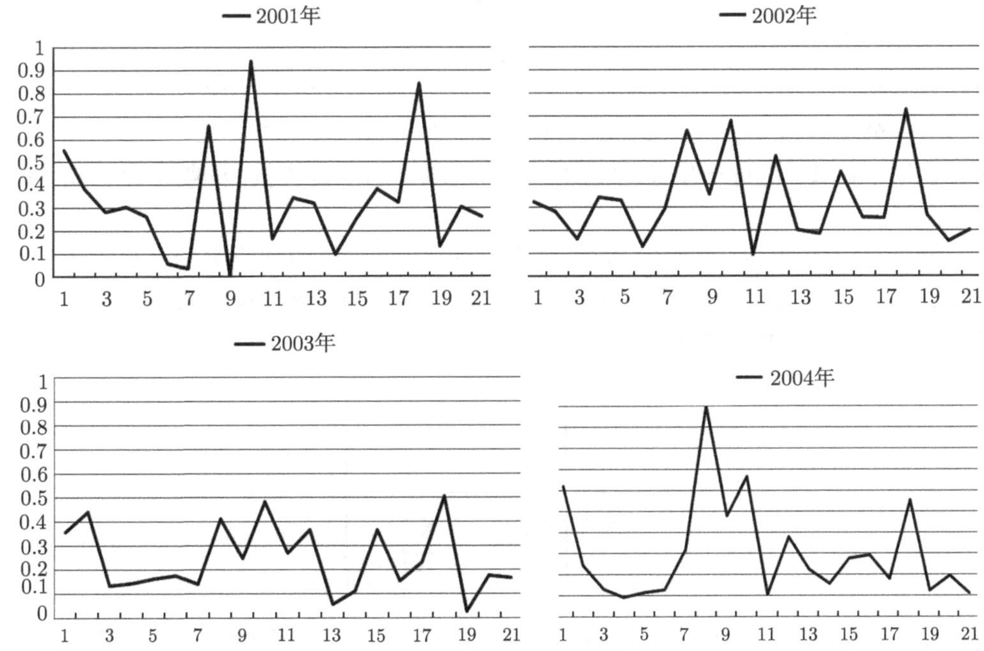

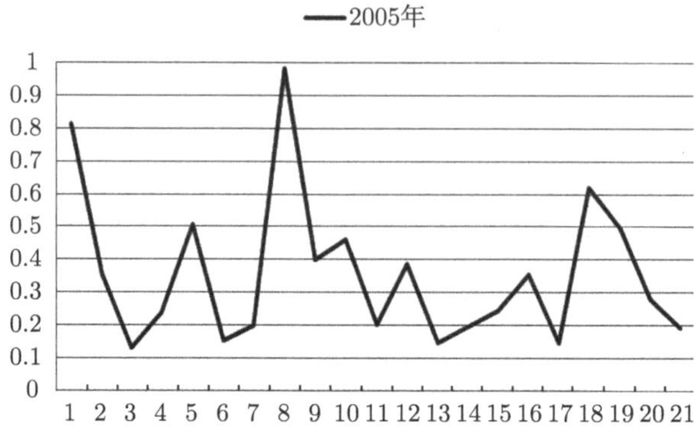

图 7.1 各地区的回收率统计情况 (2001~2005 年)

进一步对不同地区的回收率水平进行方差分析，从统计上给出更严格的证据，以证明不同地区的回收率水平存在显著的差异，我们给出每一年方差分析结果中的 F 统计量和 P 值，如表 7.2 所示。

表 7.2 2001~2005 年地区回收率的方差分析

年份	F 统计量	P 值
2001	10.17	<0.0001
2002	8.78	<0.0001
2003	7.89	<0.0001
2004	4.31	<0.0001
2005	2.54	0.0004

方差分析的结果显示，每一年中不同地区之间的回收率差异均至少在 1%的显著性水平下显著。这进一步证明了对于政策性剥离的不良贷款，回收率存在显著的地区差异。

接下来引入 Theil 指数对 2001 年到 2005 年每一年的回收率的差异大小进行度量。Theil 指数是由计量经济学家亨利 · 戴尔提出的，最初是用来衡量收入不平等程度的统计量，其数学表达式为

$$T=\sum_{i=1}^{N}\left(\frac{x_i}{\sum\limits_{j=1}^{N}x_j}\ln\frac{x_i}{\frac{\sum\limits_{j=1}^{N}x_j}{N}}\right),$$

这里 x_i 是第 i 个人的收入水平。如果人口被划分为 m 个子群体，s^k 为群体 k 的收入比例，T_k 为该子群体的 Theil 指数，而 $\bar{x}^k$ 为子群体 k 的平均收入，则 Theil

指数为 $T=\sum_{k=1}^{m}s^kT_k+\sum_{k=1}^{m}s^k\ln\frac{\bar{x}^k}{\bar{x}}$。其中，$\sum_{k=1}^{m}s^kT_k$ 衡量区域间差异，$\sum_{k=1}^{m}s^k\ln\frac{\bar{x}^k}{\bar{x}}$ 衡量区域内差异。国内以 Theil 指数为工具进行的研究很多，包括地区的收入分配差距、金融发展差距、就业差距等。

本章使用 Theil 指数来衡量每一年中回收率地区差异，计算的结果如表 7.3 所示。

表 7.3 2001~2005 年回收率地区差异的 Theil 指数

年份	Theil 指数
2001	0.346
2002	0.18
2003	0.192
2004	0.169
2005	0.128

可以看到从 2001 年到 2005 年，这些省份之间回收率的 Theil 指数在逐渐降低，这与方差分析的结果中 F 值的下降趋势表现一致，具体原因下文将进行分析。

7.2.3 回收率的地区差异原因探究

根据 7.2.2 节的结果，我们已经知道不良贷款的回收率存在较为显著的地区差异，因而本节对其原因进行研究。

从理论上来说，每个地区不良贷款的回收率水平肯定要受到这些资产本身的质量如债务人的财务经营状况、担保方式和担保的质量等因素的影响，但是考虑到中国的实际情况，不良贷款的回收是以地区为单位，在回收过程中的处置环境因素对回收率的影响不容忽视。

如果从中国不良贷款的形成原因来看，中国不良贷款的形成主要是由计划经济体制下政府的过多干预、市场经济基础薄弱、信用文化缺失和法律不健全、企业效益低下、偿债能力差、银行本身风险管理水平低下和信贷行为非市场化等原因造成的。更为重要的是，这些因素并不仅仅作用于不良贷款的形成，在不良贷款的处置回收过程中也起重要的作用。具体来说，我国的市场经济还不发达，国内并没有不良贷款的交易市场，不良贷款的回收基本上都来自于处置清收，而不良贷款的清收并不是一个完全市场化的过程。

实践中我国不良贷款的处置主要是以省为单位的。在不良贷款的清收过程中，对债务人与贷款的信息做尽职调查时，需要债务人的配合；在处置时，需要跟债务人进行协商谈判，因此当地的市场化程度、信用水平和文化习惯会影响债务人本身的偿债意愿；同时由于很多债务人都是国有企业，跟政府关系密切，处置时经常要与政府打交道，因此当地政府的民主程度会影响处置的难度；而且在中国债权的处置过程中牵涉到许多法律的程序，当地法律环境的健全与否对不良贷款的处置回收有重要影响。换言之，清收的回收率并不只与当地的经济发展水平有关，而是受到许多复杂因素的综合作用。

7.3 经济发展水平与市场化程度指标

因为每个省的不良贷款回收率可能跟该省的经济发展水平，法律环境、政府干预程度等因素有关系，需要构造一系列指标来量化这种作用。我们提出的指标主要包括两部分：一部分是经济发展水平的指标，这里我们取 2001~2005 年每个省的人均 GDP；另外一部分是衡量地区的市场化程度的指标，包括 2001 年到 2005 年，每个省的要素市场发育程度指数、产品市场发育程度指数、中介组织与法律环境发育程度指数、地方政府对企业的干预程度指数、非国有经济的发育程度指数，这些指数的编制方法来自樊纲、王小鲁和张立文 (2003) 的《中国各地区市场化相对进程报告》(具体的指标合成方法本书略，可以参考原著)。需要说明的是，这些指数的值都为 0~10，而且指数的数值越高，则市场化程度越高，另外地方政府对企业的干预程度指数的值越大，说明地方政府对企业的干预程度是越低的。选择这些指标时考虑了指标本身蕴含的经济意义和不良贷款的处置回收的实际业务，具体原因在第一部分中已有叙述，这里不再赘述。接下来将利用这些指标分析回收率的地区差异，看能否与预期相符。

7.3.1 资产组合层面

将 2001 年到 2005 年中每一个省份的不良资产看成资产组合，求其算术平均的回收率，然后分析衡量地区经济发展水平和市场化程度的指标对组合平均回收率的影响。以下将先进行单变量分析，再进行多变量分析。

1. 单变量分析

从 2001 年到 2005 年将每一年中各省的回收率与衡量各省经济发展情况与市场化程度的这些指标的数据绘成图。需要说明的是，每年的情况比较相似，由于篇幅的限制只给出 2001 年的结果，结果如图 7.2 所示。

从图 7.2 中可以看出，每一年除了地区的产品市场发育程度之外，其他的指标与回收率都表现出比较明显的同向趋势，也就是说这些指标跟回收率可能存在正相关关系，为了得到更严格的结论，将从回归建模来给出验证，结果如表 7.4 所示，其中深色折线表示平均回收率，浅色折线表示市场化指数，横轴表示对应的不同省份。

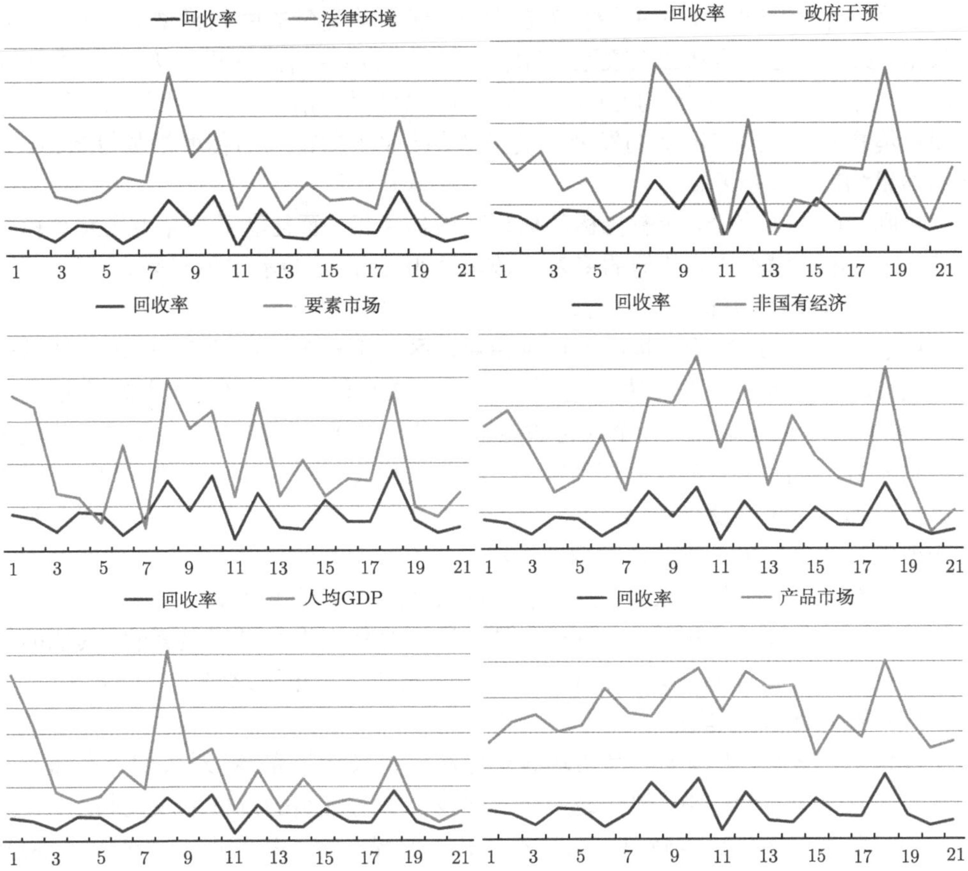

图 7.2 经济发展水平与市场化程度指标和地区回收率水平 (2001 年)

表 7.4 单变量回归模型

	2001 年	2002 年	2003 年	2004 年	2005 年
人均 GDP	0.00013967 (0.0145)**	0.00009106 (0.0179)**	0.0000791 (0.0017)*	0.00014413 (<0.0001)*	0.000119 (<0.0001)*
法律环境	0.07765 (0.0013)*	0.05781 (0.0002)*	0.03948 (0.0003)*	0.08681 (<0.0001)*	0.06167 (<0.0001)*
产品市场	0.04339 (0.2328)	0.04532 (0.0784)***	0.03251 (0.1541)	0.06523 (0.1411)	0.03317 (0.5012)
要素市场	0.07425 (0.001)*	0.0505 (0.0021)*	0.04509 (<0.0001)*	0.07139 (<0.0001)*	0.0571 (0.0025)*
政府干预	0.07162 (0.0004)*	0.05482 (<0.0001)*	0.03846 (0.0009)*	0.06953 (<0.0001)*	0.05043 (0.0008)*
非国有经济	0.04776 (0.011)**	0.04489 (0.0008)*	0.04008 (0.0003)*	0.06393 (0.0008)*	0.03199 (0.0695)***

注：每个变量对应的第一行为估计的系数，第二行，括号内为 P 值，*，**，*** 分别表示 P 值小于 1%，5%和 10%

以回收率为因变量，相关指标为自变量，建立单变量的回归模型。由于有 5 年的数据，我们将逐年建立回归模型：$\mathrm{RR}_t = a_{tj} + b_{tj}x_{tj} + \varepsilon_{tj}$，这里 t 从 2001 到 2005 年，x_{tj} 包括每一年中的人均 GDP、要素市场发育程度指数、中介组织发育程度与法律环境指数、非国有经济的发展程度指数、政府干预市场的程度指数等指标。估计的结果如表 7.4 所示。

从回归的结果来看，所有指标的估计系数均为正，而且除了产品市场发育程度之外，每一年的模型中，其他的变量系数都至少在 10%的水平下显著。

1) 人均 GDP 指标

由于人均 GDP 消除了地区人口规模对地区经济规模造成的影响，因此能够较客观地反映一个省的经济发达情况，国内人均 GDP 较高的省份都是比较发达的省份。从整体的角度上来看，一个省份的经济发展水平能够反映该省企业的经营状况与盈利能力，进而影响企业的偿债能力，因此人均 GDP 水平越高的省份，其回收率水平也越高。这里没有使用 GDP 增长率的数值，是因为 GDP 增长率更多反映了一个省的经济发展速度，从国内的情况来看在 GDP 增长率上，发达地区并不一定高。因此从地区的角度来看，其可能对回收率水平影响并不大。

衡量市场化程度的指标中，只有产品市场发育程度指数是不显著的，其他的指标在每一年都对回收率具有显著的影响。接下来将分析出现这种情况的原因。

2) 产品市场发育程度

从总体上来看，中国的产品市场改革相对比较成功与完善，对大部分产品政府干预和地方保护力度较小，都已经形成了比较公平与透明的价格形成机制，也就是说产品市场的市场化程度较高，地区差异并不明显。为了从数据上验证这个观点，我们计算了每一年各省产品市场发育程度指数的标准差。从数据上来看产品市场发育程度指数的标准差是最小的 (结果略)。与之对应中国不良贷款的回收处置并不是一个市场化的过程，各种非市场化的因素都对回收率产生较大的影响。因此产品市场的发育程度对回收率的影响并不显著。

3) 要素市场发育程度

国内要素市场发育程度在地区上的差异较大，一般来说经济发达的地区，要素市场也比较发达。从指标本身的性质来看，要素市场的发育程度主要表现为金融市场的发育程度，而国内金融市场的发育程度远远低于产品市场的发育程度。非国有经济在我国经济占据了半壁江山，而国有经济虽然在总产出中只做出了小部分贡献，却使用了较大比例的贷款，并积累了大量的呆坏账，而且这些由国有企业产生的不良贷款在回收上遇到很多非市场化因素的干扰与阻挠。因此金融市场发育程度越高的地区，由市场合理分配的金融资源也越多，也就是说资金运用的合理程度会越高，这也为不良贷款的顺利回收创造了有利的条件。因此要素市场发育程度越高的地区，回收率水平也会倾向于越高。

4) 中介组织发育和法律环境

不良贷款在处置尽职调查时，需要对债权 (包括债务人和贷款) 的实际情况进行评估，而作为中介组织的评估机构如会计事务所在评估过程中将起着举足轻重的作用。中介组织发育程度越高，评估结果也会越客观，越能反映债务人的偿债能力，同时也能起到监督债务人、防止债务人逃废债务、弄虚作假和隐瞒自己实际经济情况的作用，这对不良贷款的回收有明显的促进。

更为重要的是，不良贷款的处置跟法律的关系极为密切，法制的健全与完善的程度影响了处置回收的难易程度。地方的法律环境越好，债权人的权益越容易受到保护，同时由于地方政府干预和保护的力度的降低，使不良贷款的回收遇到的阻力减小，从而大大提高了不良贷款的回收率。

因此，地方的中介组织发育和法律环境与回收率会呈现明显的正相关关系。

5) 地方政府对企业的干预

一个廉洁、高效、运作透明的政府是市场正常运转的必要条件，如果政府机关办事效率低、规章制度和手续复杂、政策和操作不透明，都会给债权人在处置时造成额外的负担，影响回收的效率。因此政府对企业的干预程度越低，当地的民主与法治程度也就越好，不良贷款的回收也会受到促进。

6) 非国有经济的发育程度

从中国的改革开放以来，由市场导向的非国有经济部门对我国的经济增长和市场化的贡献是最大的，非国有经济的发达程度也决定了一个国家的市场化程度。整体上来看，非国有经济在资金运用效率、经营绩效和偿债意愿等方面要比国有经济好。因此，地方的非国有经济的发育程度越高，不良贷款的回收率也会越高。

总的来说，一个地方的经济实力越强，市场化程度越高，不良贷款的回收效率就越高，回收水平也会越高。需要说明的是，经济发展水平与市场化程度之间不是相互独立的，而是彼此密切相关的。也就是说这五个指标之间呈现非常明显的正相关关系，这在下一步的研究中将会提到。

2. 多变量分析

鉴于产品市场的发育程度跟回收率的关系不大，我们只对回收率影响显著的那些变量进行分析。首先给出这些显著指标之间的相关系数表，由于结果类似，表 7.5 只给出其中 2001 年的结果，计算结果显示，这些指标之间具有非常强的正相关性，这说明了经济发达的地区，其政府干预市场程度较低、法制环境较好、金融市场与非国有经济的发育程度也较高。

由于这些指标之间存在高度正相关，如果将它们直接一起纳入到模型，会产生多重共线性的问题。因此本书使用主成分分析的方法处理了这个问题。主成分分析的结果显示，每一年的第一个主成分的解释力度都达到了 80%左右。由于每年的结果类似，为了简洁，表 7.6 也只给出 2001 年的结果，表 7.7 给出对应主成分表达式，表 7.8 取第一个主成分进行回归分析。

表 7.5　指标之间的相关系数(2001 年)

	人均 GDP	法律环境	政府干预	要素市场	非国有经济
人均 GDP	1	0.9385 (<0.0001)*	0.63897 (0.0018)*	0.83273 (<0.0001)*	0.64567 (0.0016)*
法律环境	0.9385 (<0.0001)*	1	0.75993 (<0.0001)*	0.88079 (<0.0001)*	0.79319 (<0.0001)*
政府干预	0.63897 (0.0018)*	0.75993 (<0.0001)*	1	0.73036 (0.0002)*	0.63287 (0.0021)*
要素市场	0.83273 (<0.0001)*	0.88079 (<0.0001)*	0.73036 (0.0002)*	1	0.86126 (<0.0001)*
非国有经济	0.64567 (0.0016)*	0.79319 (<0.0001)*	0.63287 (0.0021)*	0.86126 (<0.0001)*	1

注：括号内是 P 值，$*$ 表示其值小于 0.01

表 7.6　各特征值的解释比例(2001 年)

特征值	变动	解释比例	累计解释比例
3.905578	3.336443	0.7811	0.7811
0.569136	0.227889	0.1138	0.8949
0.341246	0.190477	0.0682	0.9632
0.15077	0.1175	0.0302	0.9933
0.03327		0.0067	1

表 7.7　主成分表达式

	第一主成分	第二主成分	第三主成分	第四主成分	第五主成分
法律环境	0.482704	−0.296151	−0.135456	0.317198	−0.748551
人均 GDP	0.451369	−0.522164	−0.299046	0.188148	0.631492
政府干预	0.431955	0.062037	0.884826	0.093775	0.133624
要素市场	0.473804	0.090299	−0.135474	−0.862518	−0.071169
非国有经济	0.390112	0.792236	−0.301583	0.333548	0.134045

使用第一个主成分作为自变量，回收率作为因变量建立起 2001 年到 2005 年的回归模型，如表 7.8 所示。

如表 7.8 的主成分回归的结果显示，回归系数在 1%的阈值水平下都是显著为正的，并且与大部分的单变量回归模型相比，模型的 R 平方较高。这说明了第一个主成分对回收率具有非常明显的影响，而且拟合效果较好，这说明了由五大因素组成的第一个主成分对回收率有较好的解释能力 (表 7.8)。

表 7.8 主成分回归

年份	变量	系数	P 值	R 平方
2001	截距	0.34533	<0.0001	0.5092
	第一主成分	0.08667	0.0004	
2002	截距	0.32634	<0.0001	0.5237
	第一主成分	0.06447	0.0002	
2003	截距	0.24418	<0.0001	0.5815
	第一主成分	0.05259	<0.0001	
2004	截距	0.30358	<0.0001	0.7227
	第一主成分	0.09767	<0.0001	
2005	截距	0.35711	<0.0001	0.5176
	第一主成分	0.08065	0.0002	

7.3.2 单样本层面

此前已经从组合的角度研究了这些指标对回收率的影响，证明这些指标对回收率的地区差异具有较好的解释能力，但是组合层面存在一个明显的缺点，就是忽视了那些影响回收率的债务人和贷款方面的因素，如债务人的经营现状、工商登记状态、贷款的五级分类等，这些因素对回收率也具有较为显著的影响，虽然当样本较多时，采用组合能够降低这些因素的作用，但是如果样本量不够多，并且不具备随机性，不能排除回收率的地区差异更多的是由于资产本身的质量问题所造成的情况。因此为了得到进一步的证据，我们以单个企业的回收率作为因变量，加入影响回收率的债务人和贷款因素如贷款的五级分类、担保方式、企业的经营状况、工商登记状态、债务中的本金规模、本金占总债务的比重等，再分析上述指标对回收率的影响。如果这些指标仍然表现出较强的解释能力，那么将更坚信"经济发展和市场化程度越高，回收率水平也越高"的结论，以下对此进行论证。

1. 单变量分析

首先，以单个企业的回收率为因变量，分别以人均 GDP、中介组织发育和法律环境指数、要素市场发育程度指数、地方政府对企业的干预程度指数、非国有经济的发育程度指数为自变量，建立 OLS 模型。由于结果较为类似，只给出以人均 GDP 为自变量的模型估计结果，如表 7.9 所示。

表 7.9 2001～2005 年地区差异的单变量模型

年份	系数	P 值
2001	+	0.0002
2002	+	0.0006
2003	+	<0.0001
2004	+	<0.0001
2005	+	<0.0001

注："+" 表示系数符号为正

单变量的结果显示，从 2001 年到 2005 年，人均 GDP 在模型中均显著为正。接下来从多变量的角度进行分析。

2. 多变量分析

每一年的模型中，均控制了行业、五级分类、担保方式、企业的经营状况、工商登记状态、债务规模、本金占总债务的比重等因素，然后分别加入人均 GDP 等指标，表 7.10 给出了加入人均 GDP 指标的模型估计结果。

表 7.10　2001～2005 年地区差异的多变量模型

年份	系数	P 值
2001	+	<0.0001
2002	+	0.0024
2003	+	<0.0001
2004	+	<0.0001
2005	+	<0.0001

模型的估计结果表明，即使控制了债务人和债项的影响回收率的因素，人均 GDP 仍然非常显著地为正。

因此可以得出结论，对政策性剥离的不良贷款，地区的经济越发达，市场化程度越高，则回收率水平也可能越高。

7.4　回收率的区域聚类研究

7.4.1　回收率的区域聚类实证结果

根据前面研究得到的结论，不同地区在经济发展水平和市场化程度上存在的巨大差异，使得在不良贷款的处置清收环境存在显著不同，不同地区的回收率也会明显不同，因而很难相信，不同地区的回收率在统计意义上会来自同一个总体，会表现出相似的性质，因此在对回收率建立预测的计量模型时，将所有地区的样本合在一起建模很明显是不合理的，而且由于省份较多，即使在模型中用示性变量来表示省份因素，也会使得模型在形式上和估计上存在一定的问题。

由于不同省份的回收情况差异巨大，在实际的不良贷款处置回收业务和建模工作中，很多人都认为应该分省来建立回收率模型，但是如果将样本划分到每一个省来建模，很明显会存在数据量不够的问题。因此如何将不同省份归类，扩大样本量，以对不良贷款进行集中性的建模是有很大意义的，这是本书进一步要解决的问题。

陈暮紫 (2009) 将债务人所在地区划分成东北、华北、华东、华中、华南五个区域，研究了不同区域的回收率 Beta 分布拟合情况。在实际的工作和研究中，还有很多人按照"十一五"规划中的区域划分方法，将不同省归到东部、东北、中部和西部四大区域来对回收率进行建模研究。很显然按照上面提到的区域划分方法，如果不能将回收率水平相近的省份划分到同一区域，在对回收率进行建模时，将会忽视掉一些省与省之间的差异，这显然是不尽合理的。因此，以"十一五"中的区域划分方法为突破口，下面将分析在这样的划分方法下，会存在怎样的回收率差异，为了从数量上刻画差异仍然应用 Theil 指数。

1. "十一五"区域划分下回收率的差异

按照国家"十一五"规划纲要，我国的区域经济可以分成东部、东北、中部和西部四大块，以下称这样的划分方法为传统划分，其中东北地区包括: 黑龙江、吉林、辽宁；东部包括: 北京、上海、天津、河北、江苏、浙江、福建、山东、广东、海南等；中部包括山西、河南、湖北、湖南、安徽、江西等；西部包括内蒙古、广西、贵州、四川、云南等。于是我们也将数据样本中的省份按照上述分法分成四个地区，那么可以计算 2001 年到 2005 年，我国不良贷款的回收率的区域差异，其中差异就是 Theil 指数的计算值，Theil 指数的值越大，差异越大，如图 7.3 所示。

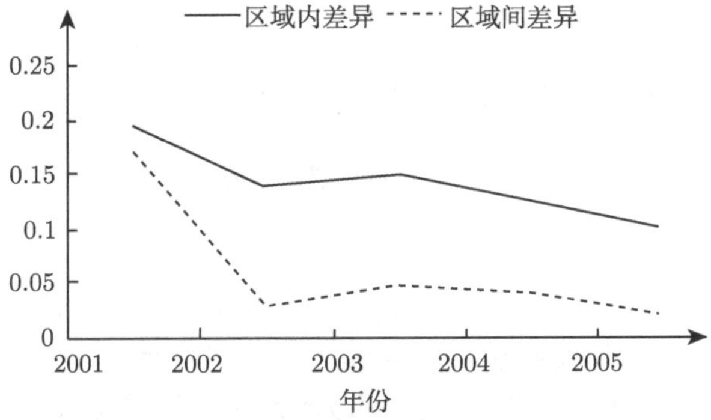

图 7.3　东部、东北、中部、西部四大区域的回收率差异

从计算的结果来看，2001 年到 2005 年，每一年，区域内的差异都要大于区域间的差异，也就是说总体的差异主要由区域内的差异来贡献。而区域内的差异主要是由区域中省之间回收率的差异构成。对回收率来说，这种划分区域的方法并没有完全将回收率相似的省份放在一个区域内。因此需要将回收率相近的省份划分到相同的区域，为进一步地不良贷款处置和区域风险管理服务。

2. 回收率的区域聚类分析

既然已经证明了回收率与地方的经济发展情况和市场化程度密切相关，如果利用这些指标将这些省份划分到新的区域，那么在新的区域划分基础上计算的区域内回收率差异应该要小于区域之间的回收率差异。因此通过聚类分析的方法来将这些省划分到不同的区域。在聚类时可以直接利用这些指标对各省进行聚类，称这种方法为直接聚类法，也可以利用 7.3 节中由这些指标合成的主成分对各省进行聚类，称这种方法为主成分聚类法，关于这两种方法的优劣，将在下文实证之后再给出结论。

接下来使用直接聚类法和主成分聚类法将经济发展程度和市场化程度相近的省划分到相同的区域。从聚类的结果来看，两种方法得到的结果并不相同，而且对每种方法，同一省份在不同年份的聚类结果也不一样。根据聚类的结果，我们计算了区域的回收率差异，如图 7.4 所示。

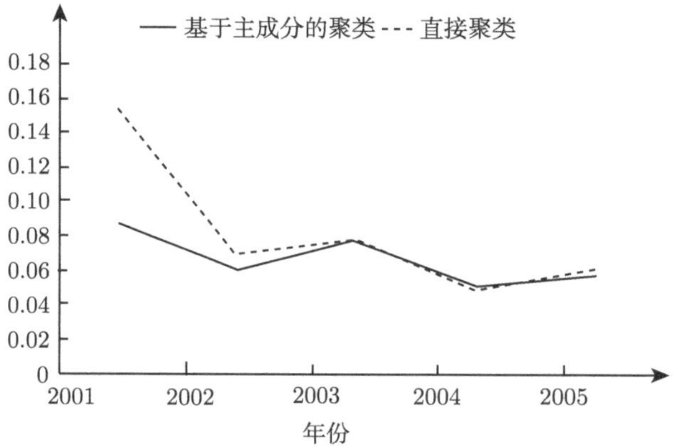

图 7.4 聚类后的区域内回收率差异

根据计算结果，可以得出以下结论：

• 2001 年到 2005 年的每一年，在这些指标的基础上对省份进行聚类之后得到的区域内的回收率差异都要明显小于区域之间的回收率差异，这进一步证明了经济发展水平和市场化程度相近的地区，回收率水平也比较接近。

• 除了 2004 年之外，在其他年份，直接聚类方法下的区域内的回收率差异都要大于基于主成分的聚类下的区域内回收率差异，也就是说，基于主成分的聚类方法能够更好地将经济发展水平和市场化程度相近的地区聚集到同一区域。

由于 5 年的聚类结果不尽一致，我们将根据一定的标准将 5 年的聚类结果统一起来。因为基于主成分的聚类方法在划分区域上比直接聚类的方法更优，所以我们采用第一种方法的结果。这里给定区域划分的标准，由于每个省有 5 年的聚类结果，那每个省份最终被划到的区域由该省被最多次数划到的那个区域来决定。比如河北省有三次被划分到 C 区域，有两次被划分到 D 区域，那么最终认为河北省被划分到 C 区域。根据此准则给出最后的区域划分结果，这里略去最终结果，在区域划分结果的基础上再计算回收率差异，图 7.5 为根据该准则统一标准后的区域回收率比较。

结果显示，区域内的回收率差异仍然远低于区域间的回收率差异。因此可以对划分到同一区域的省份的不良资产进行集中处置回收和回收率建模，提高建模的精度。

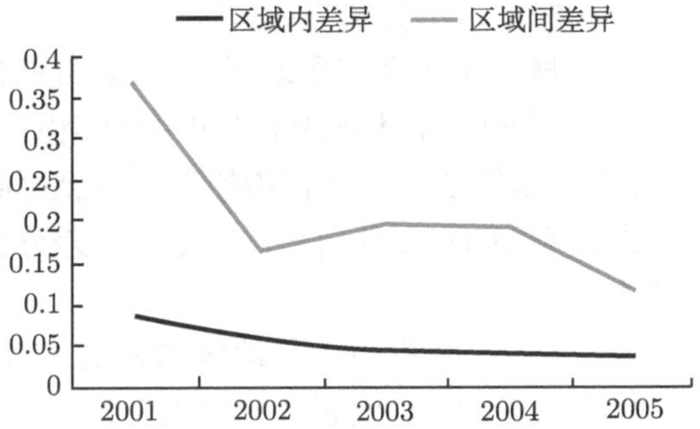

图 7.5 统一标准聚类后的区域回收率差异

7.4.2 政策性转让贷款的区域差异总结

我国不良贷款存在着非常显著的地区差异，本书的统计数据证明了这一点。为了探明造成这种显著差异的原因，本章通过引入一些刻画各省经济发展水平和市场化程度的指标，较好地解释了各省回收率水平的差异。研究结论表明，各省的人均 GDP 水平、要素市场发育程度、中介组织发育和法律环境、政府干预企业的程度、非国有经济的发展程度等指标与各省的回收率存在显著的正相关关系，也就是说地方的经济发展水平与市场化程度越高，则地方的回收率水平也会越高。这些指标的提出对不良贷款的清收处置具有重要意义。进一步，本书基于这些指标，将研究样本中的 21 个省划分到不同的区域内，使得在划分后区域内的回收率差异明显小于区域间的回收率差异，为实现不良贷款的处置回收和回收率区域建模奠定了基础。

7.5 商业性收购的不良贷款回收率的地区差异研究

7.5.1 研究设计

在 7.4 节，我们已经对政策性剥离的不良贷款的回收率的地区差异进行了研究，本节将研究商业性收购的不良贷款的回收率的地区差异，在研究的思路和方法上基本上与政策性剥离的不良贷款类似。

我们研究过程中采用的数据来自 LossMetrics 数据库，包含 1760 个左右的企业，这些企业在 2006 年到 2008 年之间被处置完毕。需要说明的是，商业性收购的不良贷款的处置从 2005 年已经开始，数据库中也有 2009 年处置完毕的样本，但是这两年可用的样本量均不超过 80 个，用来分析回收率的地区差异时样本不够，因而未采用。

鉴于两类不良贷款在历史背景上的差异，在这两类资产通过政策性划拨或商业性拍卖来到资产管理公司时，由于商业性收购的不良贷款经过了资产管理公司在一定程度上的主动质量选择，其回收率在地区上的差异应该要小于政策性剥离的不良贷款，这在第 2、3 章的回收率影响因素分析中已经得到验证，对于这一点进一步通过计算 Theil 指数，衡量了商业性收购的不良贷款回收率差异，发现与政策性剥离的不良贷款相比，其值确实要低得多。但是从方差分析的角度来看，各地区的回收率差异又是显著的。

为了解释回收率的地区差异，我们引入各地区的人均 GDP，从组合与个体层面上研究了该指标对回收率的影响。我们研究的结果发现，从组合层面上来看，人均 GDP 指标与回收率的相关性为正，但是不显著；从个体层面上来看，单变量的估计系数为正，也不显著，但是当我们加入影响回收率的债务人和贷款信息时，人均 GDP 在 2007 年和 2008 年的模型中很显著为正。这一方面说明了，对商业性收购的不良贷款，回收率的地区差异不够明显；另一方面也说明了在资产质量相似的情况下，回收率的地区差异仍然可以通过地区的经济发展水平等指标来解释。

7.5.2 商业性收购的不良贷款回收率存在显著地区差异的论证

首先，我们统计了从 2006 到 2008 年的不同地区的回收率水平。为了保证代表性，我们将样本量少于 10 个的地区删去，其中 1~14 代表不同省份，折线代表各省份回收率，统计的结果如图 7.6 所示。

从数据统计的情况来看，不同地区的平均回收率水平存在一定的差异，尤其是 2008 年，回收率最高的达到了 0.73，而回收率最低的只有 0.14。但是这三年里大部分地区的回收率水平都集中在 0.4 到 0.6 之间。

接下来对各年的地区回收率水平进行方差分析，方差分析的结果如表 7.11 所示。

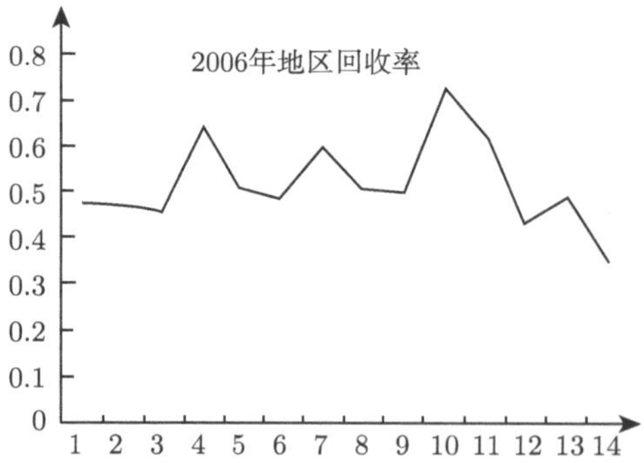

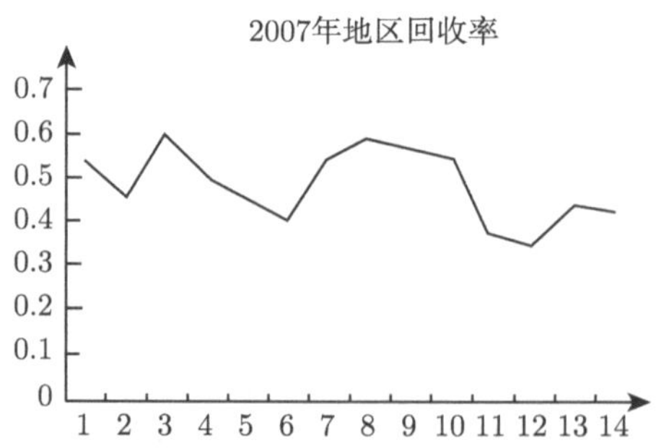

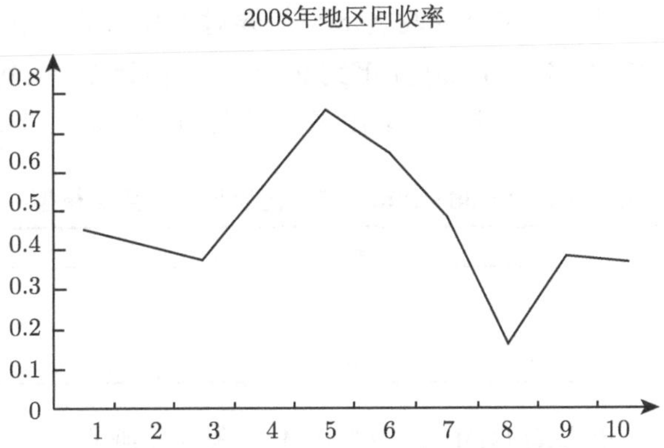

图 7.6 2006 年到 2008 年的不同地区的回收率水平

表 7.11 2006～2008 年地区回收率的方差分析

年份	F 统计量	P 值
2006	3.16	0.0002
2007	4.13	<0.0001
2008	8.88	<0.0001

方差分析的结果显示，2006 年到 2008 年，至少在 1%的显著性水平下，不同地区的回收率存在显著的差异，并且随着时间的递增，回收率的地区差异在增强。进一步计算了不同地区回收率的 Theil 指数，结果如表 7.12 所示。

表 7.12 2006～2008 年回收率地区差异的 Theil 指数

年份	Theil 指数
2006	0.015
2007	0.0154
2008	0.067

根据结果从 2006 年到 2008 年，Theil 指数的值在不断增加，说明了回收率差异的增加，但是与之前政策性剥离的回收率的 Theil 指数值相比，商业性收购的不良贷款的回收率的地区差异明显要小得多，主要是由于在第二次剥离时，资产管理公司对商业性收购的不良贷款进行了质量选择。

7.5.3 商业性收购的不良贷款回收率的地区差异原因探究

按照与政策性剥离的不良贷款相似的处理方式，也从组合和个体两个层面来研究回收率的地区差异，使用的指标为人均 GDP 指标。

首先从组合层面来看。以每个地区的平均回收率作为因变量，以人均 GDP 作为自变量进行 OLS 估计，模型估计的结果表明，人均 GDP 均不显著，这说明了，从组合层面来看，不同地区的经济发展水平差异对回收率的影响不显著。

从个体层面来看，依次给出 2006 年到 2008 年的估计结果，包括单变量和多变量，但是单变量的结果并不显著，只给出多变量的估计结果，如表 7.13 所示。

表 7.13　2006～2008 年地区差异的多变量模型

年份	系数	P 值
2006	+	不显著
2007	+	0.039
2008	+	0.0119

结果表明，2006 年人均 GDP 在模型中不显著，而到了 2007 年和 2008 年，人均 GDP 在 5%的阈值水平下显著为正，说明随着时间的增长，由于资产质量的下降，商业性收购的不良贷款开始表现出了与政策性剥离的不良贷款的回收率相似的特征：回收率的地区差异增加，而地区的经济发展水平对不良贷款的回收率也开始起作用，并且这种影响有增强的趋势。

7.5.4　商业性收购贷款地区差异总结

本节对商业性收购的不良贷款的回收率的地区差异进行了研究，从数据统计的结果中可知其回收率在地区上也存在着一定的差异，并且通过方差分析论证了这种差异的显著性，但是从 Theil 指数的结果来看，商业性收购的回收率的地区差异明显要小于政策性剥离的不良贷款的回收率的地区差异，并且这种差异随着时间增加有递增的趋势。我们认为商业性收购的不良贷款的回收率的地区差异较小的原因主要来自于第二次剥离时，由于商业化的运作，资产管理公司有意识地对资产进行了一定的质量选择，降低了地区之间的回收率差异，但是随着时间的增加，商业性收购的不良贷款回收率的下降，其开始表现出政策性剥离的不良贷款的特征，地区差异开始显现。其次对造成回收率地区差异的原因作了一些初步的探索，发现在控制了影响回收率的债务人和贷款的因素之后，地区的经济发展水平变量对回收率具有较为显著的影响。

7.6　本 章 小 结

本章在前文回收率估计和预测的计量模型中，选择以地区因素作为突破口来深入研究政策性转让和商业性拍卖的不良贷款在回收率方面的差别。之所以选择地区因素作为关键切入点是从多方面多角度来进行考虑的，其一，地区因素在回收率计量模型的显著性极强，同时这种地区的显著性差异与国外对回收率的研究往往不同；其二，地区因素对回收率的影响渠道和影响原因和其他变量相比，往往不那么直观明了；其三，地区因素往往是资产回收和拍卖打包中选择资产的重要参考指标，从多角度考虑，地区因素作为本书在影响因素选择中的关键切入点之一。

通过对政策性转让和商业性拍卖贷款的地区差异研究，本章发现地区的经济发展和市场化程度的差异是造成我国不良贷款回收差异的最重要主因，具体表现为法律环境、人均 GDP、政府干预、要素市场和非国有经济等因素的差别，深入地探索了地区差异背后真正的原因，由此揭示出地区差异本质上并非地理位置的差异，而是经济和市场在起着主导因素，因此回答了为何我国不良贷款回收率的地区差异相较国外研究如此明显的问题。进一步地，本章还在此基础上，利用经济和市场化差异为标准，通过聚类的方法分出了在经济意义上的地区区域，为不良贷款的回收、打包处置以及其他贷款风险管理奠定了基础。

第 8 章　不良贷款回收率时间衰减效应分析

8.1　引　言

本章主要从资产管理公司处置行为的角度，特别是处置时间的长短来对回收率进行了研究。通过前文的计量模型研究可知处置时间长短对回收率的差异影响十分显著，同时结合国外经验和我国资产管理公司的实际经验，不良资产回收率存在时间上的“冰棍效应”，即时间越长，损失越大，因此本章选择处置时间长短等综合处置行为为切入点，研究其对回收率的影响。

对逾期和处置时间、处置方式和宏观经济等的综合因素影响，国外学者对此进行了广泛研究。Altman (1996) 对债券的违约回收率的各种不同因素进行了研究，也重点分析了宏观经济、逾期时间等；Araten(2004) 利用长达 18 年的商业贷款数据对违约回收率进行了建模，其中也考虑到了逾期因素等；Asarnow(2005) 利用长达 25 年的银行违约贷款数据，对包括宏观经济、逾期时间等因素对违约回收率的影响进行了分析；Francesca(2005) 针对意大利的贷款数据构建了违约损失率模型，并且研究了影响违约损失率的各个因素，也包括宏观经济、逾期时间等；Frye(2000) 重点研究了衰退期的违约损失率，对宏观经济周期因素进行了重点考察；Altman(2004) 对违约损失率的各类问题进行了综合研究，其中重点分析了影响违约损失率建模的各个因素，重点分析了宏观经济因素；Silvia(2004) 把逾期时间、宏观经济等各影响因素引入了广义 Beta 回归模型；Allen(2004) 针对零售贷款构建了违约回收率模型，并对其中的相关影响因素进行了分析；Hurt(1998) 利用来自拉丁美洲 27 个国家的违约贷款数据对其回收率进行了研究，并且分析其关键影响因素；Julian Franks(2004) 对来自德国、法国和英国的贷款的回收过程、回收方式和回收情况进行了重点研究，并分析了其中关键的回收方式等因素对回收率的影响。国内学者也对处置方式、处置时间和其中的宏观经济波动因素进行了分析，陈暮紫 (2015)、王东浩 (2012) 利用东方资产管理公司的不良贷款数据对处置时长、处置方式等因素对违约回收率的影响进行了广泛的研究；胡建生 (2012) 考察了巴塞尔协议内部评级法对违约回收率模型的构建，并探讨了各类影响因素在模型中的作用；黄静如 (2013) 考察了会计准则对银行业信贷风险，尤其是信贷损失的周期性影响。以上研究虽然也考察了逾期时间、宏观经济因素等的影响，但往往仅从单一方面分析这些因素对违约回收率造成的影响，没有考察相关因素的复合性对违约损失率的波动造成的影响。

本书将基于东方资产管理公司时间跨度更长、地区和行业跨度更广的不良贷款数据对处置时间等因素进行分析，由于本书研究的回收率数据是来自东方资产管理公司处置的不良贷款，这意味着在不良贷款的回收过程中，资产管理本身的处置行为对回收率的影响可能是非常重要的。东方资产管理公司的不良贷款主要分成两个部分，一部分来自于 1999 年四大商业银行对资产管理公司的政策性剥离，另一部分则来自于 2005 年初对商业银行不良贷款的收购，在这些不良贷款来到资产管理公司之后，资产管理公司开始对这些资产进行分批的处置回收。

首先，由于我国资产管理公司的不良资产均来自于商业银行的剥离，也就是说不良资产从剥离日起，资产管理公司接收这些资产，并进行处置回收，从资产管理公司针对不良资产处置的管理制度来看，资产管理公司一般每年都会对办事处的处置人员设定一个回收金额的目标，以进行业绩管理与考核，这种机制会影响处置人员在处置时的资产选择，一般来说处置人员会倾向于先处置那些质量高和容易处置的资产，资产管理公司的这种行为被称为 “主动选择的处置模式”。这种行为会使得先处置的不良资产的回收率要高于后处置的那些资产，在数据上的表现就是先一个时段处置的不良贷款回收率高于之后时段处置的不良贷款回收率，正因为主动选择的处置模式的存在，不良贷款的回收率很可能在时间上会呈现一定的下降趋势。

其次，不良资产本身具有比较明显的 “冰棍效应”，即对同一笔不良贷款，处置的周期拖得越久，越不利于回收，这个因素也会造成回收率在时间上的下降趋势。再次，考虑商业性收购和政策性剥离这两部分不良贷款，由于处于不同的历史时期，这两部分资产的质量存在着显著的差异，资产管理公司对待这两部分资产的态度与处置手段也不一样，那么这两种剥离形式下的不良贷款的回收率在时间维度上的衰减效应很可能也不一样。这些问题在国内的研究中目前并没有被很好地考虑，本章对此进行了一些探索与尝试，下面简述本章的主要研究思路和研究结果。

第一，研究了 LossMetics 数据中 5000 余笔以单户的形式处置的不良贷款回收率数据在时间维度上的表现。将不良贷款的样本分成政策性剥离和商业性收购两类，然后分析这两部分不良贷款的回收率水平与时间因素的关系，在分析时分别从组合层面和个体层面给出了论证。需要说明的是，在分析时去除了破产企业这一类样本，具体的原因在下文再述。组合层面的分析是指以季度为时间单位，将在每个季度处置结束的所有不良贷款看成一个资产组合，统计组合的回收率，第二，分析组合的回收率与时间因素的关系，个体层面的分析则是指以单个债务人的回收率作为对象，研究回收率与时间因素的关系，在研究个体层面时，控制了一些能够代表资产质量的因素。

最终的实证结果显示，对这两类不良贷款，无论从组合层面还是个体层面，回收率水平在时间上都存在着显著的递减趋势。分析这其中的主要原因，很可能就是因为资产管理公司在处置回收中的主动选择行为给回收率造成了较大的影响，资产本身质量也可能是衰减的，因此回收率水平与时间变量呈现显著的负相关关系。

利用这样的结论进一步分析得到，在研究宏观经济周期与回收率之间的经济关系时，如果不控制资产管理公司这种处置模式的影响，将在数据上得到回收率与宏观经济负相关的渠 65 结论，这一点是需要避免和解决的。解决的办法就是寻找到不受资产管理公司处置模式影响的那些不良贷款。由于研究问题本身可能很复杂，不能很明确地确定各种资产所受影响程度的高低，但是可以争取能选择出一些资产，使得资产管理公司的这种行为对其影响降低到最小。如果这种资产受影响较小，那么其回收率在时间维度上的表现应该与其他资产有显著差异。寻找这样的资产非常困难，幸运的是找到了破产企业这一类样本，主要的原因是由于破产企业样本本身的特殊性，对破产企业实行的清算，在资产管理公司的资产处置中的特殊性在本章 8.4 节将作进一步分析。

为了研究破产企业回收率的行为表现，本章对破产企业的回收率进行了一系列的实证工作。以下只将研究对象放在政策性剥离的破产企业，原因是商业性收购的不良贷款中，破产企业的样本太少，只有几十个，具体研究思路如下:

首先，从组合与个体两个层面对破产企业的回收率与时间变量的关系进行了建模，模型的结果显示，回收率水平与时间变量存在较为显著的正相关，也就是说回收率在时间维度上存在递增的趋势，这与非破产企业是明显不同的。

其次，进一步分析了破产企业的回收率水平在时间维度上递增的原因，认为这与当时的宏观经济形势有密切的关系，对破产企业的清收主要来自于债务人对企业偿债物资的变卖，偿债物资的价值跟宏观经济周期有密切关系，经济越好，则价值越高，回收率也越高。

再次，考虑到破产企业的回收率水平较低，在零附近的峰值较高，可能给回归带来麻烦，构建了一个能刻画每个季度中回收率较低的不良贷款的数量比例的指标，并且证明了在宏观经济形势越好的时候，这个比例会越低。

最后，将债务人划分成两类，一类是属于回收率相对高的，一类是回收率相对低的。并针对这个类别变量建立了分类模型，模型的结果显示，当宏观经济形势较好的时候，债务人的回收率水平划分为高回收类别的可能性较大。

因此结论是由于受到资产管理公司主动选择行为的影响，非破产企业的回收率水平在时间维度上呈现下降的趋势，而破产企业回收率的表现则与非破产企业不同，其随时间呈现递增的趋势，其递增的原因可能在于其受到经济周期的影响，也就是说，宏观经济形势越好，破产企业的回收率水平倾向于越高，宏观经济形势越好的时期，破产企业中低回收的比例也会越小，而这些结论是从那些受资产管理公司主动选择处置模式影响的样本中无法得到的。

8.2 研究设计

8.2.1 数据

研究对象一共包含了约 5100 个债务人，这些债务人处置结束时间是从 2000 年第二季度到 2009 年第四季度，数据包含了两个时期的不良贷款，即政策性剥离和商业性收购的不良贷款，其中政策性剥离的数据样本约为 3400 户，商业性收购的样本约为 1700 户。

8.2.2 研究思路

首先，为了控制不良贷款转让形式对研究结果产生的干扰，将研究样本分成政策性剥离与商业性收购两类，分别进行研究；其次，对两类不良贷款，先使用总样本为研究对象，研究其回收率在时间维度上的表现。

实证将分别从组合与个体层面两个角度来分析。首先在组合层面上，将每个季度处置结束的不良贷款回收率数据平均，得到回收率的季度平均数，其中政策性剥离的数据时间跨度是从 2000 年第二季度到 2006 年第四季度；商业性收购的数据时间跨度是从 2005 年第一季度到 2009 年第四季度；其次对解释变量，由于要研究回收率在时间维度上的递减趋势，引入时间变量 t，其值从 1 开始，大小代表债务人被处置时所在的季度数，$t=1$ 代表第一个季度，对政策性剥离的不良贷款是 2005 年第二季度，对商业性收购的则是 2005 年第一季度，顺次往后推。以组合的回收率水平作为因变量、以时间变量 t 作为自变量，建立回归模型，模型的估计结果能够显示处置时间的先后对回收率造成的影响。

在个体层面上，研究单个债务人的回收率和处置时间的关系。首先，不控制其他变量，直接研究回收率与存储时间 t 的关系，然后加入控制变量债权本金、本金占总债权的比重、工商登记状态、担保方式、五级分类、所处行业和所在地区等，分析回收率与时间变量的关系。其次，对政策性剥离的不良贷款，将破产企业从总样本中去除，研究其回收率在时间维度上的表现；对商业性收购的不良贷款，也采用类似处理方法。在实证时均从组合与个体层面上进行。最后再选择破产企业进行研究，力图控制资产管理公司处置模式的影响，在研究破产企业的回收率表现模式并进行解释时也分别从组合层面与个体层面上进行论证。

8.3 总样本的回收率实证

本节基于全样本给出了各季度的回收率统计结果，如图 8.1 所示。

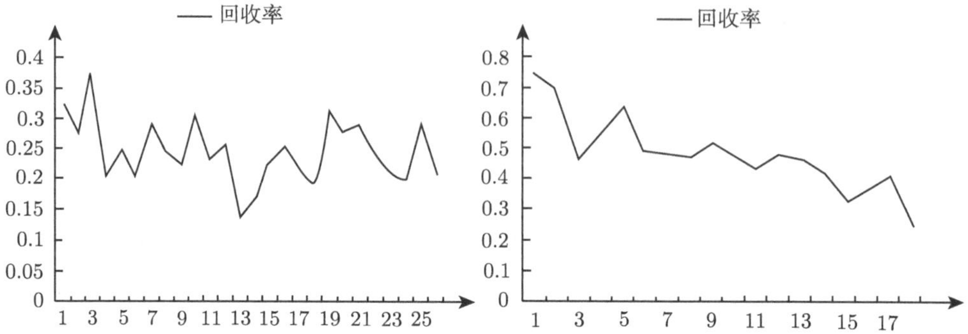

图 8.1 全样本回收率的季度统计

以下将分别从组合层面和个体层面分别研究回收率随时间变化的情况，单变量考虑的是处置时间 t(表 8.1 和表 8.2)。

表 8.1 全样本组合层面的回归结果

	政策性剥离	商业性收购
估计系数	−0.00175	−0.0176
T 值	−1.26	−3.91
P 值	0.2	0.00021

组合层面的结果显示，对两类剥离形式下的模型，处置时间变量 t 的估计系数均为负，而且商业性收购的模型中，t 值较大，系数在 1%的水平下更为显著的，因而从组合层面的证据来看，回收率随时间的增加有下降的趋势，且商业性收购的不良贷款时间效应更为明显。

表 8.2 是从个体层面角度，只考虑处置时间 t 的单变量模型的结果，如表 8.2 所示。

表 8.2 全样本个体层面的单变量回归结果

	政策性剥离	商业性收购
估计系数	−0.000944	−0.01338
T 值	−1.13	−5.8
P 值	0.25	<0.0001

结果与组合层面的结论是一致的，也都与时间效应负相关，且商业性收购的负相关更为显著。

进一步再控制那些能够获得的对回收率有影响的因素，如五级分类、担保方式、工商登记状态、经营现状、行业和地区等，进行多变量的分析，重点给出存储时间变量 t 的估计结果与单变量结果进行对比，如表 8.3 所示。

表 8.3 全样本个体层面的多变量回归结果

	政策性剥离	商业性收购
估计系数	−0.00254	−0.0147
T 值	−3.4	−6.82
P 值	0.0007	<0.0001

根据模型的结果，能够得出如下结论：

- 两个模型中，时间变量的估计系数均为负，且非常显著，说明两类贷款的回收率均在时间上有下降的趋势；
- 控制其他影响回收率的因素之后，变量显著程度有所增加，说明当资产质量相似的条件下，资产管理公司的处置模式对回收率的影响更加明显。

总而言之，对总样本的组合与个体层面的建模结果都显示，回收率在时间维度上有下降的趋势。

8.4 非破产企业的回收率实证

根据总样本的回收率实证结果可以初步看到，回收率在时间维度上呈现逐渐下降的趋势。其中的一个主要原因可能在于资产管理公司的主动选择处置模式的影响，由于好的资产被资产管理公司先处置掉，这样先处置的资产回收率高于后处置资产回收率，为了能将问题看得更清楚，必须将资产管理公司主动选择行为的影响控制到最小，即找寻出那些受资产管理公司的处置模式影响较少的债务人。

8.4.1 破产企业的特性

由于资产管理公司使用主动选择的处置模式，先把容易处置、质量高的资产处置了，导致了回收率在统计上与宏观经济并不呈现如一般人预期的正相关性，甚至有可能是负相关性，这里的前提是资产管理公司应该具有主动选择的权力，即资产管理公司有权力选择哪些资产是应该先处置的，以实现收现和考核的目标。因此在研究不良贷款的回收率与宏观经济的关系时，一定要先控制主动选择处置模式给回收率造成的巨大影响。

本节选择了破产企业进行进一步研究，在对这类样本的处置回收过程中，资产管理公司是处于被动接受的一方，这类样本的回收过程不容易受到资产管理公司主动选择行为的影响，该说法的合理性是由破产企业这类样本的特殊性支撑的。

企业因为严重亏损，资不抵债，进而依法宣告破产进行清算，在提出破产申请之后，法院将通过一系列程序对破产企业进行清算。在这个过程中，资产管理公司作为债权人，是参与较少，相对被动的一方，表现在，首先，资产管理公司没有权利决定企业何时破产，在这点上不存在资产管理公司的主动选择问题；其次，资产管理公司在追偿债务的过程中，一般是等待法院通知，按照法律程序，跟债务人协商，对债务进行清算，在这个过程中，债务要求权必须在破产企业清偿所欠的职工工资和劳动保险费用以及税款之后才能生效，因此企业破产时，资产管理公司获得的回收通常是非常低的，而且很多情况为零。因此，在企业何时破产、资产管理公司如何清收处置这个问题上，资产管理公司本身并无太多话语权，也就是说，对这类企业的回收，资产管理公司很难去主动选择和控制。在以下研究中将会把这些样本从总样本中去除，来研究回收率在时间维度上的表现。

8.4.2　非破产企业的回收率表现

为了进一步检查那些受资产管理公司主动选择的处置模式影响的债务人回收率水平在时间上的衰减效应，在总样本中删除破产企业的样本再进行论证。需要说明的是，这里的破产企业样本约为 800 个，其中政策性剥离的占了 700 余个，商业性收购的样本较少，只有 90 余个，论证的方法与全样本类似，仍然从组合和个体两个层面进行。

1. *组合层面建模*

首先来看组合层面的实证结果，在删除破产类企业之后，我们统计了样本的季度平均回收率，如图 8.2 所示。

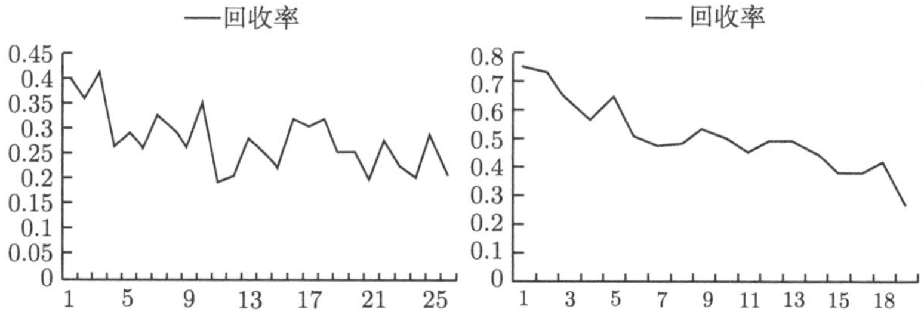

图 8.2　不含破产样本的回收率的季度统计

以季度的平均回收率为因变量，以时间变量 t 为解释变量进行回归，得到单变量的研究结果，如表 8.4 所示。

表 8.4　不含破产企业组合层面的回归结果

	政策性剥离	商业性收购
估计系数	−0.00422	−0.02085
T 值	−3.16	−8.69
P 值	0.0042	<0.0001

根据建模的结果，得到以下结论：

• 两个模型的变量估计系数均为负，而且均在 1%的显著性水平下显著，说明两类债务人的回收率在时间上有下降的趋势，这与基于总样本建模结果得出的结论是一致的；

• 与总样本建模的结果不同，去除了破产企业之后发现两个模型的变量的显著程度均明显增加，尤其是政策性的样本，在去除破产企业之后，时间变量 t 的 P 值由 0.2 下降到 0.0042，十分显著，这是因为破产企业这一类样本的回收率表现模式与其他样本是有所不同的，并且政策性剥离的债务人中，破产企业很多，所以删去了破产企业之后，政策性剥离的样本建模结果显著程度有明显的增加。

2. 个体层面建模

为了进一步地说明问题，以下将从个体层面给出论证。个体层面，分别给出单变量与多变量的回归结果。首先进行只包含时间变量 t 的单变量回归，计量结果如表 8.5 所示。

表 8.5 不含破产企业个体层面的单变量回归

	政策性剥离	商业性收购
估计系数	−0.00335	−0.0134
T 值	−3.49	−5.64
P 值	0.0005	<0.0001

根据建模结果，也可以得到类似于从组合层面的结果中得到的结论，时间变量的估计系数均至少在 1%的显著性水平下显著为负，相对于总样本，政策性剥离样本建模结果的显著程度大幅增加，而商业性收购的单变量建模结果则变化不大。

进一步地，在数据可得的基础上，控制一些反映资产质量信息的因素，进行多变量的分析。控制的因素包括债权本金、本金占总债权的比重、注册资本金 (取对数)、工商登记状态、担保方式、五级分类、所处行业和所在地区。为了节省篇幅，这里只给出时间变量 t 的估计结果，其他变量的估计系数与结果省略掉，如表 8.6 所示。

表 8.6 不含破产企业个体层面的多变量回归

	政策性剥离	商业性收购
估计系数	−0.00374	−0.01495
T 值	4.31	−6.76
P 值	<0.0001	<0.0001

显然多变量的建模结果与之前组合层面和个体单变量的建模结果是类似的，时间变量 t 的估计系数均至少在 1%的阈值水平下显著为负，并且对比单变量的结果发现在控制那些可以获得的影响回收率的因素之后，变量的显著程度是有所增加的，因为在引入这些影响资产质量的因素之后，就能够更好地对比那些具有相似属

性的资产在时间维度上的回收率变化，对比总样本的建模结果，变量的显著程度也是明显增加。

3. 总结

根据多个角度的建模结果都可以得到，在删除破产企业这一类资产管理公司被动处置的样本之后，两类债务人的回收率在时间维度上的下降趋势更为明显，这证明了破产企业的回收率表现模式与非破产企业是不同的，这主要原因就在于资产管理公司本身对其干预的程度有所不同。

最后将对破产企业这一类样本的回收率进行研究，以便为我们的论点提供进一步的证据，并期望有一些新的发现。

8.5 破产企业的回收率研究

通过前面的论述已经证明了受资产管理公司主动选择的处置模式影响的那些不良贷款回收率在时间上存在比较明显的下降趋势。

以下需要验证破产企业这类样本的回收率水平在时间维度上的模式是否与非破产企业表现不同。同样基于数据进行实证，也是检查其与时间变量 t 的关系。这里由于商业性收购的不良贷款中的破产企业样本很少，主要使用政策性剥离不良贷款中的破产企业样本。

8.5.1 破产企业的回收率在时间维度上的表现

首先从组合层面来分析，仍然将破产企业的回收率以季度为单位进行平均，并对时间变量做回归，回归的结果中，时间变量的估计系数为 0.0032，其 P 值为 0.0035，在 1%的阈值水平下显著为正。

其次从个体层面上来分析，控制其他变量，进行单变量和多变量回归，单变量回归的结果如表 8.7 所示。

表 8.7 破产企业个体层面的单变量回归

变量	系数估计	$\Pr > \|t\|$
存储时间	0.00283	<0.0001

单变量的结果显示，时间变量 t 的系数至少在 1%的阈值水平下显著为正，其结果与组合层面的结果类似。

为了进一步验证加入其他控制变量进行检验，实证结果如表 8.8 所示，省略了其他变量，重点突出时间因素的回归结果。

多变量的回归结果显示，控制了其他变量之后，时间变量 t 的显著性有所减弱，但是仍然在 1%的阈值水平下显著为正。

表 8.8　破产企业个体层面的多变量回归

变量	系数估计	$\Pr > \|t\|$
存储时间	0.0018	0.0083

上面的结果表明，处置时破产企业受到资产管理公司主动选择行为的影响较小，其回收率水平在时间维度上不呈现下降的趋势，反而呈现上升的趋势。

8.5.2　破产企业的回收率与宏观经济周期

进一步需要解释破产企业的回收率随时间上升的问题，即需要找到回收率随时间上升的驱动因子。这需要回到破产企业的回收过程中来，一般来说对破产企业的回收，由于企业已经破产，其基本丧失偿还能力，债权人只能通过拍卖一些经过司法程序裁定的资产来进行偿债，偿债资产的价值跟当时的宏观经济形势是密切相关的，当经济环境好时，资产的价值较高，从而不良贷款的回收率水平也会较高。因此破产企业的回收率水平随时间增加而上升，可能跟宏观经济的周期是联系在一起的。为了验证这一点采用数据进行实证。

1. *破产企业的回收率与宏观经济变量*

选取相应的宏观经济指标，包括季度的 GDP 增长率、企业景气指数、先行指数和一致指数等，分别从组合层面和个体层面来验证。

首先来看组合层面，单变量回归结果如表 8.9 所示。

表 8.9　破产企业组合层面回收率与宏观指标

变量	系数估计	P 值
GDP	0.03457	0.0022
一致指数	0.01627	0.0037
企业景气	0.00554	0.0051

组合层面的结果显示，回收率水平与宏观经济指标呈现显著的正相关。

其次研究个体层面，结果如表 8.10 所示。

表 8.10　破产企业个体层面回收率与宏观指标的单变量分析

变量	系数估计	P 值
GDP 增长率	0.01631	<0.0001
一致指数	0.00572	0.001
企业景气	0.00163	0.0031

为了进一步验证加入前述的其他控制变量，对每个宏观经济指标进行回归，仍然省略其他控制变量结果，重点突出宏观经济变量的估计和显著性，如表 8.11 所示。

表 8.11　破产企业个体层面回收率与宏观指标的多变量分析

变量	系数估计	P 值
GDP 增长率	0.00981	0.0182
一致指数	0.00282	0.067
企业景气	0.000948	0.0834

多变量的回归结果显示，控制了其他变量之后，宏观经济指标的显著性有所减弱，但是仍然在 10% 的阈值水平下显著为正。

因此组合层面与个体层面的证据都显示，宏观经济对破产企业的回收率具有比较明显的正向影响，宏观经济越好，回收率水平越高，即使在控制了债务人的行业、地区、贷款规模、五级分类、抵质押之后，许多宏观经济因素仍然是显著的，说明了宏观经济因素作用不能被上述债务人和贷款层面的因素所代替。

2. 低回收比例与宏观经济周期

由于破产企业的回收率水平非常低，在 0 附近有一个很高的峰，这给个体层面上的回归模型带来了一定的麻烦，但是如果删除为零的样本再建模，将对结果产生严重的误导作用，因为很可能在经济低迷的年份，回收率为零的样本较多。因此通过设置一些代理变量，给出宏观经济对破产企业的回收率具有正向影响的进一步证据。

首先定义一个类别变量 y，当回收率为 $0 \sim 0.02$ 时，$y = 0$，否则 $y = 1$，其次计算出在每个季度中回收率类别为 0 的企业数量占该季度中总破产企业数量的比例，称这个比例为低回收比例，进一步将分析低回收比例与宏观经济指标的关系。图 8.3 描述了该比例与宏观经济指标，GDP 增长率的趋势波动关系。横轴为月份，其中较浅的折线表示 GDP 增长数值/10, 较深的震荡较大的折线表示低回收率比例。

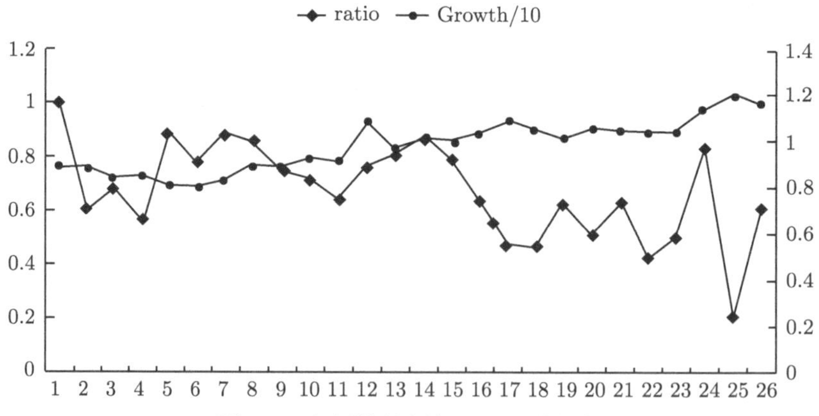

图 8.3　低回收比例与 GDP 增长率

从图 8.3 可以看出，这两个变量趋势存在负相关关系，即宏观经济越好，低回收率的比例会越低。为了得到更严格的证据，以低回收比例为响应变量，以各宏观经济指标为自变量，建立了单变量回归模型，模型估计结果如表 8.12 所示。

表 8.12 组合层面低回收比例与宏观指标

变量	系数	P 值
GDP 增长率	−0.08582	0.0045
经济景气一致指数	−0.04119	0.0037
企业景气指数	−0.01354	0.0081

回归的结果显示，宏观经济指标与低回收的比例呈现负相关关系，也就是说宏观经济越好，低回收的比例越低，这验证了图 8.3 的结论。

进一步以变量 y 作为因变量，建立 logistic 分类模型。具体来说，首先使用宏观经济指标，建立单变量的分类模型，其次加入其他控制变量，分析宏观经济指标在分类模型中的作用，单变量的分类估计结果如表 8.13 所示。

表 8.13 低回收样本分类的单变量估计结果

变量	系数估计	卡方统计量	P 值
GDP 增长率	−0.3655	17.2438	<0.0001
经济景气一致指数	−0.1627	17.9799	<0.0001
企业景气指数	−0.0451	14.3477	0.0002
存储时间	−0.0671	22.319	<0.0001

估计的结果显示，除了先行指数和固定资产投资增速在 10%的水平下显著为负之外，其他所有的系数均在 1%的水平下显著为负，为负的意义是指当宏观经济越好时，回收率属于低回收的概率较低。

进一步，加入其他控制变量，再分析宏观经济指标对分类的作用，多变量的结果如表 8.14 所示。

表 8.14 低回收样本分类的多变量估计结果

变量	系数估计	卡方统计量	P 值
GDP 增长率	−0.2831	8.1887	0.0042
经济景气一致指数	−0.1257	8.5696	0.0034
企业景气指数	−0.0458	11.6684	0.0006
存储时间	−0.042	6.513	0.0107

综合以上结果，可以得出这样的结论，宏观经济情况越好，低回收的比例越低；在宏观经济好的时期，对单个债务人的回收率进行判别分类，其回收率被判别成回收率相对高的类别概率较大。

通过全样本、去除破产企业样本和破产企业样本的研究结果，证明了破产企业的回收率水平确实跟宏观经济存在着显著的正相关关系，宏观经济环境越好，回收率水平越高，低回收的比例越低。

8.6 本章小结

影响回收率的因素非常多而且复杂，这给研究不良贷款的回收率带来了较大的困难。结合国内实际情况来看，资产管理公司由于管理制度和处置回收目标的原因，通常会选择那些容易处置变现、回收率较高的资产进行处置，同时加上不良的资产本身存在的“冰棍效应”，因而回收率在时间维度上表现出逐渐衰减的趋势。这种趋势无论对政策性剥离和商业性收购的不良贷款都是存在的，而商业性收购的不良贷款回收率的下降趋势更为明显，主要是资产管理公司对商业性收购的不良资产处置态度与政策性剥离的不良资产有一定差异，具体来说就是由于成本和收益的考虑，资产管理公司对商业性收购不良贷款处置时的“主动选择”动力更强。同时我们认为并不是所有的不良资产都会受到资产管理公司“主动选择”的行为影响，比如破产类企业，这类样本处置回收过程中，企业的破产主要决定于企业自身和国家法律的规定，资产管理公司是作为较被动的一方获得债权的偿还，因此资产管理公司的主动选择行为对这类企业的回收率影响较小。实证结果表明，破产类企业回收率的表现模式与非破产企业的回收率不一样，其在时间维度上表现出逐渐递增的趋势，并且为了解释这种现象，引入宏观经济指标进行解释，结果表明，无论是组合层面还是个体层面，宏观经济指标均与破产企业的回收率存在明显的正相关，具有一定的解释能力。

第 9 章　宏观经济因素对不良贷款回收率的影响

9.1　引　言

前文构建的单户债务人回收率计量模型，宏观经济因素作为一个系统性因素，没有出现在模型中，因为在个体层面，许多因素更加细致地刻画了对回收率的影响，换句话说宏观经济因素也包含了很多其他变量的信息，在第 4 章单户债务人模型中有详细的宏观经济因素与其他因素的关联分析。但在总体层面，宏观经济与回收率高低以及处置过程和清收行为是息息相关的，并且对处置决策起关键性作用。回收率随时间的波动趋势究竟如何？回收率趋势和宏观经济周期又有什么样的关系？这是本章要研究的内容，不仅如此在分析宏观经济变量对回收率的影响时，本章考虑按抵押方式，分为抵押、保证和信用三组来分别考察宏观经济的影响，从另一个重要影响因素抵质押品的角度考察了回收率与其的关系。

鉴于宏观经济因素对违约回收率或者损失率的显著影响，国外学者对此进行了广泛的研究。Pagano (2010) 在文中讨论了宏观经济对信用评级的影响以及不同宏观政策选择与信用风险之间的关系；Matsumura(2010) 讨论了宏观经济因素对主权信用风险的影响，并探讨了由此可能造成的损失；Bruche(2010) 不仅探讨了宏观经济周期对违约损失的影响，还结合银行业的自身特点，给出了信用周期和宏观经济周期之间的相关关系；Bellotti(2012) 专门针对信用卡的信贷数据，构建了包含宏观经济变量在内的违约损失率计量模型，并对宏观经济因素进行了重点分析；Yang(2012) 构建了违约暴露和违约损失率的计量模型，并在模型变量中重要考察了宏观经济因素；Frye(2012) 研究了系统性宏观经济风险对违约损失率的影响；Glen(2011) 研究了商业经济周期对商业银行贷款组合损失率的影响并构建计量模型进行分析；Creal(2014) 研究了复合动态宏观因子对信用风险的影响，并探讨了因宏观经济波动造成的违约损失。在国外的广泛研究中，宏观经济因素不仅指传统的宏观经济变量，还包括商业周期、信贷周期等。

国内学者同样对宏观经济变量与违约损失率之间的关系进行了广泛的研究，张志超 (2015) 在构建企业违约损失率模型时考察了宏观经济因素对企业贷款损失的影响；彭建刚 (2015) 对银行贷款的信用风险进行压力测试考察时广泛的分析了各宏观因子的极端情况对风险的影响；易昊 (2013) 从宏观审慎的角度研究了商业银行的信用风险模型；郭宁宁 (2013) 利用利用信用风险缓释工具讨论了当宏观经济衰退时银行对风险的防御措施；姜青海 (2013) 以商业银行资本充足率为主要核心，讨论了当宏观经济变化的时候对资本充足率以及银行各类风险的压力测试模型；刘亚飞 (2014) 针对贸易型小企业构建信用评级模型，研究了宏观经济对贸易进而对企业违约和损失风险产生的影响；黄静如 (2013) 从资产负债表角度考察银行业宏观经济顺周期问题；高明 (2013) 对商业银行的各类压力测试模型进行了研究，并重点分析了当宏观经济出现极端状况下，对银行业整体产生的冲击；刘吕科 (2012) 针对中小银行的信用风险构建了模型，并考察了其中的宏观经济变量。

以上的国内外研究往往直接分析宏观经济变量和违约损失率或者其他信用风险参数之间的关系，而本章是基于我国资产管理公司处置的商业银行不良贷款的回收率数据，对中国的贷款回收率与宏观经济周期的关系进行了考察。与国外的相关研究相比，首先本章研究对象不同于传统研究，是资产管理公司处置的商业银行不良贷款，而不是公司债券；其次本章也针对研究对象从新的视角进行了研究，重点分析了宏观周期相对于回收率周期的超前效应；再次本章在建模分析宏观周期对回收率周期的影响时，按照担保方式将样本分组着重分析了抵押贷款回收率同其他担保方式的差别，通过以上三点，本章深入且详细地分析了宏观经济因素和回收率之间的关系，同时在其中重点考察了抵质押品受宏观经济的影响情况。

9.2　数据描述和宏观变量选取

本章使用的数据样本为 4467 户以单户处置方式处置完毕的不良贷款企业，处置终结时间为 2001 年一季度与 2008 年一季度之间。在本章中样本公司按照担保方式被分为 3 组，若某公司至少一笔违约贷款是抵质押贷款，则该公司被归在 “抵押” 组；若公司没有抵押贷款，但至少有一笔违约贷款是保证贷款，则该公司被归在 “保证” 组；若公司的所有违约贷款均为信用贷款，则该公司被归在 “信用” 组。

表 9.1 是按照担保方式分类对总体样本进行的统计。“抵押” 组的样本有 2122 户，“保证” 组有 1810 户，“信用” 组有 535 户。从总体回收率来看，“抵押” 和 “保证” 组的企业，总体回收率分别为 21.29%和 20.20%，明显高于 “信用” 组的 8.67%。

表 9.1　不同担保方式债务人的回收率统计

	企业户数	债权总金额/万元	回收总金额/万元	回收率/%
抵押	2122	2949289	627807	21.29
保证	1810	2160091	436390	20.2
信用	535	1351937	117259	8.67
全部	4467	6461317	1181456	18.29

以企业不良贷款被处置结束的时间为准，计算每个季度处置完毕的企业户数及平均回收率 (本章的平均回收率采用违约金额加权计算，记作 RR)。图 9.1 显示了大体情况。从图中可见，在 2001 年一季度到 2008 年一季度间，平均回收率随时间的波动比较明显，最高时达到 45%，最低时只有 5%；此外，每个季度处置完毕的企业都在 50 户以上，这就保证了计算平均回收率时有足够的样本，不会因为样本过少而产生偏差。

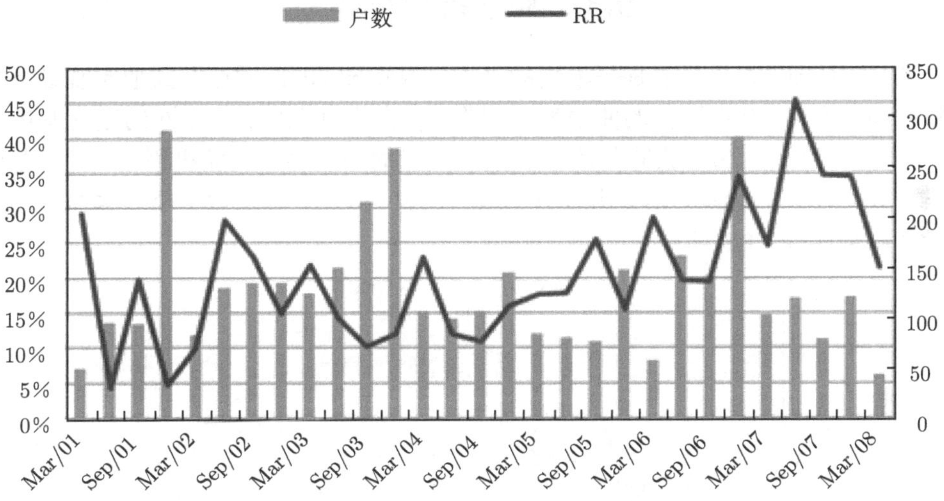

图 9.1 每季度的户数与加权平均回收率 RR

在宏观变量的选择方面，根据已有文献中的经验以及中国经济的周期趋势，本章选择了下面五个指标作为宏观经济周期的代表。这几个指标的数值越大，代表经济状况越好，因此预期它们对回收率的影响都是正向的。

GDPR：国内生产总值增速 (%)；

BCI：企业景气指数 (business climate index)，综合反映企业的生产经营状况；

CI：宏观经济一致指数 (coincident index)，反映当前经济的基本走势，由工业生产、就业、社会需求、社会收入等 4 个方面合成；

LI：宏观经济先行指数 (leading index)，由一组领先于一致指数的先行指标合成，用于对经济未来的走势进行预测；

INV：全社会固定资产投资增速。

这些指标的数据都来自国家统计局，为了和回收率的数据长度一致，取 2001 年一季度到 2008 年一季度的数据。表 9.2 是这几个宏观变量的描述统计。

表 9.2　宏观变量描述统计

变量	观测数	平均值	标准差	最小值	最大值
GDPR	29	10.3	1.2	8.1	12.2
BCI	29	131.9	7.4	117.4	144.9
LI	29	101.7	1.0	99.2	103.5
CI	29	100.0	2.5	95.0	103.0
INV	29	26.8	5.5	14.7	38.3

9.3 基本统计分析

图 9.2 至图 9.5 显示的是每季度的平均回收率和 GDP 增速及其他宏观经济变量随时间的变化，其中深色的曲线表示回收率，浅色的曲线表示不同的宏观变量指标。需要说明的是，为了去除回收率和宏观变量周期波动中的随机因素，更清楚地观察这几个序列的趋势，对这几个序列用 X12-ARIMA 方法做了季节调整，提取出循环趋势成分 (TC 项)。

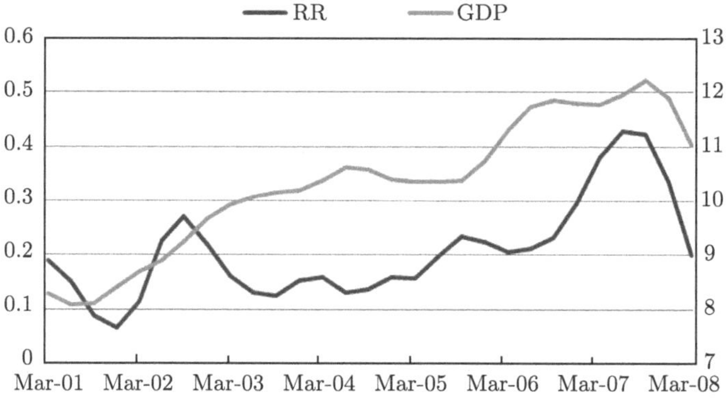

图 9.2　平均回收率 RR 和 GDP 增速的趋势图 (TC 项)

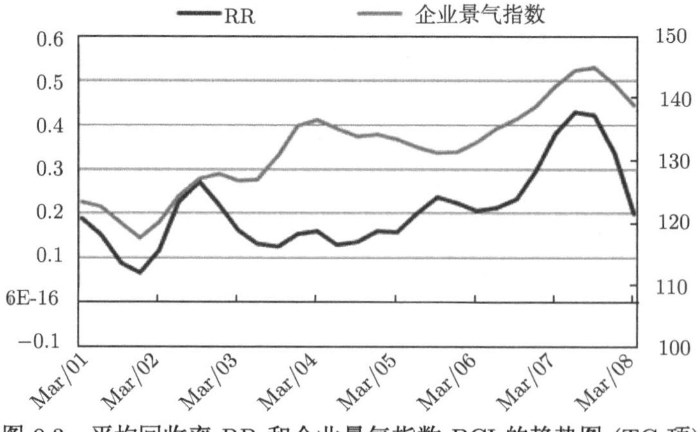

图 9.3　平均回收率 RR 和企业景气指数 BCI 的趋势图 (TC 项)

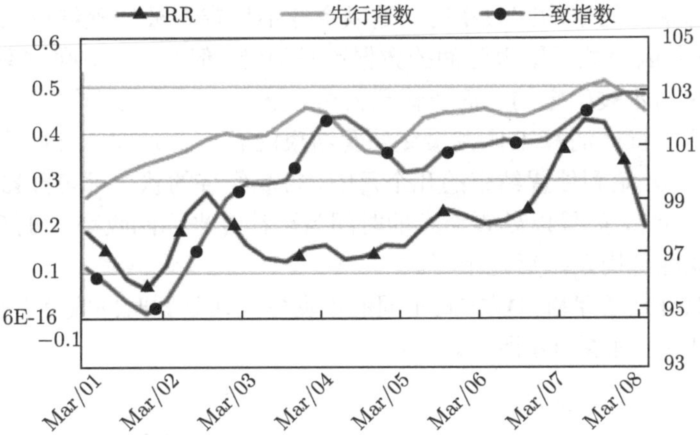

图 9.4 平均回收率 RR 和先行指数 LI 及一致指数 CI 的趋势图 (TC 项)

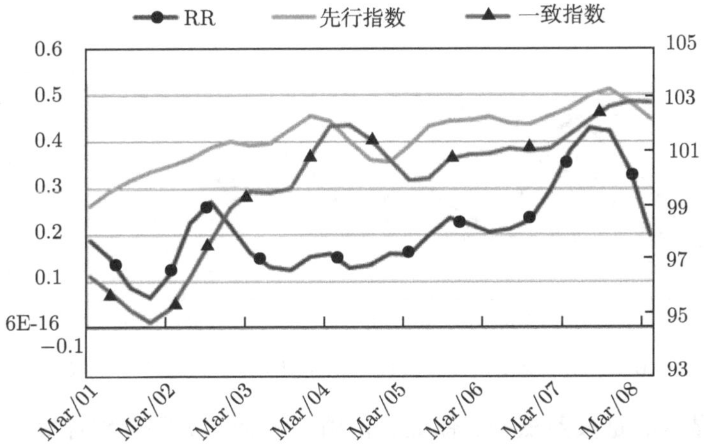

图 9.5 平均回收率 RR 和固定资产投资增速 INV 的趋势图 (TC 项)

从图 9.2~图 9.5 可以看出，回收率的周期波动和 GDP 增速、企业景气指数、经济先行指数和一致指数的周期波动之间有很明显的同向性。特别是在 2001 年末回收率的低谷、2007 年末的高峰以及随后的急剧回落这几个时间段，几个宏观变量也都表现出了相似的走势。

从图 9.2~图 9.5 中还能发现，RR 和宏观变量的周期波动未必总是同步的，某些宏观变量的周期可能领先于 RR 的周期。例如，GDP 增速和经济先行指数的波动有领先于 RR 的迹象，特别是在 2000 年到 2001 年的下降阶段和 2005 年到 2006 年的上升阶段。这其中有宏观经济指标本身的原因，例如经济先行指数本身就是领先于宏观经济波动的；另外一部分原因来自以处置结束时间为准进行统计而导致的偏差。

在计算每季度的平均回收率时，是以企业不良贷款被处置结束的时间为准进行计算的，这是因为处置结束时间的数据更易得到。但实际上，回收率并不是直到处置结束的时刻才被确定的，资产管理公司和违约企业双方围绕不良贷款清收的谈判以及随后的资产清算工作在最终处置结束的若干个月前就开始进行了。这就意味着，从处置开始到处置结束的几个月中，宏观经济的状况都可能影响到最后的回收率。换句话说，如果以处置结束的时间为准计算平均回收率，可能会使回收率周期相对宏观经济周期延后几个月。

进一步地研究抵押和担保方式不同的不良资产在处置时回收率分别受到 GDP 影响的波动情况，如图 9.6 所示。

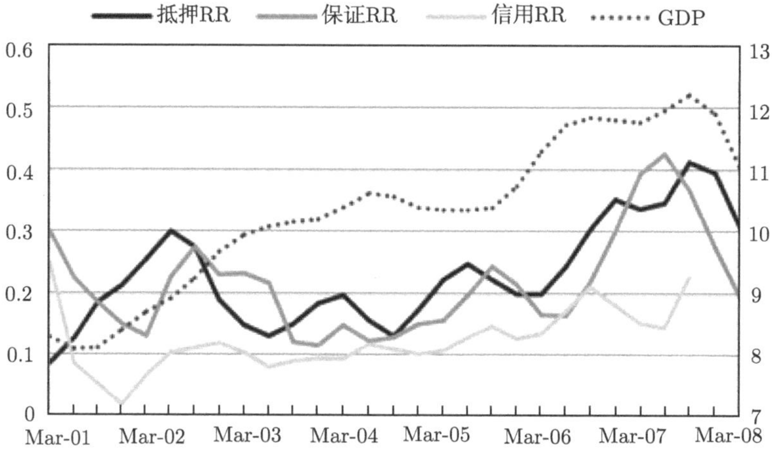

图 9.6 三类贷款的平均回收率和 GDP 增速的趋势图 (TC 项)

图 9.6 显示的是按照抵押、保证和信用三种贷款类别分别计算季度平均回收率 RR，并与 GDP 增速对比的图形。同样地对序列用 X12-ARIMA 方法做了季节调整并提取循环趋势成分 (TC 项)。可见在三种担保方式中，抵押贷款的回收率在大部分的时间里都是最高的，并且与 GDP 增速的趋势最相似。

9.4 回收率与宏观变量的 Granger 因果关系

为了比较精确地检验回收率周期相对宏观经济周期是否存在延后的现象，下面用 Granger 因果检验的方法考察 RR 和宏观变量的关系。参考 Hotchkiss 和 Ronen(2002) 的做法，用基于向量自回归 (vector-autoregression, VAR) 的 Granger 因果检验 (granger-causality tests) 方法，检验 RR 和宏观变量之间的时序关系。具体地说，就是通过检验究竟 “宏观变量是 RR 的 Granger 原因” 还是 “RR 是宏观变量的 Granger 原因”，来说明宏观变量和 RR 之间有怎样的领先或滞后效应。

用如下的向量自回归模型来检验两条假设：一、宏观变量不是 RR 的 Granger 原因；二、RR 不是宏观变量的 Granger 原因：

$$\mathrm{RR}_t = c_1 + \sum_{i=1}^{p} a_{1,i}\mathrm{RR}_{t-i} + \sum_{i=1}^{p} b_{1,i}X_{t-i} + v_{1,t} \tag{9.1}$$

$$X_t = c_2 + \sum_{i=1}^{p} a_{2,i}X_{t-i} + \sum_{i=1}^{p} b_{2,i}\mathrm{RR}_{t-i} + v_{2,t} \tag{9.2}$$

其中，RR 为季度平均回收率，X 为某个单一的宏观变量，a，b，c 分别是 OLS 回归的系数和常数项，v 是随机扰动项，p 为滞后阶数。若经过 F 统计量检验拒绝了 (9.3) 式，则拒绝第一条假设，认为宏观变量 X 是 RR 的 Granger 原因；同样地，若经过 F 统计量检验拒绝了 (9.4) 式，则拒绝第二条假设，认为 RR 是宏观变量 X 的 Granger 原因。

$$H_0 : b_{1,i} = 0, \quad \forall i \tag{9.3}$$

$$H_1 : b_{2,i} = 0, \quad \forall i \tag{9.4}$$

由于是季度数据，将滞后阶数依次设为 1~4 阶，表中 1~4 即表示滞后时期。Granger 因果检验的结果显示在表 9.3 中。可以看出，对“RR 是任何宏观变量的 Granger 原因”的检验在任何滞后阶数下都是不显著的，但对“GDPR 和 BCI 是 RR 的 Granger 原因”的检验在滞后一期时在 5%的水平下显著。

表 9.3 平均回收率和宏观变量的 Granger 因果检验

滞后阶数	F 统计量			
	1	2	3	4
RR 不是 GDPR 的格兰杰因果原因	0.01	0.02	0.10	0.10
GDPR 不是 RR 的格兰杰因果原因	5.10**	1.44	1.11	1.65
RR 不是 LI 的格兰杰因果原因	0.63	0.62	0.12	0.14
LI 不是 RR 的格兰杰因果原因	3.71	0.83	0.94	1.80
RR 不是 CI 的格兰杰因果原因	0.90	0.58	0.27	0.28
CI 不是 RR 的格兰杰因果原因	0.66	0.02	0.02	1.35
RR 不是 BCI 的格兰杰因果原因	0.79	0.35	0.25	0.34
BCI 不是 RR 的格兰杰因果原因	6.43**	1.73	1.43	1.85
RR 不是 INV 的格兰杰因果原因	0.46	0.22	0.35	0.73
INV 不是 RR 的格兰杰因果原因	0.01	0.11	0.40	1.12

注：** 表示在 5%水平下显著

Granger 因果检验的结果说明，至少 GDP 增速和企业景气指数这两个宏观变量对回收率周期是具有领先效应的，领先的时间大约是 1 个季度。这与我们在上一节中的分析吻合。

9.5 回归分析

在 9.3 节中已经初步验证了宏观经济状况确实会影响到回收率，在经济繁荣时，企业经营状况相对良好，资金流动性相对充足，还款能力较强，回收率较高，经济低迷时情况相反。

对于抵押贷款，回收率除了来自于现金回收之外，更多的可能是来自于抵押资产的清算回收。当宏观经济波动时，抵押品价值会随之变动，因而间接影响回收率高低。因此宏观经济状况对抵押贷款回收率的影响程度或许会高于其他类别的贷款。

为了考察宏观经济对不同担保方式贷款回收率的影响程度，我们用回归模型来对比考察宏观经济变量分别对三组样本 (抵押组、保证组和信用组) 的季度平均回收率 (分别记作 RR_1，RR_2 和 RR_3) 的影响。

9.5.1 单变量模型

首先从单变量回归模型开始，即以季度平均回收率为被解释变量，单个宏观经济变量为解释变量，构造回归模型。考虑到回收率和宏观变量之间有可能存在的非线性关系，模型中的被解释变量同时采用了季度平均回收率 RR 和它的对数 LRR 两种形式。

在模型解释变量，即宏观经济变量的选择方面，除了上文中已经说明的 GDP 增速、企业景气指数、宏观经济先行和一致指数和固定资产投资增速以外，由于 Granger 因果检验的结果显示 GDP 增速和企业景气指数的上一季度值对当期回收率有显著影响 (在 5%的显著性水平下)，因此在回归模型中也加入了这两个宏观经济的滞后变量，分别表示为 GDPR(−1)、BCI(−1)，即表示为滞后一期所对应的宏观经济变量。

表 9.4 至表 9.6 分别显示了抵押、保证和信用三组的单变量回归模型系数估计结果。通过表 9.4 观察抵押组模型的估计结果，除了 INV 不显著外，其他全部解释变量的系数都在 1%的水平下显著，而且符号均为正，符合理论预期，其中的具体宏观经济变量的含义和解释见 9.2 节。

从 R 平方来看，除了 INV 对应的模型 R 平方很低 (1%) 以外，其他几个模型的 R 平方都在 30%左右。

表 9.5 的保证组的模型估计结果，解释变量系数的符号基本都是正值，但显著性相比抵押组明显降低，只有 GDP、GDP(−1)、BCI(−1) 等几个变量在 5%水平下显著，而 CI 和 INV 则在 10%水平下也不显著；另外，模型的 R 平方为 10%~20%，低于抵押担保组的 30%的水平。

表 9.4 抵押组样本的单变量模型

自变量	RR_1	LRR_1	RR_1	LRR_1	RR_1	LRR_1	RR_1	LRR_1
截距	−0.26*	−4.01***	−0.22	−3.69***	−0.78***	−6.14***	−0.78***	−6.62***
	(−1.85)	(−5.94)	(−1.58)	(−5.46)	(−2.81)	(−4.40)	(−2.86)	(−5.01)
GDPR	0.05***	0.23***						
	−3.47	−3.57						
GDPR(−1)			0.04***	0.20***				
			−3.23	−3.09				
BCI					0.01***	0.03***		
					−3.62	−3.24		
BCI(−1)							0.01***	0.04***
							−3.68	−3.79
观测数量	29	29	29	29	29	29	29	29
F 统计量	12.05	12.74	10.45	9.52	13.13	10.51	13.52	14.39
P 值	0	0	0	0	0	0	0	0
D. W. 统计量	1.62	1.58	1.86	1.81	1.48	1.45	1.71	1.65
R 平方值	0.31	0.32	0.28	0.26	0.33	0.28	0.33	0.35
调整后 *R* 平方值	0.28	0.3	0.25	0.23	0.3	0.25	0.31	0.32
自变量	RR_1	LRR_1	RR_1	LRR_1	RR_1	LRR_1		
截距	−5.93***	−32.60***	−1.83**	−11.85***	0.19**	−1.92***		
	(−3.99)	(−4.61)	(−2.48)	(−3.32)	−2.19	(−4.66)		
LI	0.06***	0.30***						
	−4.14	−4.38						
CI			0.02***	0.10***				
			−2.78	−2.87				
INV					0	0.01		
					−0.45	−0.74		
观测数量	29	29	29	29	29	29		
F 统计量	17.18	19.21	7.75	8.21	0.2	0.55		
P 值	0	0	0.01	0.01	0.65	0.47		
D. W. 统计量	1.48	1.43	1.54	1.5	1.48	1.43		
R 平方值	0.39	0.42	0.22	0.23	0.01	0.02		
调整后 *R* 平方值	0.37	0.39	0.19	0.2	−0.03	−0.02		

注：括号内为系数估计的 t 值，*、**、*** 分别表示在 10%、5%、1%水平下显著

表 9.5 保证组样本的单变量模型

自变量	RR_2	LRR_2	RR_2	LRR_2	RR_2	LRR_2	RR_2	LRR_2
截距	−0.07	−3.23***	−0.06	−3.20***	−0.3	−4.05**	−0.49*	−5.55***
	(−0.47)	(−4.13)	(−0.43)	(−4.28)	(−0.98)	(−2.50)	(−1.72)	(−3.71)
GDPR	0.03*	0.15**						
	−1.93	−2.03						
GDPR(−1)			0.03*	0.15**				
			−1.97	−2.08				
BCI					0.00*	0.02		
					−1.7	−1.48		
BCI(−1)							0.01**	0.03***
							−2.48	−2.6

续表

自变量	RR_2	LRR_2	RR_2	LRR_2	RR_2	LRR_2	RR_2	LRR_2
观测数量	29	29	29	29	29	29	29	29
F 统计量	3.74	4.11	3.86	4.31	2.88	2.18	6.14	6.77
P 值	0.06	0.05	0.06	0.05	0.1	0.15	0.02	0.01
D. W. 统计量	1.39	1.74	1.52	1.91	1.32	1.64	1.36	1.67
R 平方值	0.12	0.13	0.13	0.14	0.1	0.07	0.19	0.2
调整后 R 平方值	0.09	0.1	0.09	0.11	0.06	0.04	0.16	0.17
自变量	RR_2	LRR_2	RR_2	LRR_2	RR_2	LRR_2		
截距	−2.69	−17.36*	−0.79	−7.66*	0.26***	−1.62***		
	(−1.58)	(−1.93)	(−1.03)	(−1.91)	−3.22	(−3.81)		
LI	0.03*	0.15*						
	−1.71	−1.75						
CI			0.01	0.06				
			−1.31	−1.49				
INV					0	0		
					(−0.54)	(−0.09)		
观测数量	29	29	29	29	29	29		
F 统计量	2.92	3.06	1.72	2.23	0.29	0.01		
P 值	0.1	0.09	0.2	0.15	0.59	0.93		
D. W. 统计量	1.3	2.58	1.29	1.63	1.31	1.54		
R 平方值	0.1	0.1	0.06	0.08	0.01	0		
调整后 R 平方值	0.06	0.07	0.03	0.04	−0.03	−0.04		

注：括号内为系数估计的 t 值，*、**、*** 分别表示在 10%、5%、1%水平下显著

表 9.6 信用组样本的单变量模型

自变量	RR_3	LRR_3	RR_3	LRR_3	RR_3	LRR_3	RR_3	LRR_3
截距	−0.09	−5.13***	−0.16	−4.89***	−0.37	−8.24***	−0.59	−8.25***
	(−0.43)	(−4.03)	(−0.81)	(−3.97)	(−0.90)	(−3.22)	(−1.49)	(−3.25)
GDPR	0.02	0.29**						
	−1.24	−2.36						
GDPR(−1)			0.03	0.27**				
			−1.67	−2.25				
BCI					0	0.05**		
					−1.3	−2.39		
BCI(−1)							0.01*	0.05**
							−1.91	−2.41
观测数量	29	29	29	29	29	29	29	29
F 统计量	1.53	5.59	2.8	5.06	1.7	5.72	3.64	5.83
P 值	0.23	0.03	0.11	0.03	0.2	0.02	0.07	0.02
D. W. 统计量	2.34	1.97	2.3	2.07	2.29	1.93	2.39	2.23
R 平方值	0.05	0.17	0.09	0.16	0.06	0.17	0.12	0.18
调整后 R 平方值	0.02	0.14	0.06	0.13	0.02	0.14	0.09	0.15

续表

自变量	RR_3	LRR_3	RR_3	LRR_3	RR_3	LRR_3
截距	−1.59	−30.10**	−1.14	−17.58***	0.24**	−2.54***
	(−0.68)	(−2.03)	(−1.12)	(−2.79)	−2.26	(−3.60)
LI	0.02	0.27*				
	−0.74	−1.88				
CI			0.01	0.15**		
			−1.28	−2.45		
INV					0	0.01
					(−0.73)	−0.59
观测数量	29	29	29	29	29	29
F 统计量	0.55	3.54	1.65	6	0.54	0.35
P 值	0.46	0.07	0.21	0.02	0.47	0.56
D. W. 统计量	2.11	1.75	2.24	2.1	2.03	1.71
R 平方值	0.02	0.12	0.06	0.18	0.02	0.01
调整后 R 平方值	−0.02	0.08	0.02	0.15	−0.02	−0.02

注：括号内为系数估计的 t 值，*、**、*** 分别表示在 10%、5%、1%水平下显著

表 9.6 的信用组与保证组类似，除 LI 和 INV 之外的解释变量基本在 5%水平下显著，模型的 R 平方为 10%～20%。

“抵押”组模型的 R 平方显著高于“保证”和“信用”组模型。最合理的解释是，“抵押”组样本的回收率很大程度上依赖于抵押品的变现回收，而抵押品的市场价格对宏观经济环境比较敏感，随宏观经济周期而波动。事实上，在本节的数据样本中，72%的抵押贷款是以房地产做抵押的，而房地产的市场价格与经济周期更是有着极其密切的关系，这使得宏观经济变量对“担保”组回收率的模型解释能力大大高于其他两组。

由三组单变量模型的结果可见，除了固定资产投资增速 INV 之外，其他几个宏观变量的季度周期波动对回收率周期波动都有比较显著的影响，只是对不同担保方式而言显著程度不同，抵押贷款回收率受影响的显著程度高过保证和信用贷款。

9.5.2 多变量模型

以下考虑多变量回归模型。同样地对抵押、保证和信用三组样本，仍然以季度平均回收率 RR 和它的对数 LRR 为被解释变量；但在多变量模型中，我们将上文中使用的多个宏观经济变量，也包括宏观因素的滞后一阶项，GDP(−1) 和 BCI(−1) 同时加入模型。

为了避免多重共线性的影响，在模型中使用后向变量筛选 (backward selection) 的方法，选出模型中比较显著的解释变量，再进行对比。筛选后的模型在表 9.7 中

显示。

表 9.7　多变量模型后向变量筛选结果

自变量	抵押组		保证组		信用组	
	RR_1	LRR_1	RR_2	LRR_2	RR_3	LRR_3
截距项	−4.75***	−27.00***	0.69	−0.41	−0.59	−17.58***
	(−2.77)	(−3.34)	−1.28	(−0.14)	(−1.49)	(−2.79)
GDPR						
GDPR(−1)						
BCI						
BCI(−1)	0.01**	0.04**	0.01***	0.05***	0.01*	
	−2.25	−2.35	−3.67	−3.33	−1.91	
LI	0.06***	0.32***				
	−2.78	−3.02				
CI	−0.02*	−0.12*				0.15**
	(−1.71)	(−1.84)				−2.45
INV						
观测数量	29	29	29	29	27	27
F 统计量	8.07	9.13	6.76	5.73	3.64	6
P 值	0	0	0	0.01	0.07	0.02
D. W. 统计量	1.86	1.81	1.56	1.75	2.34	2.1
R 平方	0.49	0.52	0.34	0.31	0.12	0.18

注：括号内为系数估计的 t 值，*、**、*** 分别表示在 10%、5%、1%水平下显著

可以看到，由于宏观变量之间有较强的相关性，三组模型中被筛选出的解释变量都很少，但 BCI(−1) 在三组模型中基本都是被选出的显著变量。这说明不论贷款的担保方式如何，企业经营的景气程度，尤其是贷款处置结束前一季度的企业景气程度，始终是影响回收率高低的重要因素。“前一季度” 的原因上文已经说明，是由于处置过程需要经过几个月的时间，从处置开始时，企业的景气程度已经影响到回收率了。

除了 BCI(−1) 之外，经济先行指数 LI 和一致指数 CI 在抵押组的模型中也被筛选为显著自变量，这说明对于抵押贷款，除了企业经营的景气程度之外，宏观经济整体的景气程度对回收率也有显著影响，其中一致指数 CI 代表了经济形势的现状，而先行指数 LI 代表了对未来经济形势的预期。变量 GDPR 不显著的原因可能是它与 BCI(−1) 的相关程度太高，因此在后向筛选中被筛掉了。

企业景气指数 BCI 反映了企业生产经营的状况好坏，是对企业本身状态的直

接反映。而无论对于哪种担保方式的贷款，企业经营的状况都应该是影响回收率的因素，因此 BCI(−1) 基本在三组模型中都是显著自变量。经济先行指数 LI 和一致指数 CI 是对宏观经济的反映，而抵押资产的市场价格受宏观经济影响，由此间接影响抵质押贷款的回收率，因此，LI 和 CI 只在“抵押”组模型中显著。

9.6 本 章 小 结

本章考察了资产管理公司处置商业银行不良贷款的回收率随时间的周期波动和宏观经济周期之间的关系。我们以贷款处置结束时间为准，按季度统计平均回收率，发现其与 GDP 增速呈正相关，二者的周期波动有一定的同向性。以处置结束时间为基准时间统计平均回收率，可能会使回收率周期相对宏观周期稍有延后。由 Granger 因果检验的结果，部分宏观经济指标相对回收率有领先的效应，领先时长大约为 1 个季度。

进一步将样本公司按担保方式划分成三组：“抵押” 组、“保证” 组和 “信用” 组，分别建立单变量及多变量回归模型，对比考察宏观变量对回收率的影响。单变量模型估计结果显示，除固定资产投资外，其他宏观经济指标如 GDP 增速、企业景气指数、经济先行指数、一致指数等对不同担保方式贷款的回收率都有不同程度的显著影响，而对 “抵押” 组样本的回收率的影响最显著；多变量模型结果显示，经过后向变量筛选，企业景气指数是主要影响回收率的指标，此外对 “抵押” 组样本回收率而言，经济先行指数和一致指数也有影响。

综合所有分析的结果，本章的结论是，宏观经济对包括各类担保方式的不良贷款回收率有显著的影响：宏观经济繁荣时，企业的经营状况更好，资金流动性更强，因而还款能力更强，从而使企业的不良贷款回收率相对较高；经济低迷时情况相反。特别地，对于有抵押的贷款，除了企业自身的因素外，经济的繁荣会使抵押品价值变得较高，从而在将抵押品变现清偿时实现更高的回收。

本章的不足在于，中国经济较高速增长的情况，对回收率和宏观经济周期的相关关系的考察时间段内中国经济的季度平均增速是 10.4%，这段期间内是中国经济一个高速增长时期，其中还没有真正意义上的经济衰退，这也是我们在文中使用 “相对” 繁荣和 “相对” 低迷这样的术语的原因；其次不良贷款样本集合中大部分样本是政策性剥离的不良贷款，而对政策性剥离不良贷款的处置更希望是快速处置，对处置收益的要求不是第一位的。这些因素或多或少会影响本章实证结果。与其他的实证研究一样，对回收率与经济周期关系的研究仍将是一个随时间和数据积累而不断深化的过程。

第 10 章　Downturn LGD 的估计

10.1　引　　言

由于宏观经济对不良资产清收处置的重要影响，本章将继续研究宏观经济对回收率的影响，相较于上一章主要考察的是单户回收受宏观经济的影响，本章研究的对象是打包处置的不良资产包样本，我们将统计打包平均回收率的总体趋势，研究宏观经济周期对它的影响，本章将与第 9 章采用类似的对称研究方法，这样将不仅可以研究宏观经济对资产包回收率的影响，同时可以观察单户处置和资产包处置在宏观经济波动中受影响的不同。进一步地，本章还将利用压力测试的方法，考察在宏观经济发生较极端变化时，对回收率的影响大小。

打包处置的资产包样本数与单户处置相比少很多，因此若计算季度平均回收率，因平均值的标准误差较大，结果会有一定的随机性；但如果以年度为单位统计，则样本覆盖的年数太短，经过权衡，本章依然以季度为单位统计，希望能够尽量利用数据中有效的信息。

在本章的研究中，还将重点考察经济衰退期的违约损失率模型，由于经济衰退期时往往对信用风险乃至贷款损失产生较大波动，故其一直被国内外学者广泛关注。Calabrese(2014) 利用混合分布估计构建了衰退期的违约损失率模型；Tobback (2014) 研究了违约损失率预测模型，并在预测模型中重点分析了财务指标和宏观经济状态等各因素，考察了宏观经济衰退状态下对违约损失率的预测；Bonini(2013) 利用生存分析模型，构建了巴塞尔内部评级风险参数模型，并在其中引入宏观经济因素进行了重点研究；Leow(2013) 利用英国的小额贷款数据，研究了宏观经济与违约损失率之间的关系；Loterman(2014) 构建了违约损失率的模型族，并在多个模型中都引入了宏观经济变量，分析其与违约损失率之间的相关关系；Yashkir(2013) 构建了复合违约损失率模型，并在其中引入了宏观经济因素；Ang(2013) 对欧洲和美国的主权债务信用风险进行了分析，并重点讨论了宏观系统性风险和主权债务危机之间的关系。

刘华 (2014) 讨论了在经济下行期，银行贷款可能面对的信用风险以及相应的解决办法；娄方芳 (2015) 在分析机构声誉和信用评级也引入了宏观经济变量来分析机构声誉、信用评级的关系；刘春航 (2015) 在研究信用利差风险时分析了宏观经济因素对利率进而对利差的影响；甘露 (2012) 在商业银行风险管理和资本拨备中都建议根据宏观经济变量来进行动态管理；郭琳劼 (2012) 依据巴塞尔资本协议 III，结合宏观经济的波动对银行业资本进行周期性分析和管理；张家炜 (2014) 结合宏观经济变量，针对中小企业的团体贷款的合约进行设计和分析。由此可见，不仅对违约损失率，宏观经济变量，尤其是经济衰退时期，对银行业信用风险、资本拨备、利差等方方面面都产生了直接影响，需要重点、详尽的分析。

10.2　数据描述和宏观变量选取

本章所采用的初始样本是 306 个已处置完毕的不良资产包。包中共有 13803 户企业的不良贷款，最大的一个包含 380 户，在资产包样本初步选取中，剔除只含有 3 户企业以下的小规模资产包，并对回收率的异常值进行清洗，剔除了回收率小于或大于 1.2(120%) 的样本。

以资产包的处置结束时间为准，计算每个季度处置结束的企业户数及平均回收率，其中平均回收率采用风险暴露加权计算，记作 RR，图 10.1 显示了大体情况。从图 10.1 中可见，在 2003 年 3 季度到 2008 年 4 季度间，打包处置的平均回收率随时间的波动比较明显，最高时达到 40%，最低时只有 5%。每个季度处置完毕的资产包个数基本在 5 个以上。虽然由于打包处置总数量比较少，使得每季度的样本数不多，但基于这个样本量计算的平均回收率基本可以粗略地反映总体的趋势。

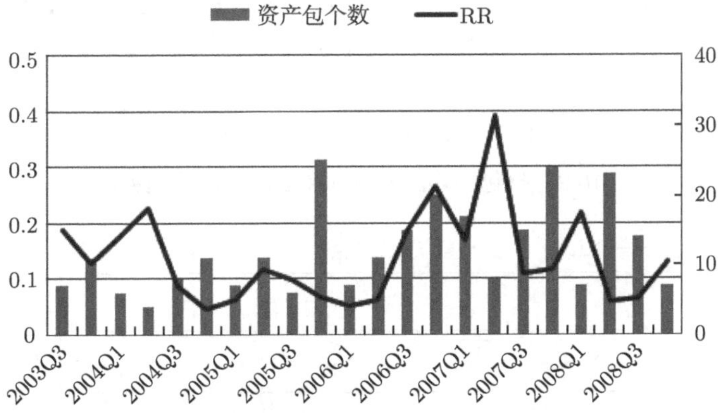

图 10.1　每季度的资产包个数与加权平均回收率 RR

在宏观变量的选择方面，与前几章相同，本章选择了下面五个指标作为宏观经济周期的代表：

GDPR：国内生产总值增速 (%)；

BCI：企业景气指数 (business climate index)；

CI：宏观经济一致指数 (coincident index)；

LI：宏观经济先行指数 (leading index)；

INV：全社会固定资产投资增速 (%)。

这些指标的数据都来自国家统计局，为了和回收率的数据长度一致，我们取 2003 年第三季度到 2008 年第四季度的数据。

10.3　基本统计分析

图 10.2 至图 10.5 显示的是打包处置的季度平均回收率和 GDP 增速及其他宏观经济变量随时间的变化，其中深色曲线表示回收率，浅色曲线表示不同宏观变量和指数。从图上可以看出，平均回收率和 GDP 增速、企业景气指数、经济先行指数和一致指数的周期波动之间有很明显的同向性。特别是在 2001 年末回收率的低谷、2007 年末的高峰以及随后的急剧回落这几个时间段，几个宏观变量也都表现出了相似的走势。

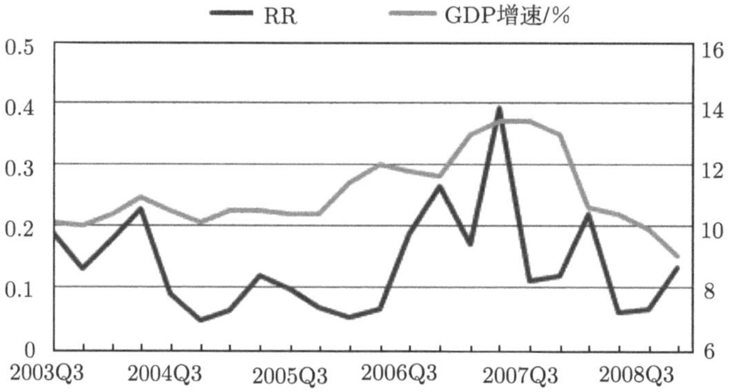

图 10.2　打包平均回收率和 GDP 增速的趋势图

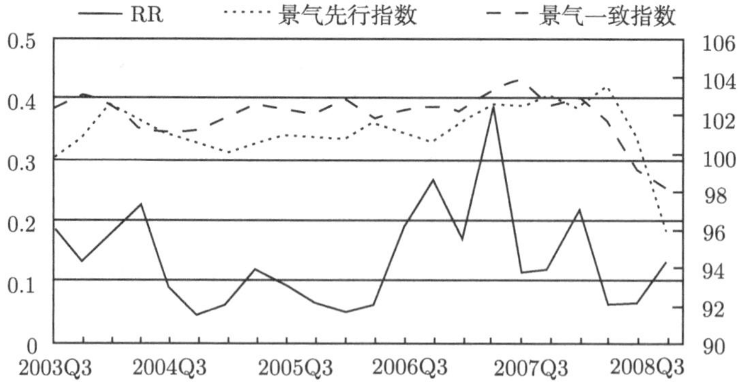

图 10.3　打包平均回收率和景气先行及一致的趋势图

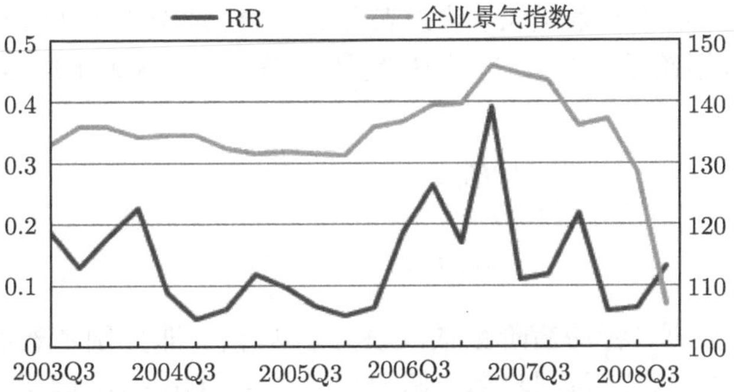

图 10.4 打包平均回收率和企业景气指数的趋势图

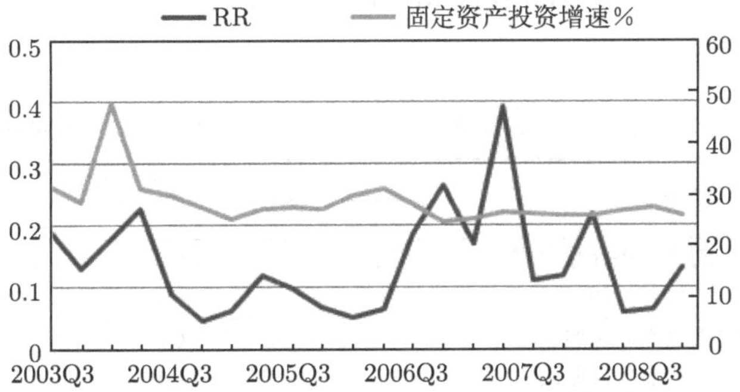

图 10.5 打包平均回收率和固定资产投资增速的趋势图

10.4 回收率与宏观变量的 Granger 因果关系

与第 9 章相似，这里用 Granger 因果检验来考察打包处置季度平均回收率 RR 和宏观经济变量的领先滞后关系，用基于向量自回归 (vector-autoregression, VAR) 的 Granger 因果检验 (granger-causality test) 方法，检验 RR 和宏观变量之间的时序关系。

用如下的向量自回归模型来检验两条假设：一、宏观变量不是 RR 的 Granger 原因；二、RR 不是宏观变量的 Granger 原因。

$$\mathrm{RR}_t = c_1 + \sum_{i=1}^{p} a_{1,i}\mathrm{RR}_{t-i} + \sum_{i=1}^{p} b_{1,i}X_{t-i} + v_{1,t} \tag{10.1}$$

$$X_t = c_2 + \sum_{i=1}^{p} a_{2,i}X_{t-i} + \sum_{i=1}^{p} b_{2,i}\mathrm{RR}_{t-i} + v_{2,t} \tag{10.2}$$

其中，RR 为季度平均回收率，X 为某个单一的宏观变量，a、b、c 分别是 OLS 回归的系数和常数项，v 是随机扰动项，p 为滞后阶数。若经过 F 统计量检验拒绝

了 (10.3) 式，则拒绝第一条假设，认为宏观变量 X 是 RR 的 Granger 原因；若经过 F 统计量检验拒绝了 (10.4) 式，则拒绝第二条假设，认为 RR 是宏观变量 X 的 Granger 原因。

$$H_0 : b_{1,i} = 0, \quad \forall i \tag{10.3}$$

$$H_1 : b_{2,i} = 0, \quad \forall i \tag{10.4}$$

由于是季度数据，将滞后阶数依次设为 1~4 阶，即分别考察滞后一个季度到四个季度宏观变量和资产包回收率之间的相关关系。Granger 因果检验的结果在表 10.1。可以看出，对 “RR 是任何宏观变量的 Granger 原因” 的检验在任何滞后阶数下都是不显著的，但对 “GDPR 是 RR 的 Granger 原因” 的检验在滞后一期时在 10% 的水平下显著。

表 10.1 资产包平均回收率和宏观变量的 Granger 因果检验

滞后阶数	F 统计量			
	1	2	3	4
RR 不是 GDPR 的格兰杰因果原因	1.25	1.66	2.12	1.34
GDPR 不是 RR 的格兰杰因果原因	3.87*	2.65	2.69	1.74
RR 不是 LI 的格兰杰因果原因	0.51	0.64	1.13	1.16
LI 不是 RR 的格兰杰因果原因	0.05	0.60	0.52	0.28
RR 不是 CI 的格兰杰因果原因	2.93	2.65	2.74	0.34
CI 不是 RR 的格兰杰因果原因	0.11	0.92	0.60	0.70
RR 不是 BCI 的格兰杰因果原因	1.85	0.42	1.18	1.62
BCI 不是 RR 的格兰杰因果原因	1.56	0.70	1.49	2.32
RR 不是 INV 的格兰杰因果原因	0.17	0.20	0.57	0.19
INV 不是 RR 的格兰杰因果原因	0.29	0.46	0.26	0.20

注：* 表示在 10% 水平下显著

Granger 因果检验的结果说明，GDP 增速这个宏观变量对回收率周期是具有领先效应的，领先的时间大约是一个季度。这与上一节中的分析吻合。

10.5 回 归 分 析

我们用回归模型来考察宏观经济变量对打包处置回收率的影响。

先从单变量回归模型开始，即以季度平均回收率为被解释变量，单个宏观经济变量为解释变量，构造回归模型。考虑到回收率和宏观变量之间有可能存在的非线性关系，模型中的被解释变量同时采用了季度平均回收率 RR 和它的对数 LRR 两种形式。

在模型解释变量，即宏观经济变量的选择方面，除了上文中已经说明的 GDP 增速、企业景气指数、宏观经济先行和一致指数和固定资产投资增速以外，由于 Granger 因果检验的结果显示 GDP 增速的上一季度值对当期回收率有显著影响 (在 5%的显著性水平下)，因此我们在回归模型中也加入了 GDP 增速的滞后一期值，记为 GDPR(−1)。

表 10.2 是单变量模型的系数估计结果。只有 GDPR 和 GDPR(−1) 这两个变量是显著的，其他宏观经济变量在 10%的水平下不显著。对比 R 平方，除了 GDPR 和 GDPR(−1) 以外，其余单变量模型的 R 平方基本都在 10%左右或以下，而 GDPR 的模型 R 平方达到 40%，GDPR(−1) 的模型 R 平方更高达 60%左右。

表 10.2 宏观经济对打包回收率趋势的影响 —— 单变量模型

自变量	RR	LRR	RR	LRR	RR	LRR
截距	−0.358**	−4.151***	−0.502***	−4.794***	−0.493	−4.352**
	(0.148)	(0.716)	(0.127)	(0.635)	(0.349)	(1.673)
GDPR	0.051***	0.224***				
	(0.013)	(0.064)				
GDPR(−1)			0.064***	0.281***		
			(0.011)	(0.057)		
BCI					0.005	0.020
					(0.004)	(0.012)
观测数	22	22	22	22	22	22
F 统计量	14.68	12.10	31.68	24.38	3.03	2.57
P 值	0.001	0.002	<0.0001	<0.0001	0.108	0.124
D. W. 统计量	1.72	1.42	1.58	1.33	1.00	0.85
R 平方	0.423	0.377	0.613	0.549	0.128	0.114
自变量	RR	LRR	RR	LRR	RR	LRR
截距	−1.910	−9.417	−1.509	−8.934	0.297**	−1.418**
	(1.613)	(7.619)	(1.338)	(6.262)	(0.130)	(0.610)
LI	0.021	0.076				
	(0.016)	(0.075)				
CI			0.017	0.072		
			(0.013)	(0.062)		
INV					−0.003	−0.009
					(0.005)	(0.021)
观测数	22	22	22	22	22	22
F 统计量	1.72	1.03	1.64	1.34	0.50	0.18
P 值	0.204	0.322	0.214	0.260	0.490	0.676
D. W. 统计量	0.79	0.70	0.94	0.82	0.93	0.80
R 平方	0.079	0.049	0.076	0.063	0.024	0.009

注：***、**、* 分别表示在 1%、5%、10%水平下显著

单变量模型分析的结果表明，处置结束当季度及上季度的 GDP 增速对打包回收率有显著影响，而其他宏观经济变量的影响不显著。与第 9 章对单户处置的单变量模型比较，可以发现系数显著的宏观经济变量减少了，只有 GDP 增速及其滞后一阶，其原因可能是由于打包处置的总样本量较少，使得季度平均回收率的计算结果有一定随机性；但与单户处置相同的是，宏观经济的滞后一阶项对回收率也有显著影响。不但如此，从 R 平方来看，滞后一期的 GDP 增速的解释力比当期值的解释力还强。关于这一点，解释可能与单户处置的情况类似：打包处置也需要一个过程，包括资产管理公司对资产包的资产估值、发布处置公告、与投资者谈判议价等，这整个过程会持续几个月时间，而这段期间的宏观经济状况都会影响到对资产包的估值定价，也就是回收率的高低。

10.6 模拟压力测试

要计算一个贷款组合的信用损失 (包括期望损失和在险价值)，需要知道三个基本的风险参数，即贷款风险暴露 (EAD)、违约概率 (PD) 和违约损失率 (LGD)。根据上文的单变量模型可以得到在设定宏观经济情景下的 LGD，而 EAD 和 PD 则需要进一步的设定。在本章中，模拟计算一个贷款组合的信用损失，分下面几个步骤进行：

第一步：贷款组合 EAD 分布的设定。

由于缺乏我国商业银行信贷详细资料的数据，本章使用 LossMetrics 数据库中贷款规模分布作为模拟贷款组合的 EAD 分布的代理。经过计算，LossMetrics 数据库中风险暴露额可以由 $\mu = 17.28$, $\sigma = 1.87$ 的对数正态分布拟合，如图 10.6 所示。

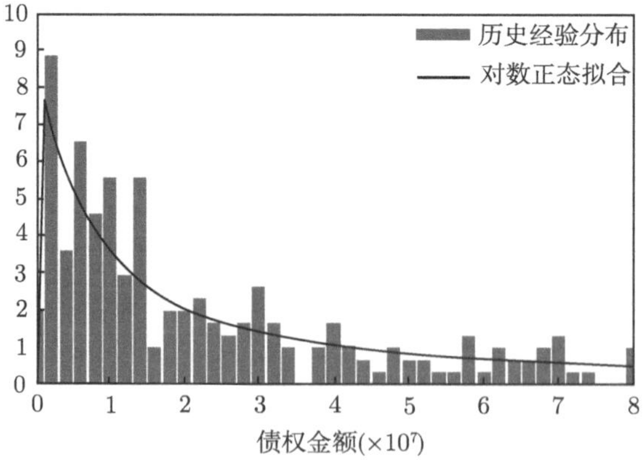

图 10.6 样本 EAD 的对数正态分布拟合曲线

由此本书虚拟一个含 300 个资产包的不良资产组合，并由生成 300 个服从对数正态分布 $\log -N\left(17.28, 1.87^2\right)$ 的随机数，作为每个企业的信用风险暴露 EAD_i。

第二步：宏观经济情景的设定。

根据资产处置年份的宏观经济整体情况，本章设定以下三种宏观经济情景：

“正常”：GDP 增速为 10%；

“较差”：GDP 增速为 8%；

“极差”：GDP 增速为 6.1%。

第三步：PD 和 LGD 分布的设定。

由于无法获得真实的贷款违约概率 (PD) 数据，作为近似，本章采用中国银行业监督管理委员会最新发布的中国商业银行不良贷款率 1.58% 作为 PD，随机生成第 i 个企业违约与否的二值变量 D_i：

$$D_i = \begin{cases} 1, & p = 0.0158 \\ 0, & p = 0.9842 \end{cases} \tag{10.5}$$

三种 GDP 增速下的 LGD 由表 10.2 中以 GDPR 为自变量的模型给出，在表 10.2 的模型中只有 GDPR 一个宏观经济变量是显著的，因此利用这个模型是适合的。为了保证回收率为正数，我们用对数回收率模型，即

$$\log \mathrm{RR} = -4.151 + 0.224 \cdot \mathrm{GDPR} \tag{10.6}$$

利用 (8.6) 式计算三种情景下的 LGD 值。

第四步：贷款组合相对损失的计算。

利用下式计算含 300 个资产包的贷款组合的相对损失：

$$\text{相对损失} = \frac{\sum_{i=1}^{300} \mathrm{EAD}_i \times D_i \times \mathrm{LGD}}{\sum_{i=1}^{300} \mathrm{EAD}_i}. \tag{10.7}$$

第五步：相对损失分布的模拟生成。

对每种宏观经济情景，重复第三步到第四步 10000 次，得到贷款组合相对损失的频率分布，从而可以计算期望损失和在险价值 (value at risk, VaR)，如图 10.7 所示。

表 10.3 是三种情景下的预期损失和 VaR 模拟结果。可见三种情景下的数值相差很小。这是因为我们假定 PD 为常数，不随宏观情景变动，而受宏观情景影响的因子只有 LGD。这使本书压力测试的结果与真实情况或有差距。若考虑 PD 也随宏观经济波动，则应加大不同情景下的损失差距。

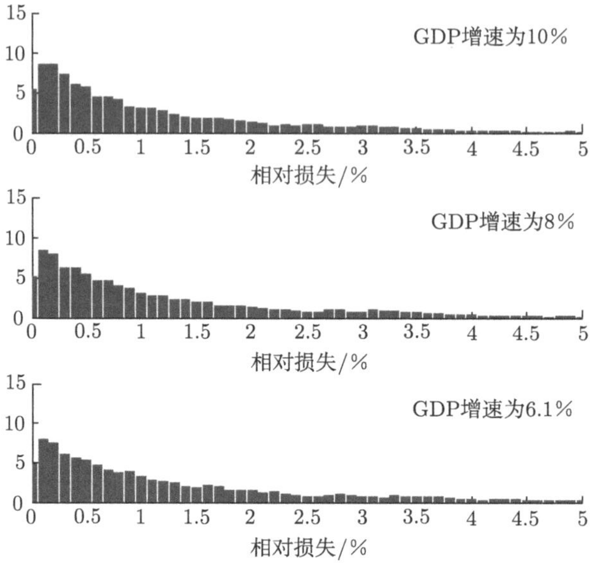

图 10.7 资产包压力测试损失分布

表 10.3 资产包组合的信用损失压力测试

宏观情景 (GDP 增速)	预期损失	95%VaR	99%VaR
“正常” (10%)	1.34%	4.63%	10.05%
“较差” (8%)	1.41%	4.84%	10.47%
“极差” (6.1%)	1.45%	5.09%	11.04%

10.7 本章小结

本章以打包处置的资产为对象，研究宏观经济周期对打包处置回收率总体趋势的影响。按资产包处置结束时间，以季度为单位统计平均回收率。虽然样本量偏少，但所得的结果与直观经验基本符合，也与单户处置的规律有类似之处。

Granger 因果检验的结论是 GDP 增长率为打包回收率的 Granger 原因，亦即时间上有领先于回收率的效应，领先时长为 1 个季度，这与单户方面的结论基本一致，而原因都在于处置周期的存在。单变量回归模型也显示，处置结束的同一季度及滞后一期的上季度的 GDP 增速对回收率有显著正影响。

基于这一点，本章继续对打包资产做了压力测试。选取的宏观因子与单户方面相同，为 GDP 增长率，但由于样本量较少，在 Downturn LGD 的估计上没有采用广义贝塔 (Beta) 回归的方法，而用了普通回归。违约概率 PD 历史数据的缺乏仍旧使压力测试存在一些遗憾。

第 11 章　资产管理公司和商业银行 LGD 模型对比

11.1　引　　言

本书第 1～10 章主要围绕资产管理公司不良贷款的管理、处置和清收的历史来展开研究，不仅构建了单户和资产包回收率的多个模型，而且针对回收率模型中的关键变量，分别建立了相应的子模型来深入考察变量背后的经济含义，不仅很好地记录了不良贷款从商业银行剥离到资产管理公司的历史，而且对其中处置和回收经验做了很好的总结，进一步地，违约回收率是巴塞尔资本协议信用风险核心二维关键因素之一，构建不良贷款违约回收率对商业银行信用风险模型的构建和巴塞尔资本协议风险管理提供了重要参考。

同时资产管理公司接收的商业银行剥离或拍卖的贷款与商业银行自身经营的贷款在违约损失率的计量方面仍是有所不同的，特别是影响因素的差异，包括同一因素的显著性、正负关系以及影响程度可能都存在不同，因此本章在前文对不良贷款全面研究的基础上，对比了基于某商业银行自身经营的贷款违约损失率的影响因素研究和计量模型构建，一是从影响因素的角度对比资产管理公司和商业银行贷款之间的差异；二是从计量模型的角度对比分析资产管理公司和商业银行贷款之间的差异；三是从经济解释的角度对比分析资产管理公司和商业银行贷款之间的差异。

Loterman(2012) 利用商业银行的数据构建了违约损失率的代数计量模型；Bellotti(2012) 利用信用卡的贷款消费数据构建了违约损失率模型，并在其中重点考察了宏观经济因素对模型的影响；Tobback(2014) 构建了违约损失率的预测模型，并且在模型中重点考察了财务指标和宏观经济指标；Gürtler(2013) 针对银行的贷款数据对违约损失率模型在精度和适用性等方面做了改进，提高了预测性；Tang(2013) 在多元方差研究的基础上，构造了违约损失率的渐进分析模型；Eckert(2016) 根据风险参数信贷框架构建了违约概率、违约损失率的模型；Giesecke(2015) 针对大规模贷款资产组合包构建了违约损失率渐进模型；Spiliopoulos(2014) 构建了违约损失率的动态波动模型；Han(2013) 对债券组合构建了违约损失率模型；Fischer(2014) 对违约损失率的多个量化模型进行了统计性质的综述和梳理，并对各方法进行了对比；Bastos(2010) 利用商业银行贷款数据构建了违约损失率模型；Huang(2011) 利用广义 Beta 回归模型构建了违约损失率计量框架并进行了分析；Hlawatsch(2011)

利用计量方法模拟了违约损失率数据，并对数据进行了拟合和分析；Frye(2012) 构建了违约损失的系统性信用风险模型。

郑学 (2010) 研究了违约损失率模型构建过程中的关键技术和方法；黄建忠 (2011) 基于江苏省某银行的历史数据研究了违约损失率的各个影响因素；陈光忠 (2010) 对商业银行贷款的违约损失率特征进行了详尽的研究；洪露 (2014) 重点针对住房贷款的违约损失率模型进行了分析和量化模型构建；杜培彦 (2013) 利用商业银行的数据构建了一系列违约损失率量化模型；詹原瑞 (2010) 针对信用组合数据，研究和分析了贷款组合的信用风险和损失模型。

通过以上研究可以发现，除了资产管理公司，违约损失率的模型对商业银行也有着重要意义，而且被广泛的研究，本章中将首先回顾资产管理公司违约损失率模型的构建过程，其次将给出利用银行数据构建的回收率因素分析和计量模型，并且对二者进行比较，具体章节安排如下，11.2 节将给出根据资产管理公司数据的“两步走回收率模型”；11.3 节详细给出根据商业银行数据的回收率因素分析和计量模型；11.4 节将分析根据两类不同的信贷违约数据给出的损失率模型在影响因素、模型特征和经济解释的差异，11.5 节为本章小结。

11.2　不良贷款回收率全模型构建

本书的第 4 章直接利用一步式线性回归模型，对全样本的单户数据构建了回归计量模型，直接一步式的回归在应用中有简便、易于理解的优点，但由于回收率是有值域限制的，且回收为零的极端回收在资产管理公司的数据中极为常见，因此构建“两步式模型”—— 即先判别出极端零回收，非极端回收部分再利用回归模型建模，可以更好地区分出极端零回收，同时精确地研究非零回收的特征，为单户和打包处置奠定基础。

11.2.1　模型构建框架

我国不良贷款的两步走计量模型框架建立在三个重要的基础之上。其一在于回收率分布为 U 型双峰非对称分布，零回收比例极高，达三成左右，统计分布中的极端回收值在零处堆积的特点决定了零回收应与其他回收值模型有所区分；其二在于零回收应快速、精简回收，尽可能减少管理中经费的无谓损失并提高效益，非零回收的贷款应精打细算、合理安排时间以及提高管理效率，所以两者模型从经济角度也应明显区分；其三在于回收率等于 0 为离散数据型，非零回收为连续数据型，前者较适合判别模型，后者较适合回归分析模型。研究框架分为“零回收的判别和非零回收的回归”两大类模型。模型框架构建如下。

1. 零回收判别模型

作为零回收，取值为 0，是离散数据，且比例极高，应采用判别模型，单独把其与非零区分。判别模型的应用非常广泛，方法众多，本书根据模型解释力和对比分析的需要，采用参数模型中的 logistic 模型，模型如下：

把极端零回收贷款记为 0 类，有回收记为 1 类，对二分类 logistic 模型则有

$$P(y_i = 0\,|x_i\,) = \frac{1}{1+\exp(-(\alpha+\beta_i x_i))} = p, \quad P(y_i = 1|x_i) = 1 - p$$

$$\log\mathrm{it}(P) = \log\left[\frac{P(y=0|\,x_i)}{P(y=1|\,x_i)}\right] = \log\left[\frac{p}{1-p}\right] = \alpha + \sum_{i=1}^{k}\beta_i x_i \qquad (11.1)$$

其中，x_i 为各影响因素变量，α，β_i 为其估计参数，当 $p > 1/2$ 时，判为零回收类。

2. 非零回收回归分析模型

针对非零回收，本书采用回归分析的方法来进行分析，具体模型如下：

$$Y_i = r_i = X_i'\hat{\beta}_i + \varepsilon_i = \alpha_+ x_1\beta_1 + x_2\beta_2 + \cdots + x_n\beta_n + \varepsilon_i \qquad (11.2)$$

其中，x_i 为各影响因素变量，α，β_i 为其估计参数。传统的线性回归模型优点在于直观、明了，可以直接揭示回收率和各影响因素之间的关系，且估计和预测较简洁，准确性也较高。

3. 回归系数分析：正负相关性和贡献度分析

以下将更进一步分析模型的拟合结果和变量的相关性。在判别和回归模型中，本书通过逐步选择的方法，以 $P < 0.1$ 作为显著性标准，选择最终变量。并通过因素贡献度方法来分析两类模型中的异同点，贡献度分析方法采用 Gupton 和 Stein(2002) 的贡献度 (RW) 方法：

$$\mathrm{RW}_i = \frac{|\beta_i|\,\sigma_i}{\sum\limits_{i=1}^{n}|\beta_i|\,\sigma_i}, \quad i = 1, 2, \cdots, n \qquad (11.3)$$

其中 β_i 为第 i 个解释变量的系数估计值，σ_i 为第 i 个变量的样本标准差，n 为解释变量的个数。最终综合极端零回收判别和非极端有回收的回归分析模型变量的异同点。

11.2.2 实证结果

1. 零回收模型结果分析

本部分根据公式 (11.1) 给出极端零回收的判别结果，极端零回收的回收率取值为 0，是离散数值，把其归为 0 类，其他为 1 类。通过分类，其一可提高模型统

计拟合效果；其二可研究影响零回收关键因素，为当前处置提供方案；其三对未来拍卖和收购贷款，给出价格参考。由于数据结果部分保密需求，本书不直接提供影响因素系数估计值，通过正负关系、贡献度以及判别精度，也可以较全面地分析自变量和因变量间关系，如表 11.1、表 11.2 和图 11.1 所示。

表 11.1　分类估计结果

原始分类	0	1
0	75.6%	24.4%
1	17.4%	82.6%

表 11.2　极端零回收相关关系

自变量	变量正负相关性和显著性
地区	$-^{***}$
行业	$-^{*}$
经营现状 · 关闭	$+^{***}$
经营现状 · 破产	$+^{***}$
工商登记状态 · 吊销	$+^{**}$
Ln(协议转让金额)	$+^{*}$
担保方式 · 抵押	$-^{**}$
五级分类 · 损失	$+^{***}$
五级分类 · 可疑	$+^{***}$

注：*，**，*** 分别表示的是在逐步回归最后一步中该变量显著性 P 值小于 0.1, 0.05, 0.01

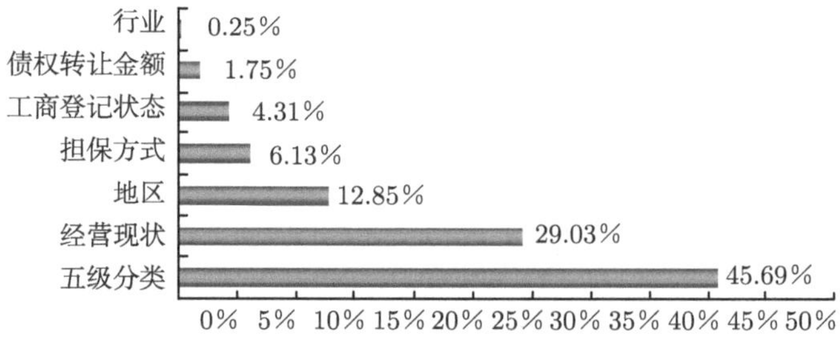

图 11.1　各因素判别贡献度百分比图

由表 11.1 的预测结果看出，零回收债务人的分类正确率达到了 75.6%，有回收债务人的分类准确率达到了 82.6%，因此建立在 logistic 判别模型基础上的影响因素分析是可靠的。

通过表 11.2 和图 11.1 可进一步分析各因素的正负关系和贡献度：

五级分类：从表 11.2 可以看出，入选零回收判别模型的显著变量是损失类和可疑类贷款，且相关关系为正，说明若分属这两类贷款，零回收判别的概率会明显提高，因此对这两类贷款，在处置回收中以批量、快速为主；从图 11.1 可以看出，五级分类指标中入选的可疑和损失类贷款共对零回收模型的判别贡献度为 45.69%，可见五级分类指标对零回收资产管理、拍卖和处置应作为首要要素。

经营现状因素：债务人经营现状在本模型中可起到描述债务人财务状况的替代指标。在其他条件相同的情况下，经营状况越好，现金流越充足的企业越有可能获得高的回收率。从表 11.2 可以看出，入选零回收判别模型的经营现状的变量是关闭和破产，这两个状态在贷款人经营中也属于较差的情况，相关关系为正，说明分属这两类的贷款零回收的概率增加；从图 11.1 可以看出，经营现状这一指标的贡献度也非常高，近 3 成的贡献度排名第二，说明在缺少不良贷款债务人财务报表情况下，经营现状不失为一个较好的替代指标。

地区、行业因素：地区、行业因素与违约回收率有紧密联系。对银行而言，信贷发放、管理和处置中都应关注贷款的投向区域、行业，并可结合该地区、行业的经济因素、周期和法律环境等多方面条件，对贷款进行针对性监督。在本书中，地区和行业因素为避免过多的示性变量，采用的地区和行业均值的方式，从表 11.2 可以看出，相关关系都为负，即该地区或行业的回收情况越好，零回收的判别概率越低，这与经济管理的直观意义是相符的，也为今后贷款投向提供了方向；从图 11.1 可以看出，在我国对不良资产回收率的影响地区因素的重要性远大于行业因素，这与美国的经验是相悖的，这与我国地区经济、法律环境差异较大，地区发展不均衡直接相关。

担保方式因素：信用类贷款无实际押品，回收率最低；担保类贷款以担保人信用为基础，回收有所提高；抵质押类贷款以债务人实物资产为抵押，风险规避效果较好。从表 11.2 和图 11.1 可以明显看出，抵押类的贷款在零回收判别中概率明显降低，贡献度也较大，因此采用实物资产为押品对风险管理有明显效果，但需注意抵质押品的时间效应，某些抵质押品随时间流逝可能会出现较大价值贬损。

2. 非零回收模型结果分析

本部分针对非零回收率模型，根据公式 (11.3)、公式 (11.4) 给出显著的影响变量、正负相关关系、变量贡献度和模型估计精度，通过研究发现，非零回收的回归模型显著变量比极端零回收大大增加，这是因为非零回收取值为连续型，且更复杂、多样化，需要更多的变量才能准确地给出估计值。具体结果如表 11.3 以及图 11.2、表 11.3 所示。

图 11.2 给出了线性回归的残差估计情况，通过残差频率分布直方图来看，近七成样本的残差在 ±0.2 以内，说明模型具有较好的预测效果，为后续分析变量的显著性打下坚实基础。

表 11.3　非零回收相关关系

自变量	变量正负相关性
Ln(注册资本)	+**
地区	+***
行业	+*
经营现状 · 关闭	−**
经营现状 · 破产	−***
经营现状 · 破产终结	−***
Ln(协议转让金额)	−***
本金/协议金额	+**
债券转让 · 政策性接受	−**
担保方式 · 抵押	+**
担保方式 · 保证	+**
处置时长	−*
五级分类 · 关注	+*
五级分类 · 可疑	−**
五级分类 · 损失	−**

注：*，**，*** 分别表示的是在逐步回归最后一步中该变量显著性 P 值小于 0.1, 0.05, 0.01

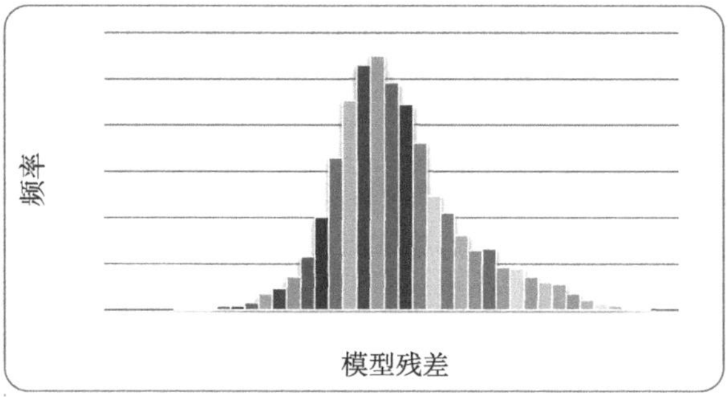

图 11.2　模型残差分析图

通过表 11.3 和图 11.3 可进一步分析各因素的正负关系和贡献度。

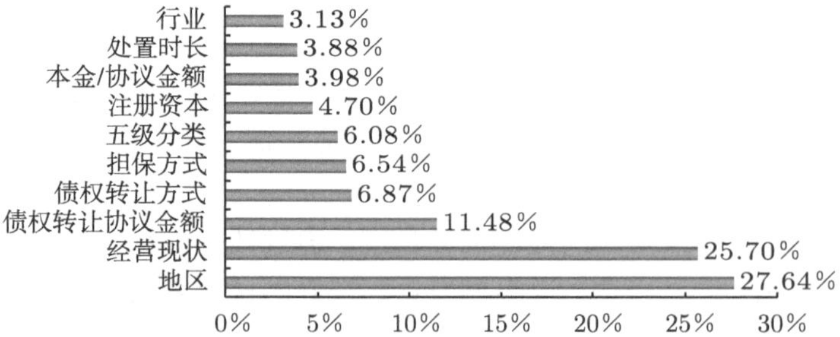

图 11.3　各因素回归贡献度百分比图

地区、行业因素：地区、行业均值的增加与该地区债务人的回收率水平正相关，但地区因素的贡献度要远强于行业因素，这与国外有所不同。国外发达国家的地区差异不显著，而我国则十分明显，因此地区因素在我国的不良资产回收率模型的贡献度极高，在风险管理中要尤为关注。另一个需注意的是，地区变量在零回收和非零回收模型中发挥着重要作用，应作为全模型框架中最重要因素之一。

经营现状因素：经营状况因素在非零回收模型中贡献度仍排名第二，凸显该指标的重要性。由表 11.3 可以看出，尤其对经营状况较差的债务人，例如处于关闭、破产或破产终结状态的债务人，回收率的下降是很明显的，更应进行密切监控；进一步地，在银行业放贷中，对经营状态较差的企业，应及时关注其各项财务指标，从而避免更大损失。

债权转让协议金额因素：违约风险暴露在是否零回收中不是显著变量，但却直接影响有回收模型中回收率水平的高低。从表 11.3 可以看出，高的转让金额与最终回收负相关，高违约暴露的不良贷款损失率高是普遍现象。这也可追溯到银行业放贷时，贷款规模是否与公司的资产规模相匹配，较小规模的企业却获得较多的贷款，这往往是违约的根源之一。

担保方式因素：担保方式作为在判别模型和回归模型中都有重要贡献度的变量，应重点关注。无论对银行还是资产管理公司，要追踪的不仅仅是有无抵押品，更重要的还要监控抵押品的时效性，一方面，如设备类的抵押品往往容易贬值；另一方面，如房产类的抵押品在我国随宏观效应变化明显，甚至往往呈现价值提升的情况。

3. 两个模型影响因素贡献度结果分析

综合分析以上两个模型，各类影响因素既有相似点，也有明显差异，大致的结论如下。

1) 相似点

经营状况是影响回收率的最重要因素之一。经营状况的好坏对资产管理公司而言，类似于财务指标的替代。对资产管理公司而言，经营状况能最直接影响债务人的还款意愿；对银行而言，关注经营状况较差债务人的财务指标，有利于及时规避可能造成的贷款损失。

地区因素是须给予重点关注的变量。在两个模型中，地区因素都是以省份为单位引入的，正如本书之前所讨论的，我国大的行政区域划分中，往往某些省份的经济、法律和行政等情况与其他的差异明显，因此清收处置时应以省级单位为依托。在两个模型中地区、行业两个变量的符号表面上是相反的，其实质是一致的。在零回收判别模型中它们的符号为负，这是因为在零回收模型中的负相关是指该地区、行业均值越大，判为零的概率越小，在有回收模型中它们的符号为正，是指地区、行业均值越大，该地区、行业的债务人回收值越高。

五级分类的重要性。五级分类在两个模型中都表现出较强显著性，对商业银行和不良资产管理公司而言，无论风险控制还是清收处置，都发挥着明显的判别分类和回归估计的功效。

担保方式也是影响回收率的较为重要因素之一，最终应建立专门的抵质押品监督体系。

2) 差异点

其一，两个模型最终入选的变量有明显差异，相比较而言，非零回收模型的显著变量要明显多于极端零回收模型，这是因为有回收的贷款差异性较大，需更多变量描述才能提高模型拟合度，而零回收贷款则很大程度上表现为同质性，这种同质性某种程度也可简化零回收贷款的处置和管理。

其二，两个模型即使是相同变量，但其贡献度也有明显差异，如五级分类因素，虽然在两个模型中都显著，但在零回收判别模型中，贡献度接近一半，而有回收模型却仅有 6.08%，大大减少了，因此在区分出有回收和无回收贷款之后，应根据各自模型的显著变量和贡献度来管理和处置贷款，才可更进一步地提高经营效率。

11.3　商业银行贷款回收率全模型构建

相对于本书围绕的核心 —— 资产管理公司不良贷款的清收、处置历史以及资产管理公司的回收率模型，本书尚未对商业银行的回收率影响因素、模型和结果进行分析，为了更进一步地对比资产管理公司回收率与银行贷款回收率模型间的差异，本章将首先研究商业银行回收率的影响因素和模型。本节的基本思路是通过全样本判别模型、非极端样本模型和组合模型建立违约损失率的模型簇，形成了商业银行违约贷款 LGD 估计的完整模型簇，从而提升了 LGD 估计的可靠性。通过分析影响因素确定建模的自变量，利用决策树针对全样本建立极端回收情况的判别模型; 针对非极端样本，建立 Logit 变换、Beta 正态逆变换、WOE 变换等点估计模型和广义 Beta 分布估计模型，并结合点估计和分布估计模型的优点建立组合模型。模型簇示意如图 11.4 所示。

11.3.1　全样本判别模型

本节选取中国某大型商业银行 1995~2012 年的违约贷款 2309 笔，该数据周期较长，同时几乎涵盖所有的区域、行业，具有较强的代表性。这些贷款主要是一诉讼处置为主从诉讼原因来看，由于不愿意还款而被起诉的占比很大，起诉后的回收率很高，说明诉讼处置对于还款意愿差的企业能起到较大的作用，同时也说明诉讼处置不良贷款的特殊之处。诉讼原因的具体分析，如图 11.5 所示。

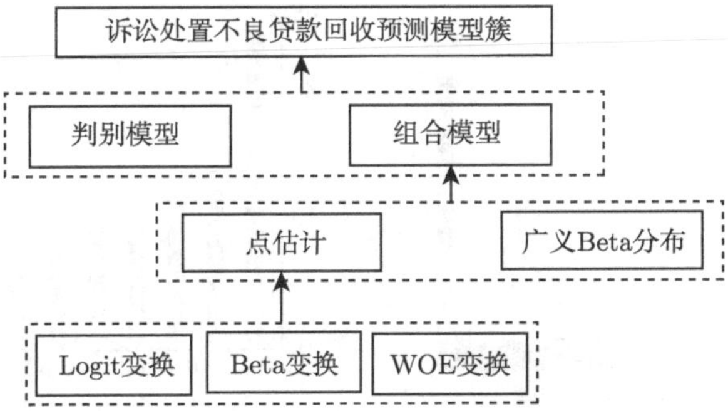

图 11.4 模型簇示意图

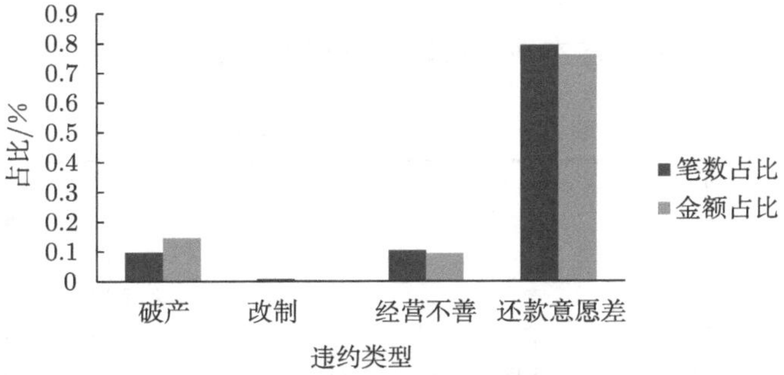

图 11.5 诉讼原因分析

该数据中已有判决结果的 2024 笔，占比 87.66%，由于数据缺失比较严重，只有 509 笔不良贷款有详细的回收信息。根据贷款发放额 (a_1)、利息 (a_2)、收回金额 (a_3)、发生费用 (a_4) 等信息计算 LGD，如式 (11.4) 所示。

$$\text{LGD} = (a_3 - a_4)/(a_1 + a_2) \tag{11.4}$$

根据每笔贷款的 LGD 求其平均回收率，达到 73.87%，低于学术界研究的银行整体贷款回收率 (80%)，高于债券的整体回收率 (65%)，远高于资产管理公司不良贷款回收，可见商业银行刚发生违约的贷款整体回收状况要远好于转让给资产管理公司的不良资产，不良资产逾期时间过长、资产抵押状况较差等多个原因造成了这样的差异。

根据计算出的 LGD 直方图，其总体分布呈现双峰，分布形状与美国有相似之处，但本分布的极值点在 0 和 1 附近，与美国在 0.2 和 0.8 附近有所不同。图 11.6 左图是诉讼处置不良贷款的分布，图 11.6 右图是利用中国资产管理公司相应的数据库 LossMetric 的数据的研究，两者虽然都服从双峰分布，极端值在 0 和 1 附近，但无论是分布的具体形状，还是极值点、极值占比等都存在较大的差别。

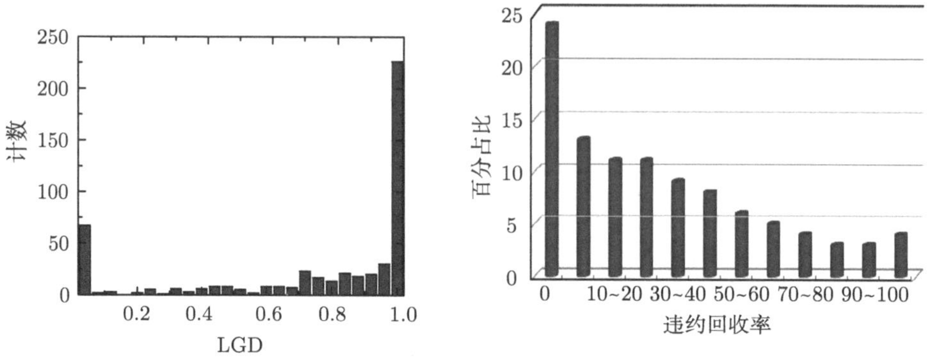

图 11.6 违约回收率分布

表 11.4 从笔数方面对样本地诉讼笔数进行了详细分析。

表 11.4 诉讼笔数统计情况表

是否判决	是								无
是否剥离	否							是	不适用
是否有贷款信息	是						否	不适用	不适用
回收情况	0 回收		全回收		部分回收		不适用	不适用	不适用
财务数据	有	无	有	无	有	无	不适用	不适用	不适用
笔数	10	54	108	89	74	174	647	868	不适用
小计	509，其中有财务数据的 192 笔贷款						647	868	285
合计	2309								

11.3.2 影响因素分析

由于商业银行违约贷款回收率的影响因素并不完全和资产管理公司不良资产的因素一致，因此需要对商业银行违约贷款回收率和影响因素之间的相关关系进行分析，本节是对影响商业银行贷款回收率的因素分析，由于数据和变量的限制，对因素的分析在大体上与资产管理公司保持一致的情况下，部分变量会有所不同。

1. 债务人影响因素

从债务人所在区域、所属行业、企业规模、经济类型、行业水平、产业政策和经营状况 7 个维度对债务人的影响因素进行分析。

1) 债务人所在区域

根据债务人的注册地划分为七大区域，按笔数和金额占比统计每个区域每笔债项的诉讼和回收情况。笔数占比最高的是华北、西北，最低的是华中、华南；金额占比最高的是东北、西南，最低的是华中、西北。零回收笔数占比最高的是华南、华东，最低的是华中、东北；全回收笔数占比最高的是华南、西北，最低的是华中、华东；平均回收率最高的西北、西南，最低的是华南、华中，如图 11.7 所示。

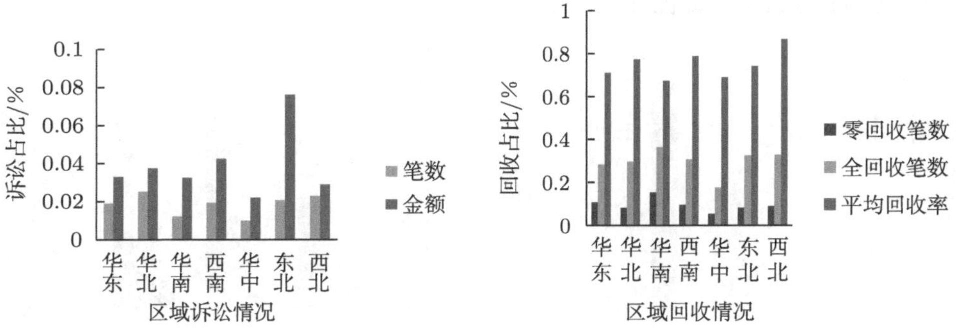

图 11.7 所在区域诉讼和回收分布

2) 债务人所属行业

从债务人所属行业来看，主要分布在农林牧渔、制造业等九个行业，制造业表现出高诉讼笔数、高诉讼金额的“双高”特征，这与制造业贷款基数较大有关；交通运输业表现为笔数多、金额少，而房地产业表现出笔数少、金额大的特点。零回收笔数占比最高的是居民服务行业和农林牧渔行业，最低的是电力、燃气及水行业与批发和零售行业；全回收笔数占比最高的是电力、燃气及水行业和房地产，最低的是批发和零售行业和居民服务行业；平均回收率最高的是电力、燃气及水行业和居民服务行业，最低的是批发和零售行业及农林牧渔行业，如图 11.8 所示。

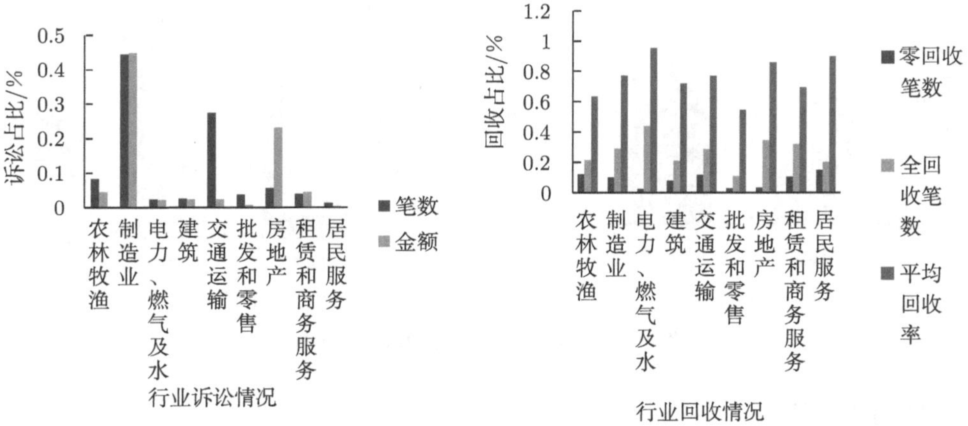

图 11.8 所在行业诉讼和回收分布

3) 企业规模

小型企业诉讼笔数最多，占比 81%；中型企业诉讼金额最多，占比 43%；大型企业的笔数和金额占比都较小，但单笔金额最大。大型企业零回收笔数占比最高，全回收笔数占比、平均回收率最低，中型企业零回收笔数占比最低，全回收笔数占比、平均回收率最高，如图 11.9 所示。

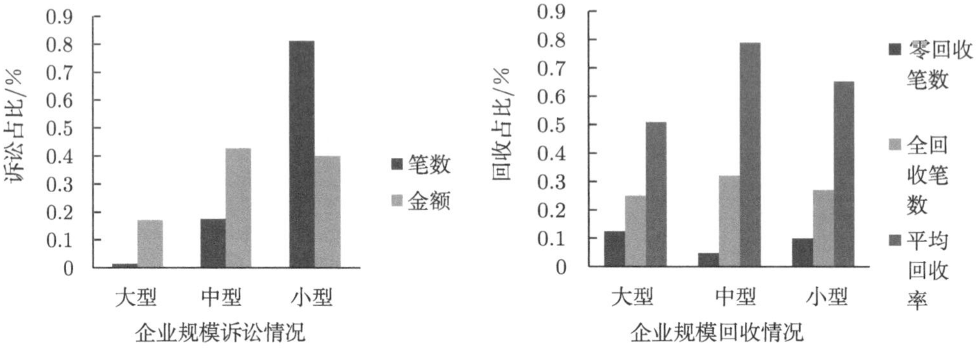

图 11.9 企业规模诉讼和回收分布

4) 经济类型

无论笔数和金额占比，非国有企业都比国有要多，这与非国有企业的基数较大有关，同时也可能存在一些地方政府对国有企业保护的现象，使诉讼无法进行。从回收的情况来看，非国有企业的回收情况总体要优于国有企业的。如图 11.10 所示。

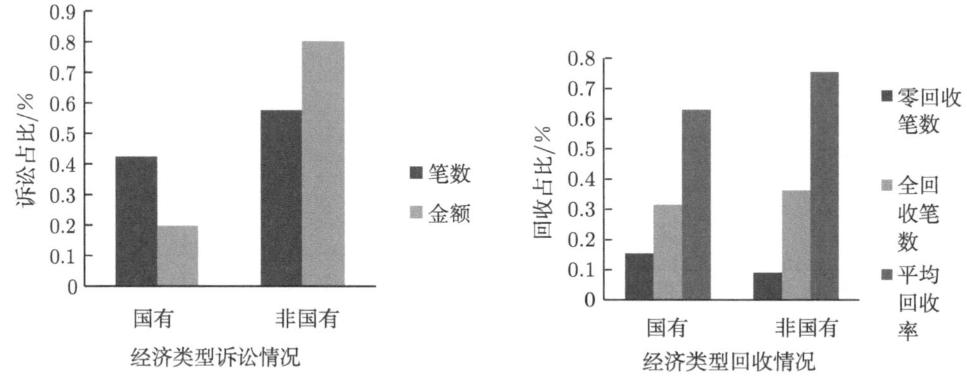

图 11.10 经济类型诉讼和回收分布

5) 行业水平

行业水平是指该企业在行业中所处的整体水平，是技术、管理、人力和设备等的综合指标，分为优、好、中、差。诉讼笔数、诉讼金额、平均回收率按照企业所处行业水平高低呈现严格的单调趋势；零回收和全回收笔数占比总体上还是一种单调的趋势。如图 11.11 所示。

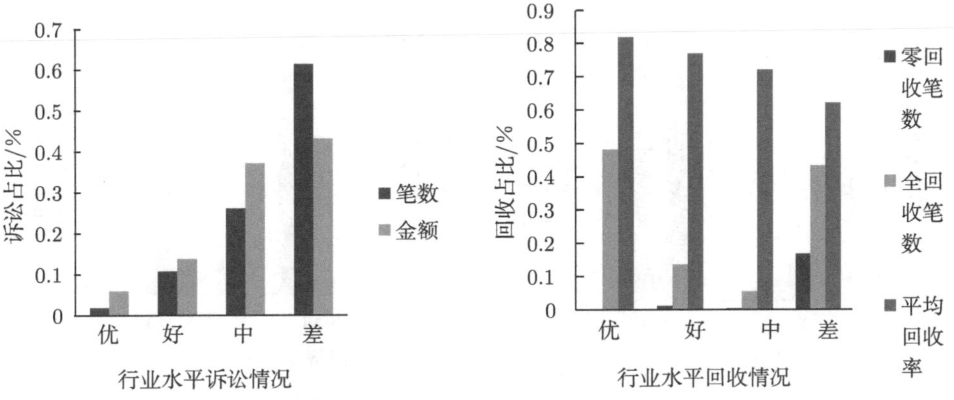

图 11.11 行业水平诉讼和回收分布

6) 产业政策

产业政策包括支持、鼓励、竞争、保护、限制、淘汰等，把产业政策合并为支持和鼓励、限制和淘汰、其他三种类型。根据图 11.12 可以看出，诉讼主要集中在支持和鼓励、限制和淘汰两个极端，说明产业政策对 LGD 影响比较显著，但对产业政策的管理要慎重，特别是对于支持和鼓励的，要严防道德风险。

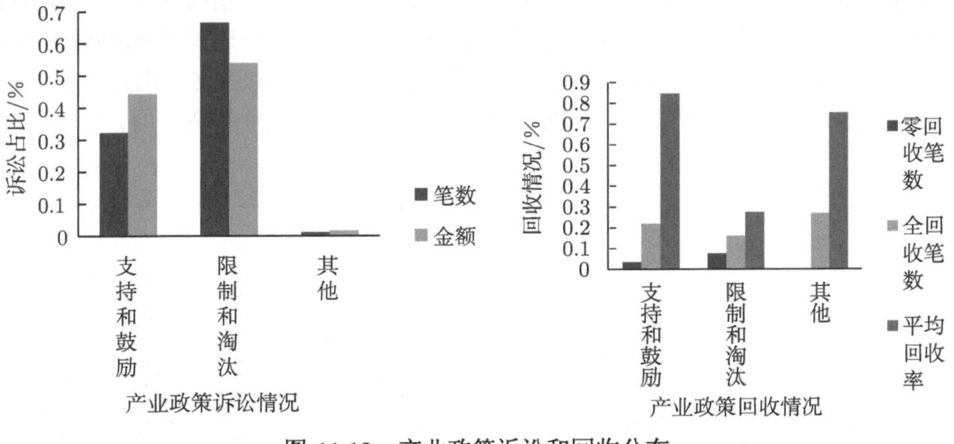

图 11.12 产业政策诉讼和回收分布

7) 经营状况

把企业的经营状况分成盈利和非盈利两个状态，非盈利企业的表现明显弱于盈利企业，但盈利的企业的诉讼笔数占比为 15%，金额占比为 7%，在贷后管理中对于盈利企业的监控可以弱一些，但也不能忽视其风险。如图 11.13 所示。

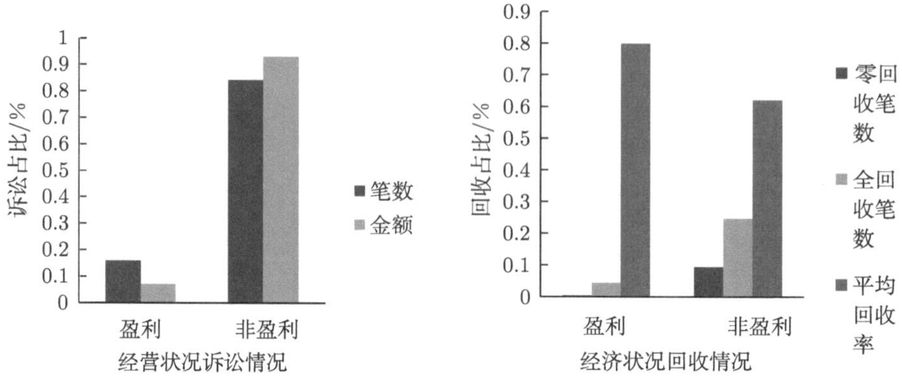

图 11.13　经营状况诉讼和回收分布

2. 债项影响因素

对 509 笔债项按五级分类、贷款期限、担保方式、借款用途四个维度统计以上 5 个指标。

1) 五级分类

由于诉讼类的贷款都是不良贷款，其五级分类只有次级、可疑和损失三类，从诉讼情况来看，可疑类的贷款占比最大，次级最小；从回收情况来看，可疑类贷款最好，损失类最差，说明对可疑类贷款及时通过法律手段还是能起到较好的效果，损失类贷款的作用相对最差，次级类贷款诉讼后的平均回收率也是非常高的，在人力有限的情况下，可以加大次级贷款、减少损失贷款的诉讼力度，如图 11.14 所示。

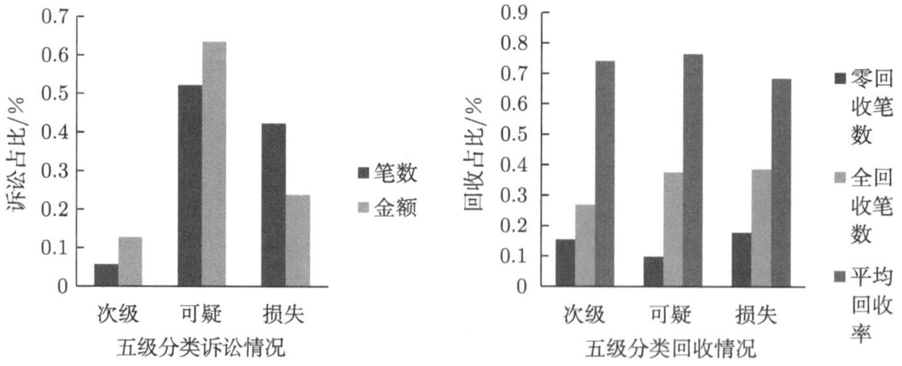

图 11.14　五级分类诉讼和回收分布

2) 贷款期限

贷款期限分短期、中期、长期，短期贷款诉讼笔数和金额都是最多的，但平均单笔金额最多的是中期贷款，长期贷款笔数和金额都最少，这跟长期贷款本身就比较少有关，如图 11.15 所示。

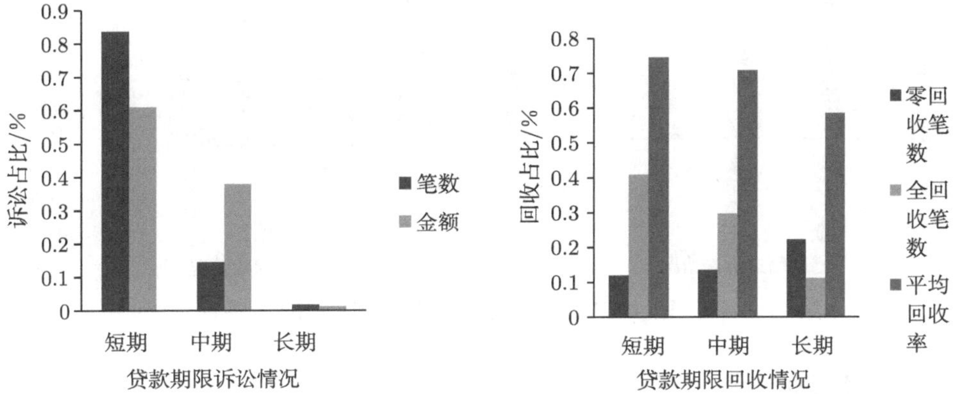

图 11.15 贷款期限诉讼和回收分布

3) 担保方式

如果一笔贷款有多种担保方式，则采用担保比例最大的担保方式，分为信用、保证、抵押、质押四种。抵押类笔数和金额占比都最大，这是由于抵押物的处置一般要通过法律手段才能进行，诉讼后效果也比较好，平均回收率达到 81%；而质押物流动性较好，也易于处置，一般不需要法律手段，其平均回收率为 83%；信用和保证类的笔数、金额占比属于中等水平，但诉讼后的效果相对较差，特别是信用类的最差，如图 11.16 所示。

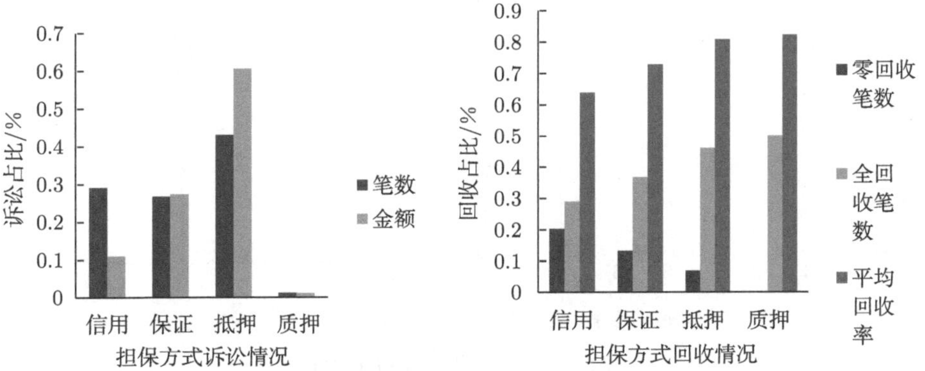

图 11.16 担保方式诉讼和回收分布

4) 借款用途

借款用途分成新增贷款、借新还旧和债务重组三类，其规模和诉讼占比依次递减，平均回收率是依次递增的，如图 11.17 所示。

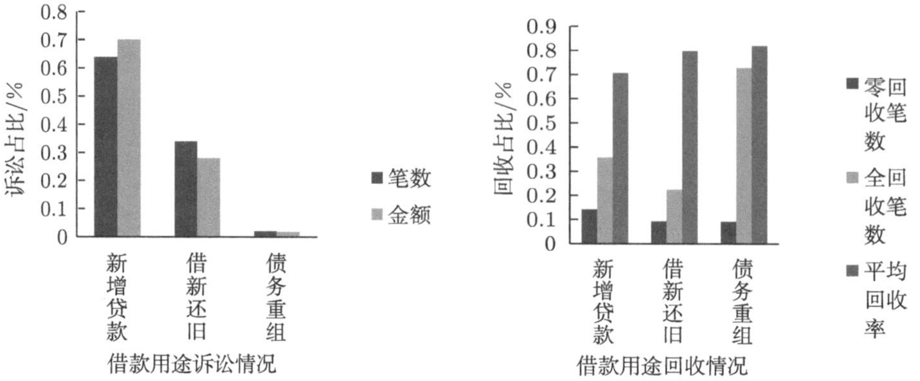

图 11.17 借款用途诉讼和回收分布

3. 财务影响因素

相对于资产管理公司的债务人比较缺乏财务指标，商业银行的违约债务人具有比较丰富的财务数据。对于短期贷款采用贷款发放时的财务报表，中长期贷款采用违约前一年的财务报表。根据财务数据构造了资产负债比、有息负债比、已获利息倍数、速动比率、不良资产比、销售毛利率、息税前利润、总资产周转率、存货周转率、固定资产周转率、总资产、所有者权益共 12 个财务指标。通过分析，发现财务指标与 LGD 没有明显的相关性，这可能与样本量较小，同时此类企业的财务数据已经很难反映企业的真实情况了。部分指标 (速动比率和销售毛利) 与 LGD 的关系如图 11.18 所示。

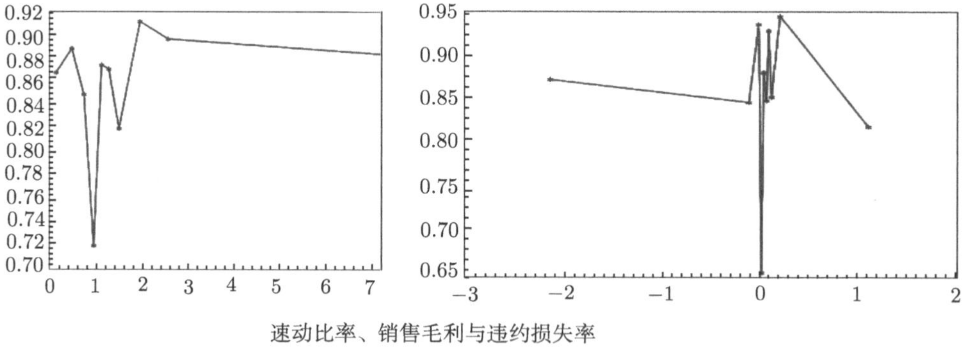

图 11.18 财务指标与 LGD

通过对三大类指标，11 个定性变量和 12 个定量财务指标和违约回收率分布的分析，说明了商业银行诉讼处置不良贷款 LGD 单独建模的必要性，其影响因素的定性分析也为建模提供了依据。由于财务指标没有显著的关系，建模时不予考虑，对这些变量进行变换，生成 20 个哑变量。

11.3.3 全样本判别模型构建

1. 极端回收判别模型

由于全回收和 0 回收占比很高，如何事先判断两种极端情况，对于决定是否起诉及起诉后的执行措施都非常重要。为此，首先对全样本采用决策树法建立判别模型，区分 0 和 1 的极端情况。

按照 LGD 的大小把 LGD 分成 0、(0, 0.5)、[0.5, 1)、1 四个级别区间，用 1、2、3、4 代表 4 个级别。采用 SPSS C5.0 决策树模型，级别为因变量，20 个哑变量为自变量。预测变量的重要性依次为行业水平、经济类型、所在区域、担保方式等。从模型分类矩阵来看，准确率最高的是 [0.5, 1)，为 84.85%；其次是全回收的，为 81.73%；再次为 0 回收的，为 58.73%；最差的是 (0, 0.5)，为 56.86%。四个区间的准确率都在 56% 以上，最高的是 85%，表明该模型的效果还是比较好的。极端回收的判别准确率达到 77.6%，如图 11.19 的增益评估图所示。

	$C-lgdclass			
lgdclass	1.0	2.0	3.0	4.0
1.0	37	1	15	10
2.0	4	29	10	8
3.0	6	4	168	20
4.0	8	4	24	161

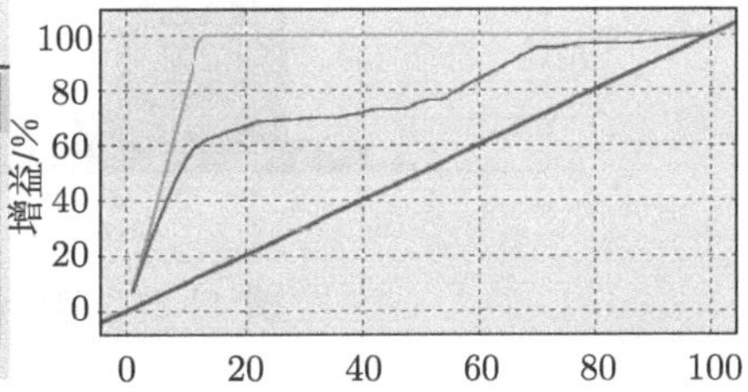

图 11.19 模型分类矩阵及增益评估图

2. 非极端样本模型

在 509 个样本中，0 回收的 63 个，全回收的 197 个，部分回收的 249 个。为了建立非极端样本的有效模型，本部分采用点估计、分布估计分别建模。

1) 点估计模型

非极端样本回收率不服从正态分布 (图 11.20)。为了建模的方便，对 LGD 进行 Beta 正态逆变换和 Logit 变换，变换后的结果基本符合正态分布，如图 11.21 所示。

用 SPSS 进行建模，变换后的 LGD 作为因变量，用代表债务人影响因素的 7 类指标和债项影响因素的 5 类指标构造的 20 个哑变量作为建模的自变量，通过逐步回归的方法筛选变量，得到各自的线性回归方程，其中 Y 表示因变量 —— 回收率，X_i 表示各影响回收率的因素，即自变量。

Beta 正态逆变换后的线性回归方程如式 (11.5) 所示。

$$Y = 1.652x_1 - 1.529x_2 - 0.5167x_3 + 0.522x_4 - 1.504x_5 + 0.483x_6 - 1.264 \tag{11.5}$$

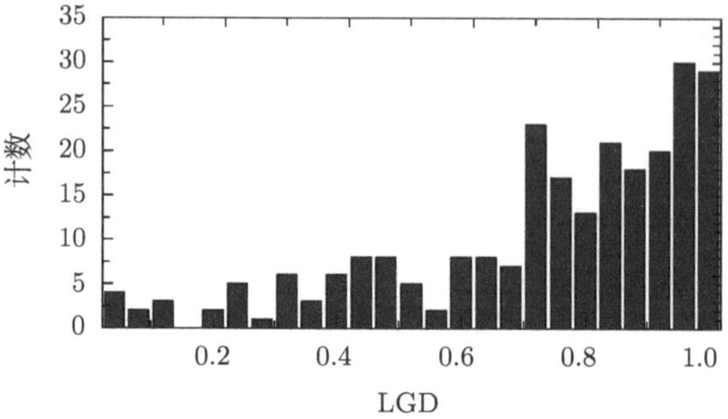

图 11.20　非极端样本回收率分布

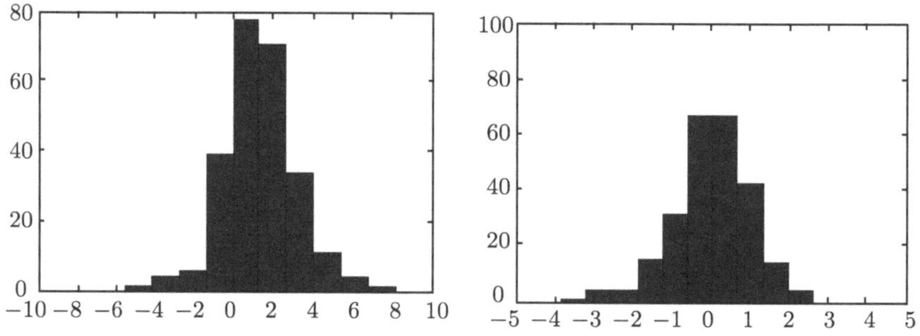

图 11.21　Beta 正态逆变换和 Logit 变换

Logit 变换后的线性回归方程如式 (11.5) 所示。

$$Y = 2.848x_1 - 2.725x_2 - 0.909x_3 + 0.899x_4 - 2.479x_5 + 0.826x_6 - 0.861 \qquad (11.6)$$

式中 x_1 为所在区域 LGD 均值；x_2 为大型企业；x_3 为经济类型国有；x_4 为行业水平中等；x_5 为担保方式抵押；x_6 为五级分类损失。

两个模型的解释变量完全一样，符号也符合实际情况，其系数的大小比例也是基本一致的，表明这两个模型之间具有非常高的一致性。为了更好地验证点估计模型，并验证模型的鲁棒性，引入 WOE 变换建立新的点估计模型。

WOE 变换的核心思想是把 LGD 变成 0、1 变量，进而对原自变量进行分类和处理，再建立预测模型。简要作法为：把数据复制 100 份，因变量 LGD 乘 100，把 LGD 变成 0，1 变量，如 LGD 为 0.65，100 份中有 65 个 1，35 个 0；对自变量计算 WOE 值和 IV 值，根据 IV 值筛选自变量。进行变换、计算和筛选后，上述 6 个变量都符合候选变量的条件。用这 6 个变量变换后的值作为自变量，变换的 LGD 作为因变量，通过 SPSS 的逐步回归建立模型，模型的准确率达到 73.48%，结果如式 (11.6) 所示。

$$Y = 0.835\text{WOE}_1 + 0.608\text{WOE}_2 + 0.895\text{WOE}_3 + 1.095\text{WOE}_4 + 0.905\text{WOE}_5$$

$$+ 0.716\text{WOE}_6 - 0.915 \tag{11.7}$$

其中，WOE_1，WOE_4，WOE_6 为正；WOE_2，WOE_3，WOE_5 为负，转换后变量的符号与实际情况相符。

分别对三个模型的预测值与实际值做差，绘制差值的直方图，如图 11.22 所示。三个分布基本服从正态分布，在 $(-0.1, 0.1)$ 内的值占绝大多数，但相比来说 WOE 变换落在该区间的值最多，Beta 正态逆变换次之，Logit 变换最少。三个模型各有优劣，WOE 的准确度虽然较高，但右偏比较严重，Beta 正态逆变换和 Logit 变换的预测结果较为接近，能够相互验证。

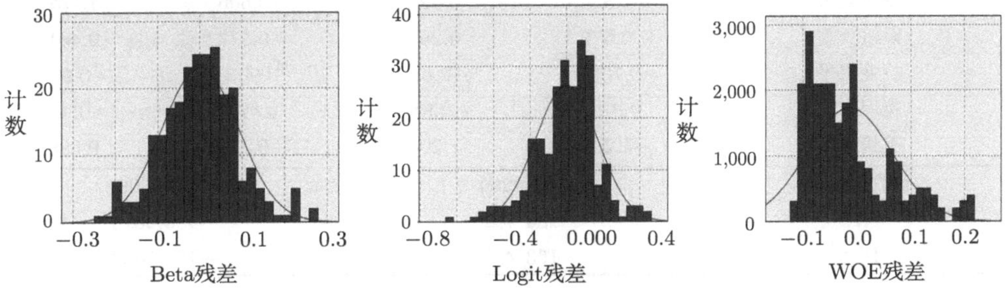

图 11.22　三个分布差值直方图

2) 广义 Beta 分布估计模型

点估计模型只能对 LGD 进行点估计，无法描述 LGD 的分布，不能满足新资本协议计算经济衰退情况下 LGD 的要求，广义 Beta 回归不但可以给出 LGD 的分布，而且还可以给出均值、方差、区间估计乃至更详尽的损失情况。由于广义 Beta 回归中含有非线性变换，太多的候选变量会造成拟合参数不收敛，选择合适的候选变量是广义 Beta 回归的基础。通过绘制在各个影响因素限制下的 Beta 分布图，作为广义 Beta 回归模型参数选择的参考。均值、方差差异越大，形状区别越明显，则引入该变量，点估计模型中 6 个变量的 Beta 分布图，均表现出显著的特征，可以作为广义 Beta 分布的自变量。经济类型、企业规模的 Beta 分布如图 11.23 所示。

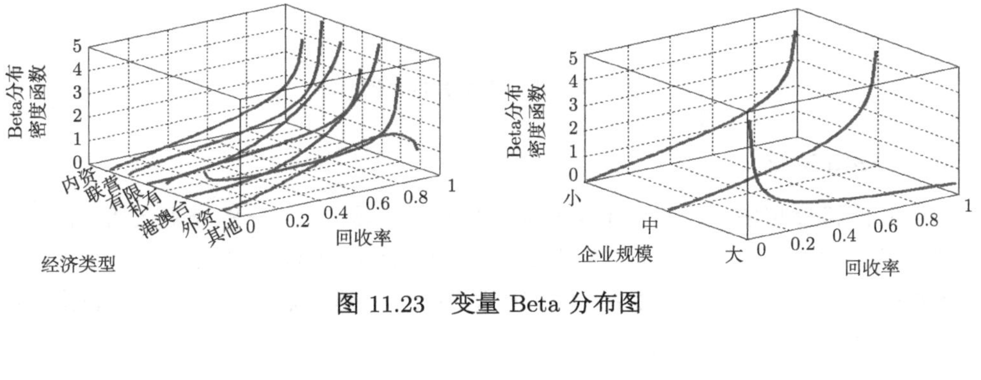

图 11.23　变量 Beta 分布图

LGD 为因变量，上述 6 个变量为自变量，利用 Matlab 的无约束最优化函数 Fminunc 和 Fminsearch 分别建立模型，用 AIC 和 BIC 作为模型优劣判别的依据，从表 11.5 可以看出两种方法的效果都是可以接受的，但 Fminunc 方法更优。

表 11.5　广义 Beta 分布的拟合结果及效果

变量	Fminunc 方法		Fminsearch 方法	
	α_{ti}	β_{ti}	α_{ti}	β_{ti}
常数项	−0.739	0.156	−0.345	−3.295
所在区域 LGD 均值	2.099	−1.498	1.442	3.328
企业规模	−1.838	0.521	−0.506	1.162
经济类型	−0.679	0.299	−0.577	0.461
行业水平	0.769	−0.682	0.905	−0.909
担保方式	0.822	−0.988	0.675	−0.413
五级分类	−1.283	1.208	−0.772	0.685
对数似然比	−98.4264		−82.6009	
AIC	−184.8528		−153.2018	
BIC	−163.7481		−154.1669	

把广义 Beta 预测的均值作为预测值，与真实值作差，对差值作直方图，从图 11.24 可以看出，广义 Beta 回归的预测均值与真实损失率的差值结果大部分都在 $(-0.1, 0.1)$ 内，稍微右偏，可见广义 Beta 回归方法不仅挖掘了损失率的更多信息，而且也保持了较高的预测精度。

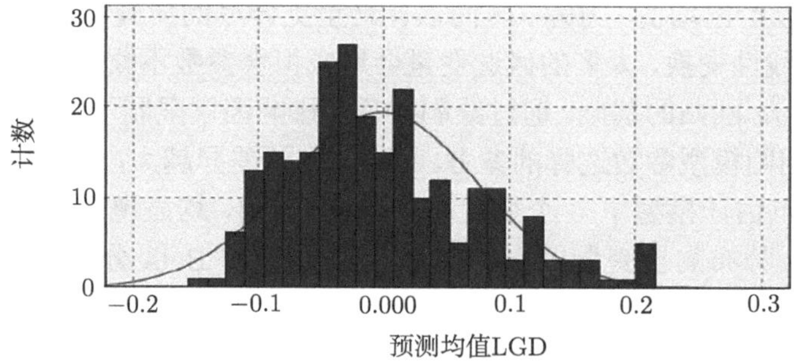

图 11.24　残差值直方图

11.3.4　组合模型

点估计和分布估计是研究 LGD 的两类重要工具，以上分析表明点估计的三个模型和广义 Beta 分布模型都能够很好地估计 LGD，但前人的大量研究往往都是把这两种方法割裂开来，能否结合两类模型的优点，建立点估计模型和分布模型的统一框架是本书研究的重点之一。

1) 模型分析

对四个模型预测的结果进行相关性分析，其中均值作为广义 Beta 回归的预测结果，其相关性矩阵如表 11.6 所示。由相关性矩阵可知各个模型的预测结果都是正相关的，说明这几个模型的预测结果具有较好的一致性。其中 Logit 变换与 Beta 正态逆变换相关性最大，达到了 0.971；WOE 变换与其余模型间的相关性最小，也在 0.53 以上。特别是广义 Beta 回归的分布模型与点估计模型保持了很高的相关性，其中与 Logit 变换、Beta 正态逆变换的相关系数都超过了 0.93。由相关性矩阵还可以看出，WOE 变换作为一种新的方法，虽然能够提高模型的预测精度，但由于其右偏以及与其他模型之间的相关性相对较差，目前还没有成为业界的主流模型。

表 11.6　模型预测结果相关性矩阵

模型	Logit 变换	Beta 变换	WOE 变换	广义 Beta
Logit 变换	1	0.971	0.533	0.938
Beta 变换	0.971	1	0.558	0.976
WOE 变换	0.533	0.558	1	0.579
广义 Beta	0.938	0.976	0.579	1

2) 组合模型构建

为了实现更好地预测效果，结合点估计和分布估计模型，用最小预测误差平方和为目标函数构造线性组合预测模型。如式 (11.8) 所示。

$$
\begin{aligned}
&Y_{\text{组合}} = w_1Y_1 + w_2Y_2 + w_3Y_3 + w_4Y_4 \\
&\text{st.} \\
&w_1 + w_2 + w_3 + w_4 = 1 \\
&w_1 \geqslant 0, w_2 \geqslant 0, w_3 \geqslant 0, w_4 \geqslant 0
\end{aligned}
\tag{11.8}
$$

采用 Matlab 有约束条件的最优化函数 fmincon 构建组合模型，其结果如式 (11.8) 所示。

$$
Y_{\text{组合}} = 0.122Y_2 + 0.686Y_3 + 0.192Y_4 \tag{11.9}
$$

式中 Y_2 表示 Beta 变换，Y_2 表示 WOE 变换，Y_2 表示广义 Beta 变换，组合模型中 Logit 变换系数为，未进入组合模型，因为该模型与 Beta 正态逆变换具有很高的正相关性，其相关系数为 0.97，同时 Beta 正态逆变换的效果较 Logit 变换要好一些；WOE 变换占比最高，系数为 0.6859，其次是广义 Beta 变换，再次是 Beta 正态逆变换。

3) 组合模型效果检验

采用非极端样本对组合模型的效果进行检验，结果表明组合模型具有较好的效果。对五个模型预测的结果求其均方误和偏度，如表 11.7 所示。

表 11.7 模型预测效果对比

	均方误 (MRSE)	偏度 (Skewness)
Logit 变换	0.05609	0.228
Beta 变换	0.05295	0.143
WOE 变换	0.04770	−0.864
广义 Beta	0.05120	0.154
组合模型	0.04676	−0.131

从表 11.7 可以看出，首先，组合预测的均方误最小，具有最好的精度；其次，通过组合预测，修正了各种方法估计值的有偏现象，WOE 变换的残差结果偏右，Beta 正态逆变换的残差结果偏左，通过组合预测可修正残差的偏向性；再次，通过点估计和分布估计模型的结果对比以及组合预测模型的构建，建立了点估计和分布估计的统一框架，使两种方法既能相互验证，又能相互补充。

11.3.5 模型簇效果分析

基于以上各小节的全样本判别模型、非极端样本模型和组合模型，我们可以得到诉讼处置不良贷款的模型簇，其工作流程如图 11.25 所示。

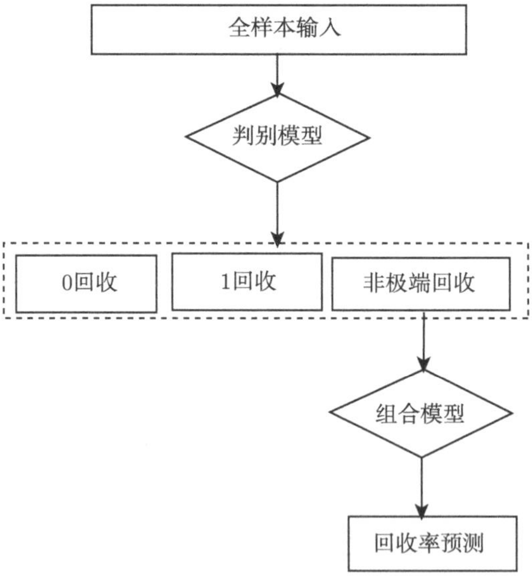

图 11.25 模型簇工作流程

组合模型是利用非极端样本构建的，但在实际使用时，由于全样本判别模型的误判，主要是极端判断为非极端，需要组合模型对这些极端值进行处理。采用误判样本检验组合模型时，主要看组合模型与极端值接近的程度，具体是用组合模型对误判为非极端的极端值进行计算，统计 LGD 的均值、最小值和最大值，如表 11.8

所示。极端值为 1 误判为非极端的有 36 个，采用组合模型计算的均值为 0.857，与 1 比较接近，最小值为 0.497，最大值为 0.915；极端值为 0 误判为非极端的有 26 个，均值为 0.136，最小值为 0.039，最大值为 0.654，说明组合模型的效果还是较好的。

表 11.8 极端值误判情况

极端值	个数	均值	最小值	最大值
1	36	0.857	0.497	0.915
0	26	0.136	0.039	0.654

对非极端判断为极端的，统计真实 LGD、组合模型预测 LGD 的均值、最小值和最大值，如表 11.9 所示。判断为 1 的有 28 个，其均值为 0.79，与 1 比较接近，最小值为 0.49，最大值为 0.97，采用组合模型判断的均值为 0.84，最小值为 0.55，最大值为 0.99，同样分析判断为 0 的情况，结果都表明组合模型的效果对于非极端误判的情况也能很好的适用。

表 11.9 非极端值误判情况

判断为极端值	个数	均值		最小值		最大值	
		真实	预测	真实	预测	真实	预测
1	28	0.79	0.84	0.49	0.55	0.97	0.99
0	10	0.13	0.09	0.03	0.02	0.36	0.26

11.3.6 商业银行贷款回收率模型小结

在对影响因素分析的基础上采用决策树法建立了全样本判别模型；基于判别模型的自变量分别采用 Beta 正态逆变换、Logit 变换、WOE 变换建立了点估计模型和广义 Beta 分布模型；结合点估计模型和分布模型各自的优点建立了组合预测模型，并对以上模型形成的模型簇从工作流程和应用效果上进行了分析，这些模型的构建和应用方法虽然有相似之处，但由于商业银行和资产管理公司不良贷款形成的原因、回收率分析和影响因素等方面都存在差别，因此两类模型族间的存在明显的不同，11.4 节将针对这些不同点进行分析。

11.4 资产管理公司和商业银行回收率模型对比

11.2、11.3 两节讨论了资产管理公司和商业银行贷款回收率模型，本节将在此基础上，通过回收率分布、影响因素、模型和原因这四大方面，分析两者的异同。

从回收率分布而言，资产管理公司不良贷款和商业银行自身贷款的回收率分布整体都呈现出双峰 U 型分布，即 0，1 回收率值较高，这一点两者间有明显相似，且共同区别于国外的双峰钟型分布；但二者的 U 型分布细究起来仍有差别，最明显的差别在于完全回收，即回收率为 1 的部分，商业银行的贷款回收的占比明显比较高，高于资产管理公司的贷款，且高回收部分银行贷款也普遍占比较多，一方面，这是与资产管理公司的贷款多为政策性剥离，部分为商业拍卖的贷款，质量一般较差，因此回收率相较银行贷款偏低；另一方面，资产管理公司的不良贷款由于从违约到剥离直至清收的时间较为漫长，使得部分资产回收的可能性降低，因此整体上也会降低资产管理公司的回收率。

从影响因素而言，在可获得变量的范围内，对资产管理公司和商业银行的贷款本书都尽可能展开更多的变量研究。总体而言影响因素分为债权人和债项自身的影响因素，从共同影响因素的角度而言，债权人的共同影响因素包括债权人所在地区、行业和企业规模；债项的共同影响因素包括五级分类和担保类型。通过对共同影响因素的分析可知，资产管理公司的不良贷款也是来源于商业银行，因此和商业银行的贷款有一脉相承之处，因此有部分相同的回收率影响因素，同时这些共同的因素正是衡量贷款风险的最关键因素，即使贷款经过了剥离转让和时间迁移，仍十分重要，应作为商业银行和资产管理公司对资产管理的重要考察变量。从不同影响因素的角度而言，商业银行可获得的影响因素较多，这是因为商业银行的回收周期尚不长，企业的经营状况还比较好，可获得较多影响因素的数据，例如财务报表的数据，商业银行贷款可以获得更多，但资产管理公司的债务人财报数据缺失情况就比较严重，这也提示了银行和资产管理公司在择机处置和回收过程中，在其他条件相同时，应提高回收效率，缩短回收时间，否则债权人和债项的性质和状况都可能发生变化；资产管理公司尽管由于财务数据的严重缺失，无法研究相关关系，但在模型中可以用经营状况，即经营正常到破产等一系列状态来描述，也能起到一定替代作用；债项的五级分类因素也有明显不同，资产管理公司不良贷款的损失类和可疑类贷款比例很高，而商业银行贷款的损失类贷款比例则明显降低。影响因素的异同点也决定了回收率计量模型的差异。

从计量模型而言，本章的资产管理公司和商业银行模型采用的都是两步走的计量模型框架，即针对回收率的 U 型分布，采用先判别后回归的两步走方式，此方式是针对中国特色贷款违约回收率的分布的必要处理，也是对该实际问题的一个实践创新，从这个角度而言，资产管理公司和商业银行的贷款计量模型是类似的也是共通的。计量模型中最大的差异在于因变量的选择和显著性的差异，其中在五级分类变量中，资产管理公司的模型入选得明显更多，这与不良贷款中可疑和损失类贷款较多有关；在经营状态的变量中，资产管理公司的模型也入选得很多，因为商业银行贷款的债务人往往都以正常经营状态为主，而资产管理公司的债务人经营状态往往千差万别；资产管理公司模型中还包括处置时间这一变量，因商业银行违约贷款一般处置时间差异没有资产管理公司那么大，因此在资产管理公司模型中较为显著。

从模型原因分析而言，资产管理公司和商业银行贷款本身是同根同源，在许多地方仍是存在相似处的，因此在变量分析、模型构建和验证等多方面是相通的，通过研究资产管理公司的回收率，不仅可以记录中国金融历史中商业银行资产剥离的重要事件，同时对现代商业银行风险管理以及回收率的模型具有很好的参考价值；另外，资产管理公司和商业银行目前的贷款模型有明显差异，这是由贷款质量、历史成因以及处置过程等多方面因素造成的，但正是因为此两者间的互补性也很强，通过对资产管理公司不良资产模型的研究，可以为未来银行业可能出现的不良资产以及历史上由于大规模违约贷款剥离造成数据上高估商业银行回收率等补充相应信息。

11.5 本章小结

本章在前文研究的基础上，对资产管理公司不良贷款回收率模型进一步做了总结和分析，并给出了先判别后回归的两步走估计方法；同时为了从多个角度更好地来理解资产管理公司不良贷款处置和清收的过程，本章利用国内某大型商业银行的贷款回收率数据，分析了影响商业银行贷款回收率的变量，并以此构建了计量模型；在资产管理公司和商业银行贷款计量模型构建完成后，本章从回收率分布、影响因素、计量模型和经济原因四大角度考察了这两大类模型的异同点，并给出了资产管理公司和商业银行模型的共通和互补之处。

第 12 章 前事不忘，后事之师

12.1 结 论

本书的工作在于以中国本土金融资产管理公司的大量不良贷款违约损失率数据为基础，以单户和打包处置的不良资产为对象，围绕违约损失率为核心，以量化计量的方式，挖掘了上一轮中国国有大型商业银行大规模不良贷款剥离到资产管理公司以及随后的管理、处置和清收历史过程中的隐藏在数据背后的清收规律。本书既是对资产管理公司清收管理历史过程的回溯，记录了宝贵的历史经验，同时为未来可能出现的商业银行和其他金融机构的不良资产处置提供了相应的参考。

在本书的写作过程中，我国商业银行和其他金融机构的整体不良贷款率和不良贷款余额一直处于增长状态，自 2012 年以来已经连续 18 个月处于双升状态，2014 年后增长的趋势更为明显，从趋势可以看出，未来一段时间，不良贷款余额和不良贷款率将会在相对高位运行，如图 12.1、图 12.2 所示。总结不良贷款处置的历史经验和教训，用之于未来的不良贷款管理和商业银行风险控制，在当前显得尤为迫切。

本书在对不良贷款回收率的模型构建中，重点考察了宏观经济因素对不良贷款回收的影响。当前我国经济社会正处于新常态的转型之下，同时世界经济在深度调整中曲折复苏，国内外宏观经济因素对商业银行风险管理和不良贷款处置的复杂多变影响正日益凸显，深入研究宏观经济因素和不良贷款回收率之间的相关关系乃重中之重。本书通过基础指标分析、多宏观经济指标引入、子模型和全模型对比讨论以及宏观压力测试等多种方法考察了宏观经济因素在“相对衰退”和“相对

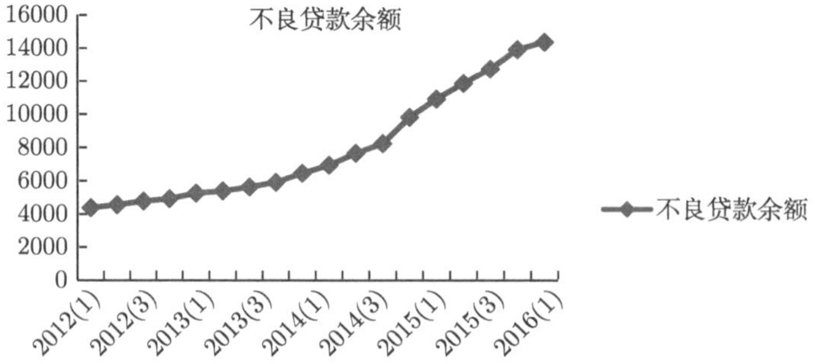

图 12.1 我国商业银行不良贷款余额趋势图

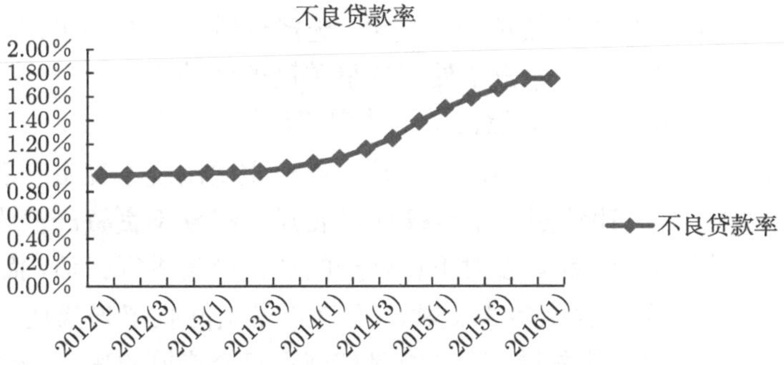

图 12.2　我国商业银行不良贷款率趋势图

繁荣”阶段，对不良贷款处置和回收率的影响，对新常态经济转型下中国商业银行的风险管理有很好的参考借鉴意义。在结束本书之前，让我们对本书的工作做一个系统的总结。

以“我国不良贷款处置历史经验总结”为核心内容，以“宏观经济与风险管理的相关关系”为线索，全书主要分为四大块内容，其中第 1、2 章为内容综述，主要回顾了中国金融资产管理公司建立的历史以及商业银行不良贷款剥离到资产管理公司和资产管理公司清收处置的全过程；第 3 章至第 6 章主要从全局视角以不同模型、不同的计量方法探讨了不良贷款定价和拍卖的核心要素 —— 违约损失率的估计和预测；第 7 章至第 10 章在违约损失率的全局计量模型基础上，通过模型筛选的显著变量，以最核心的地区、处置时间、抵押品和宏观经济变量为切入点分别构建模型，深入研究这些变量背后蕴含的经济、金融和管理含义；第 11 章在前文的基础上，给出了资产管理公司和商业银行回收率的两步走计量模型，并从回收率分布、影响因素、计量模型和原因四点分析两类回收率模型的差异。

具体地，本书的第一部分主要包括第 1、2 章，为全书的总括，第 1 章主要回顾了 1999 年前后我国商业银行面临着大规模不良资产和极高不良贷款率的状况，为了解决这一困境，四大资产管理公司正式成立并对口接收商业银行不良贷款剥离这一历史事件。本次不良资产划拨，不仅是中国历史上前所未有的一次不良资产处置，在世界金融史上也是比较罕见的，本书在记述和回顾这一事件时，不仅介绍了国际上各国处置不良资产的经验，而且立足于中国，通过大量的微观数据，从量化的角度比较了中国和国际上其他国家处置过程的差异，总结了我国在不良资产清收过程中的宝贵经验；第 2 章延续第 1 章的内容，以更详尽的数据着重研究了不良资产的处置方法，研究中首先探讨了影响回收处置方式的影响因素，考虑如何在三种常用的处置方式直接催收、诉讼追偿和破产清偿做出选择，并针对债权人经营状态、上市情况、注册资本、工商登记状态和企业类型等多个因素，通过基本统计讨论不同变量情况下倾向的处置方式选择，进而以决策树的方法，探讨针对不同类债权人，如何根据债权人和债项的各变量，选择合适的处置方法。在第 2 章的内容中，本书以大数据为基础，分析了处置中最关键的经验之一 —— 处置方式的选择，为全书综述不良资产处置经验提供了数据和计量模型的总结。

本书的第二部分包括第 3 至第 6 章，这一部分主要围绕不良资产清收、拍卖和处置的最核心要素 —— 违约回收率全模型来展开。指导不良资产清收和处置，为不良资产的拍卖进行定价，都必须对不良资产的真正价值进行评估，而评估的核心即在于不良资产究竟可以收回多少金额，而这正是由回收率来描述，因此违约回收率是不良资产价值评估的关键。第 3 章是构建不良资产回收率模型的基础，主要通过多角度来分析不良资产的影响因素，不良资产的影响因素既可以直观地判断出回收率的高低，更是后文计量模型的变量基础。第 3 章通过从 “极端零回收-非极端回收” 和 “政策性剥离-商业性拍卖” 两个角度，探讨了在不同情况下影响回收率的关键因素，之所以选这两个角度，是因为这两个角度一是根据我国回收率分布特征决定的，二是由我国不良资产剥离历史决定的，且后文建立的量化模型，主要也是从这两个角度来构建的。通过债权人和债项影响因素的分析可以发现，债权人的显著影响因素主要包括地区、行业、经营状态、工商登记状态和企业规模，债项的显著影响因素主要包括五级分类、抵押担保、处置时间等。

第 4 和第 5 章主要是针对单户处置的债务人，从不同的模型展开对其回收率的研究，其中第 4 章建立了单户处置回收率的回归模型，并利用模型对各个影响因素解释回收率差异的能力做了比较。结论是 “经营状况” 对回收率差异的解释力最强，其次是 “风险暴露规模及结构” 和 “债权转让方式”，这三个解释力最高的因素分别反映了债务人、债项及债权转让方式三个不同层面的信息。在建立单户回收率计量模型时本书采用了逐步回归方法，宏观经济变量被筛掉而未能出现在最终的模型里。经过分析本书认为 “经营状况” 因素已经包含了部分宏观经济周期的信息，且比宏观经济变量刻画的层面更细致和具体，因此在 “经营状况” 已经是模型自变量的情况下，宏观经济变量对模型的贡献就比较微小了；第 5 章建立了单户处置回收率的广义 Beta 回归模型，该模型是当前国际上研究回收率的前沿方法，并且可以提供更多的回收率分布信息。本章以政策性剥离和商业拍卖的方式作为划分，分别研究了广义 Beta 模型针对不同剥离方式下，单户债务人的显著因素的差别，从显著变量的个数来看，基于政策性剥离的不良贷款样本建立的模型中，显著变量多出很多，说明政策性剥离的不良贷款回收率存在着更为明显的差异；其次，从模型的拟合效果来看，基于政策性剥离的样本的模型，无论是全变量还是显著变量，以及各项拟合指标，如负对数值、AIC、AICC、BIC 要远远小于基于商业性收购的模型，说明商业性剥离方式差异较小，通过显著变量和模型更难捕捉回收规律，预测回收率大小难度更大。

第 6 章将研究对象转向打包处置的不良资产包样本。不良资产包是大规模的不良贷款组合，它的回收率当然与包内不良贷款个体的潜在回收率有关，此外也与整个资产包的规模和宏观经济状况有关。在实证研究中，本书先用单户回收率计量模型估计包内每户企业的回收率，之后加总，称其为资产包的预估回收率。预估回收率与实际回收率之间有正相关关系，这意味着由单户计量模型得到的预估回收率可以作为资产包回收率计量模型的自变量之一。另外，资产包的规模与回收率有负相关关系，宏观经济对打包回收率有正向影响。基于这些因素，本章建立了打包处置资产报的最终回收率的计量模型。

本书的第三部分延续第二部分的研究，仍围绕不良贷款回收率展开，但将重点从全样本的整体模型估计和预测，转向研究模型中某一个显著变量与回收率之间的内在经济含义研究，其中第 7 章以地区因素为切入点，第 8 章以处置时间为切入点，第 9 和第 10 章以抵质押品和宏观经济变量为切入点，在各个子因素模型中都充分考虑了各宏观经济指标在模型中的影响作用。在第 7 章中重点研究了 2001 年到 2005 年，政策性剥离的不良贷款回收率的地区差异，通过构造一系列反映地区经济发展水平和市场化程度的指标，解释了回收率在地区上产生差异的原因，结论表明，地区的经济发展水平和市场化程度越高，则地区的不良贷款回收率水平较高的可能性也越大；第 8 章中研究了我国不良贷款回收率在时间维度上的衰减效应，并以此为基础探究了使用资产管理公司的数据来研究回收率与宏观经济关系的问题。通过研究发现，对政策性剥离和商业性收购的不良贷款，由于在处置过程中，资产管理公司具有先处置优质资产再处置劣质资产的倾向，加上不良资产本身的“冰棍效应”，不良贷款的回收率在时间维度上会呈现出下降的趋势，并且由于商业化的运作因素，这种趋势对商业性收购的不良贷款而言更为明显，同时挖掘了受优先处置影响较小的一类不良贷款——破产企业不良贷款，发现该类不良贷款的回收与宏观经济呈现正相关关系。

第 9 章和第 10 章分别研究了宏观经济因素和单户、资产包处置回收之间的关系，在第 9 章中重点研究了单户处置回收率与宏观经济的关系，本章以处置结束时间为准，统计了季度平均回收率，发现它和宏观经济周期呈正相关，波动趋势大体一致，而且宏观经济周期相对回收率周期存在一个季度时长的领先效应。其中按照担保方式，把不良贷款样本分成三组，分别分析宏观经济周期对三组回收率的影响，结果表明，宏观经济周期对抵押贷款的影响程度显著高于对保证和信用贷款的影响程度。这是因为对于有抵押的贷款，除了企业自身的因素外，经济的繁荣会使抵押品价值变得较高，从而在将抵押品变现清偿时实现更高的回收；第 10 章针对打包处置回收率，继续研究宏观经济对其影响，可以发现打包处置回收率波动趋势也与宏观经济周期比较一致，并且 Granger 因果检验表明宏观经济周期相对打包回收率同样有领先的效应。单户处置和打包处置这种相似的规律，都是因为在持续几个月的整个处置过程中的宏观经济状况会影响现金清收或资产估值。

第 11 章是本书的第四部分，是特别增加的一章，目的是比较资产管理公司与商业银行在不良资产清收方面的差异。商业银行的不良资产有什么特征，商业银行如何处置不良资产，是我们最为关心的问题。但是由于数据的可得性，我们的主要工作都是在资产管理公司的不良资产回收的研究上。这只能是间接地反映商业银行的不良资产的状况。后来，经过努力，我们有幸获得我国某大型商业银行的不良贷款回收数据，尽管不如资产管理公司的数据丰富，但是为我们考察商业银行不良贷款回收提供的机会。第 11 章中首先利用资产管理公司的数据给出了一个两步走的不良资产回收率模型构建，同时利用我国某大型商业银行的数据，给出了商业银行贷款的回收率模型，并比较了这两类回收率模型的异同点，发现了两类模型的共通和互补之处，从另一个角度更好地理解了不良资产回收率模型的构建，也为商业银行巴塞尔资本协议实施中要求的回收率建模打下基础。

综上可知，由于我国不良贷款形成原因、不良贷款回收率分布和影响回收率因素的特殊性等共同的复合影响，造成了我国不良贷款回收率模型的特殊性。本书针对以上特殊性，给出了结合中国特色的不良贷款回收率估计和预测的一系列量化模型，填补了我国不良贷款回收率量化模型的空白，总结了我国不良贷款过去十年来清收的历史经验，记录了我国不良资产清收这一重要历史事件，为今后不良贷款的商业化收购提供了数量化定价模型的基础，也是我国银行业准确构建违约损失率模型的重要补充和借鉴。

12.2 新一轮不良资产的集聚风险

上一轮的不良资产的剥离和处置，将中国银行体系当从时岌岌可危的状态中拯救出来，稳定了中国金融系统。其后适逢中国加入 WTO 等一系列利好事件，中国经济得到长足的发展，加之以中国银行体系全面实施巴塞尔资本协议，加强风险管理，中国经济的发展与中国银行业的发展相互支撑，双双走在良性发展的道路上。中国经济一跃成为全球第二大经济体，中国银行体系赢利水平不断提升的同时呆坏账率持续下降，成为中国投资收益率最高的行业之一。

然而，经过三十多年的高速发展，中国经济积累了大量矛盾，中国经济按照以往模式发展的利好因素呈衰减趋势。第一，与改革开放之初相比，中国与世界的技术落差大幅缩小，依据技术引进、消化先进技术拉动经济发展的空间不断缩小。尽管中国的研发能力不断提升，但是距离世界先进水平还有差距。而全球化和信息社会带来的“赢者通吃”现象又使得最好的技术占领的市场份额大大超过其他技术。第二，过去三十多年发展，得益于中国二十世纪六七十年代的高出生率提供的大批廉价劳动力。二十世纪八十年代开始的计划生育，更是降低了二十世纪六七十年代出生人口的抚养率，解放了他们抚育子女的时间，使得人口红利得到最大程度的发挥。但是计划生育政策同时也造成当下的人口红利消退，老龄化负担逐渐加深。第三，由于改革之初的技术缺乏以及劳动力价格的低廉，中国经济过去三十多年的发展表现为以资本投入和贸易出口为驱动力的经济增长模式，随着引进技术空间收窄以及劳动力价格的快速上涨，这种经济增长模式已经走到尽头，需要新的经济增长模式。第四，长期粗放的经济高速增长，造成中国的资源与环境承受能力严重下滑，空气、水、土壤等环境污染带来的负面效应越来越大，一方面制约着先前的发展模式；另一方面环境改善的压力剧增。第五，中国经济的结构性失衡现象不断加深，在产品市场上，体现为以产能过剩为代表的产业结构失衡，使得国家不得不推行去产能、去库存、去杠杆、补短板的艰巨工作；在劳动力市场上，体现为就业结构失衡，一方面低端劳动力短缺，熟练技术人员短缺，养老保险存在出不入敷的风险，试图通过延长退休时间加以缓解，另一方面大学毕业生、研究生毕业生就业难。以上诸多原因交织在一起，导致中国经济减速，一部分企业经营困难，经济风险、社会风险加大。

经济下行所带来的一系列风险，往往聚焦于金融体系，就像百川汇海一样，在金融领域形成“堰塞湖”，加大了金融体系的脆弱性。在一些流动性大的市场，已经爆发了一系列金融风险。例如，在股票市场，2015 年，中国 A 股市场跌宕起伏，沪指全年振幅 72%。2015 年 6 月 15 日至 7 月 9 日的 18 个交易日，中国 A 股跌幅就达到 45%。2015 年 A 股市值缩水达 25 万亿，是 2014 年 GDP 63 万亿的 40%。对于前几年迅速膨胀的互联网金融，2016 年年初风险爆发，跑路的 P2P 平台 136 家，停业的 P2P 平台 101 家。而由于受国际金融危机的冲击、行业经济衰退、房地产过渡发展、以及非法民间集资等因素的影响，一些地区还爆发了区域性金融风险。特别地，为应对次贷危机对中国经济的冲击，中国政府启动了四万亿经济刺激计划，带动了天量信贷的发放，其中混杂着很多质量堪忧的信贷资产。这些风险都或多或少以不同的形式传导到银行体系，影响商业银行的资产质量。

当下还面临着一些不断增长膨胀的风险——房地产风险、地方政府债务风险和影子银行风险。中国十多年来，房价一路飙升，2016 年全球房价涨幅最大的城市中间，中国就占据四席。而中国一线城市的房价收入比、房价租金比都远远超出国际同行，房价泡沫十分严重。但是对于银行体系，房屋贷款反而是最优质的资产，2016 年 1 至 8 月份，新增住房贷款就占整个新增贷款总额的 46%。一旦高房价逆转，银行面临着巨大的风险。而由于过去各地政府对于经济增长的追求，地方政府依靠发债大力进行基础设施建设以及“重点项目”投资，地方政府债务不断攀升，而高房价伴生的卖地收入为地方政府举债提供了支持。如果高房价逆转，不仅地方政府财政收入会出现大幅减少，也容易造成地方政府债务风险的爆发。在中国银行体系全面实施巴塞尔资本协议 II 以后，商业银行的风险管理制度逐渐健全，为躲避监管，影子银行业务过去十多年来蓬勃发展，根据中国社会科学院金融所的框算，2013 年中国影子银行规模大约 27 万亿元，占 GDP 比重超过 40%。而影子银行业务中的相对比例，是流向房地产企业以及地方政府的融资平台。这些风险一旦爆发，将造成海量的银行呆坏账。

此外，在次贷危机和欧债危机的冲击之下，世界经济一直未能走向全面复苏，这种氛围之下，国际社会政治形势发生了很大的变化，孤立主义、保守主义抬头，以美国大选特朗普获胜以及英国脱欧为标志事件“去全球化”“去自由化”潮流有可能越演越烈，而在全球化、自由化过程中收获利好的中国可能面临着一轮不利的国际经济秩序，中国在国际贸易、吸引国际资本、国际大宗商品市场等方面可能都面临着负面冲击，由此也给中国经济以及中国银行体系带来很多的潜在风险。

对于中国银行体系面临的风险，一些国际机构已经提请国际市场及中国政府予以关注。国际清算银行 (Bank for International Settlements) 在 2016 年 9 月 19 日的通报中指出，中国的信贷比 GDP 缺口 (credit- to-GDP gap) 已经高达 30.1，远高于位居第二的加拿大的 12.1，而该指标国际警戒线是 10。国际清算银行警示中国未来三年银行危机风险大增。

2016 年 10 月 7 日，国际货币基金组织 (International Monetary Fund) 在华盛顿召开了新闻发布会，认为当前中国一线城市房价暴涨的态势是不可持续的，政府部门应采取谨慎的行政措施控制当前房价，建议中国推出房产税，抑制房价快速增长，同时尽早建立预警机制，放缓经济增长，谨慎处理信贷扩张问题。

种种迹象表明，中国银行体系的不良贷款率正在不断上升，而且出现大面积呆坏账的可能性在增加。本书对上一轮中国大规模不良资产处置经验的研究，不仅可以为当下不断增多的不良资产处置提供参考，而且为应对未来万一出现的大面积不良资产提供借鉴。

12.3 政 策 建 议

次贷和欧债危机后，巴塞尔委员会重新修订了监管规则，推出了巴塞尔资本协议 III，同时我国经济处于新常态转型阶段，银行业正面临着国内、国际的多方面竞争和压力，已经连续十个季度出现不良贷款总额和不良贷款率双升的局面，构建适合我国银行业的风险管理系统，积极应对不良贷款的管理和处置，提高我国各大银行在世界上的竞争力，仍然任重而道远，需要更进一步地挖掘巴塞尔资本协议 III 的内涵，学习国外各大金融机构先进理念和方法，总结自身的历史经验，从而适应当今世界越来越激烈的竞争。

1) 对大规模不良贷款清收处置历史经验进行总结和记录

1999 年我国商业银行不良贷款大规模剥离给资产管理公司并自 2000 年以后

的陆续清收、处置过程，不仅在中国金融史上占据重要地位，其剥离和处置规模在世界金融史，尤其是不良贷款处置历史中都是较为罕见的，通过量化模型的构建，科学记录这一段历史，既是对过去不良贷款处置经验的总结，同时对当前我国银行业日益增长的不良贷款规模和未来可能出现的不良贷款的整体清收、处置都十分重要。在量化总结和记录这段历史的过程，也是我国银行业大发展的时段，各大银行纷纷实现上市，资产负债有了很大改变；不良贷款资产管理业从无到有，从面临巨大政策性剥离贷款到完成绝大部分政策性剥离贷款处置，开始转向商业化收购的时段，不良贷款违约回收率模型的构建，既对今后不良贷款管理和处置有重要的经验和借鉴意义；同时由于我国商业银行早期缺乏数据收集和系统记录，违约损失数据有明显的缺失情况，这些已完成回收的不良贷款数据，正是大量的数据补录，必须从根本上意识到该数据搜集和总结的必要性，才能更好地抢救更多的数据。

2) 由政府或监管部门发起联合的银行数据共享平台，建立以征信为宏观框架，债务人、抵押品等信息为微观支撑的数据联盟

近年来世界著名评级公司穆迪、标普和惠誉都曾先后下调我国银行业的评级水平，并明确指出，目前中资银行所依靠的近几年数据建立的模型无法揭示目前真实的贷款违约损失；商业银行商业化后违约损失率缺乏经验应对一个完整的经济周期；贷款分类不明确等。欧洲各大银行在实施巴塞尔资本协议 II 时同样遇到这个问题，2004 年 12 月由于缺乏信用风险统计研究的历史数据，欧洲几家大银行建立了泛欧洲信用数据联盟 PECDC(Pan-European Credit Data Consortium, PECDC)。截止到 2008 年底，成员国为 28 家欧洲银行、2 家日本银行、2 家美国银行和 3 家南非银行。各成员按照 PECDC 的数据标准和规范提交自己拥有的信贷数据、违约损失数据样本点，PECDC 按照各成员的样本贡献率来分配数据共享量，在很大程度上缓解了各成员银行数据不足的困境。近年来我国各大商业银行陆续建立和完善自己的违约和损失数据库，同时大量互联网金融机构、信托金融和中小贷款机构也根据自身的历史业务，记录了相关债务人的信用黑名单，但是仍然缺乏联合的数据平台，金融机构之间无法互相共享债务人的风险信息，通过政府或监管机构发起的联合数据平台，可以更好地利于各大金融机构间的风险管理，同时为信用风险参数计量模型的构建打下坚实基础。

3) 在新常态经济的发展下，针对当前和今后的不良资产回收和商业化收购采用定性和定量结合的方式

在强调大数据和计量模型的当今社会，量化模型是现代商业银行管理，不良资产清收的根本，但绝不能完全否定信贷官和回收处置人员的定性分析，相反在当前中国经济的新常态背景下，大量的经济、金融情况和过去历史出现了偏差，面临着崭新的情况，经济、金融周期可能与过去存在明显不同，建立在过去数据基础上的模型对未来地预测也往往可能存在偏差，特别是在某些重大金融、经济事件发生

时，甚至在预测上可能出现错误。只有把定性、定量分析相互结合，才能提供更准确可靠的定价结果和指定合理有效的清收过程。量化模型是对过去历史数据的挖掘，对批量处置和大规模管理信贷业务具有简洁明了的作用，而且可以发现很多定性无法观察到的数据隐含关系；但人为的定性判断，既是对定量模型的一个补充，而且可以对出现的突发事故做出及时判别，并且对与过去有明显差别的资产，只有更好地把两者相结合，才能在新常态经济转轨中面对当前和未来可能出现的较大规模不良贷款地管理和处置，做出更准确的决策和判断。

4) 推进我国信用评级业务的发展，建立可靠、有公信力的信用评级体系

信用评级无论是对商业银行债务人、债项的风险管理，还是对银行间市场、交易所发行的债券和衍生品定价都具有重要意义。自二十世纪九十年代以来，大公国际、中诚信等一系列知名的信用评级公司的建立，对我国信用评级事业的整体发展起到了积极作用，但受限于发展时间、业务种类、数据来源等方面的约束，在国际上话语权还十分有限，同时在国内银行业和其他金融机构的评级方面也受到国际知名评级公司穆迪、标普等的挑战和质疑。夯实我国信用评级事业的基础，对全面推进我国银行业巴塞尔资本协议外部评级的实施、债券市场的发展和衍生品种类的扩大，都有积极意义。

5) 促进我国债券市场的全面发展，为信用风险特别是违约损失率的计量提供更坚实的数据基础和丰富的数据来源

国外学者对违约损失率的研究更多是建立在企业债和公司债的市场数据上的，有效的公司债券市场不仅是银行分析贷款损失最为主要的市场基准和参照体系，也可为企业提供更多的融资渠道。当前我国正积极推动利率市场化进程，其中大量发展企业债券可加快利率市场化进程，同时地方债、公司债也得到蓬勃发展，可以大大丰富债券市场的数据，对巴塞尔资本协议的本土化实施和违约损失率计量研究都大有帮助。近年来由于我国处于后欧债危机时代和新常态经济转轨的双重叠加阶段，地方债、企业债等出现的违约情况有较大程度增加，对违约损失计量的精度和准确度提出了更严峻挑战。

6) 推动我国信用衍生品、资产证券化市场的合理、有效发展

信用衍生品乃至资产证券化产品尽管在次贷和欧债危机中备受争议，但大量衍生品由于其风险规避和投资价值，目前在世界市场范围仍然十分活跃。例如，信用违约互换依然有庞大的市场份额，其本质是银行或其他机构对可能产生违约的资产购买一份金融保险，在规定时间交纳一定的保费，若是发生违约，则得到事前约定的金额赔偿。这对于银行业管理其信贷资产，转移其违约风险都有极大的好处，而且可以满足市场上更多不同风险偏好投资者的需求，把原有的流动性较差的银行信贷资产变为可以在市场上交易的流动性较好的资产。当前我国已经推出了类似于信用违约互换的信用缓释工具，但目前流动性仍然不好，随着各类债券信用

风险的释放和时间推进，未来应适量适度的发展信用衍生品市场，这对我国银行业的风险管理具有非常积极的作用。同时与信用衍生品有紧密关联的资产证券化产品，例如，按揭支持证券 (MBS)、资产支持证券 (ABS) 等对现代信用风险管理也有积极作用，近年来在中国市场得到较大发展，仅 2015 年就发行了 1386 支总价值近 6000 亿的资产证券化类产品，资产证券化类产品的定价也涉及大量的信用风险计量和管理，需要更丰富的信用风险研究工具。

12.4 研究和应用展望

不良贷款和违约损失率量化模型涉及的方面众多，涵盖的内容广泛，本书从全模型到子模型构建了不良贷款违约损失率量化模型框架，但研究内容由于数据等方面的局限，仍有部分内容无法涉及，这也是更进一步深入研究的方向和角度。

1) 违约率 (PD) 和违约损失率 (LGD) 的关联

众多国外的文献和实证表明，PD 和 LGD 间有密切的相关性，且将直接影响到对整体信用风险的评估和资本准备金的计量。忽略 PD 和 LGD 间的相关性，在经济衰退时期将大大的低估可能存在的信用风险，造成资本准备金不足。目前我国尚没有关于 LGD 和 PD 相关关系的研究文献，最主要的原因是我国还没有建立完善的历史违约企业数据库，即缺乏检验 LGD 和 PD 相关关系的样本数据。另一方面的原因可能是，大家还没有意识到忽略两者相关关系可能会导致的严重后果。但这并不代表我们不需要进行这方面的研究或是全盘接受国外在该领域的研究结论，我们目前要做的是为开展 LGD 和 PD 相关关系的研究创造有利的条件，由监管机构或第三方独立机构牵头开展银行间 PD、LGD 数据共享与合作研究等工作，为研究 PD 和 LGD 间的相关性创造条件。

2) 违约损失率定量模型和定性宏观分析相结合的分析

定性分析是不良贷款违约损失率估计的一个基础，定量模型的建立则从数字化的角度给出了精确的违约损失率预测，但无论是定性估计和定量预测都只是研究不良贷款和违约损失率的一个方面。只有在微观层面上建立更精确的量化模型，挖掘更多的数据特征，并且结合宏观层面上对不良贷款回收的定性判断以及对所处经济周期的全面理解，特别是对当前中国经济新常态状态下的准确把握，才能更好地得到对不良贷款乃至整个银行业信用风险的估计和预测体系。

3) 更多角度研究宏观经济对违约损失率的影响

我国当前正处于新常态经济的转型当中，对宏观经济周期、趋势和变化的把握是信用风险研究的最关键核心之一。本书在研究宏观经济对违约损失率的影响时，尽管考虑了若干种宏观经济因素，但由于目前经济发展处于新常态周期的转变中，如何把握新常态与过去经济发展的差别、新常态经济周期的特征和规律对未来违约损失率模型、不良贷款处置和商业银行风险管理都极为重要，因此应该更深入地考察我国目前的经济发展规律和趋势，采用更多的宏观经济数据研究周期性规律才能更好地使得模型在未来银行业乃至金融业风险管理中发挥更大作用。只有从多角度地考虑宏观经济因素，才能更全面地反映宏观状况和违约率或回收率乃至风险管理之间的关系。此外宏观经济的顺周期问题和逆周期管理也是巴塞尔资本协议 III 最为关注的核心之一，基于对宏观经济周期的分析，调整信用风险参数时点模型，构建跨周期模型是未来风险管理的重要研究方向。

4) 更细化的子模型的构建，如行业、地区模型和抵质押模型的引入

在本书中已经构建了地区、抵质押组违约损失率的子模型，但对子模型的研究仍然可以进一步深入。全样本建立的量化模型往往由于变量过多，数据不足，不能够很好地揭示某些变量与回收率之间的精确关系，而某些关键变量，如抵质押品、地区、行业和处置方式等因素又对回收率的影响十分显著。因此在建立了全样本的模型框架体系下，基于抵质押组样本建立的违约损失率子模型，可以更进一步建立抵质押品估值模型、基于处置方式的子模型可以更进一步地分析最佳处置方式选择模型、基于地区经济影响回收率模型可以更进一步地分析区域性回收和地区债务人打包问题。其他显著变量，诸如行业周期、企业经营状况也可以进行更深入地探讨。通过子模型的构建，对补充全模型框架、提高全模型精度都有十分重要的意义。

5) 结合银行业需求，更多角度的对违约损失率的研究：例如违约损失率压力测试和 VaR 值分析等

广义 Beta 回归模型把各变量引入到了违约损失率分布中，通过分布中各因素的显著性和影响分布的相关性，可以更进一步地给出一定置信水平，一定期限内 VaR 值；并且可以通过假定某些变量的突然改变，研究违约损失率分布形状的改变程度，并探讨变量地改变对分布均值、方差的影响。同时巴塞尔资本协议 III 中尤为强调风险压力测试，对极端情况进行情景分析，利用此方法也可为银行业所借鉴，推广到压力测试和在险价值的估量上。

本书的首要工作在于，基于我国资产管理公司的不良贷款回收的大数据基础，对自 1999 年剥离的大规模商业银行不良贷款的十多年清收和处置过程进行了量化记录，回顾了这一中国金融史上的重要金融事件，对该事件中的数据和资料进行了完整、系统化地处理和整合，首先这是对我国计划经济向市场经济转轨的商业银行历史不良贷款经验的总结，是对急需抢救和记录的不良贷款数据的量化记载；其次可以应用于当前和未来银行业出现的不良贷款处置，尤其是其中的关键因素分析，对未来银行业和资产管理公司风险管理具有重要意义；再次我国商业银行一直在持续推广巴塞尔资本协议，构建违约损失率计量模型的研究框架体系，对于商业银行信用风险参数模型地深入分析和研究具有重要参考价值。

其次，从对国外几种信用风险评价模型在我国的实证研究结果看，由于我国证券市场尚不成熟，市场信息披露十分有限，财务数据真实性不高，没有信用评级机构使用的大容量的信用数据库等客观条件的制约，而无法“拿来”即用。但信用风险评价模型作为现代计量经济学的成果，在发达的市场经济国家的广泛运用证明了其客观性和科学性。我国的市场经济发展尚处于初级阶段，市场成熟度与发达的市场经济国家相比尚有很大的差距，因此我国违约损失率模型乃至信用风险模型肯定具备中国特色，本书针对我国不良贷款在形成原因、分布特征、影响因素和模型框架等方面的特色进行了深入研究，可为我国信用风险参数的研究提供借鉴。

再次，对中国银行业来说，内部评级仅仅处于起步阶段，时间短且不规范，其中关于违约数据库、转移矩阵等方面的基础设施建设几乎空白，贷款企业信用评级更多地是用于债务人的选择及风险的预警，尚未向更深层次的风险量化管理方向发展。为此中国商业银行和评级公司应该积极创造条件，加强债务人违约概率和损失率的测量精度，以有效提升信用风险管理水平。

当前我国银行业正处于全面构建现代商业银行，增强国际竞争力，向国际大银行迈进的关键时期，不良贷款违约损失率量化模型的构建，是银行业信用风险管理体系的重要一环，也是我国银行业过去历史经验总结，展望未来不可或缺的关键一页。本书以此为契机，对不良贷款违约损失率量化构建做了初步探索，同时也有理由期待今后银行业信用风险管理量化模型体系的全面建立。

参考文献

陈光忠, 唐小我, 倪得兵. 2010. 银行违约损失率特征研究 [J]. 中国管理科学, 18(2): 19–24.

陈光忠. 2010. 银行违约损失率研究 [D]. 成都: 电子科技大学.

陈浩, 马宇超, 陈暮紫, 等. 2009. 不良贷款有无回收判别: 一类可选变量的支持向量机方法 [J]. 系统工程理论与实践, (12): 23–30.

陈暮紫, 马宇超, 王博, 等. 2009. 非极端回收不良贷款的回收率预测研究 [J]. 中国管理科学, 17(5): 1–8.

陈暮紫，陈浩，马宇超，王博，唐跃，黄意球，陈敏，杨晓光. 2011. 基于广义 Beta 回归的不良贷款回收率模型 [J]. 数理统计与管理，30(5): 812–823.

陈暮紫, 刘小芳, 杨晓光. 2013. 不良资产零回收和非零回收影响因素研究 [J]. 管理评论, 27(12): 27–38.

陈暮紫, 陈浩, 陈敏, 杨晓光，2015. 预期效用下非极端违约回收率贝塔分布修正模型 [J]，数理统计与管理，(6): 1016–1028.

陈忠阳, 2004. 违约损失率 (LGD) 研究 [J]. 国际金融研究, (5): 49–57.

程凤朝. 2003. 金融不良资产评估 [M]. 北京：中国人民大学出版社.

董天天. 2009. 商业银行打包处置不良资产方法浅析 [J]. 经营管理者, (10): 44.

杜培彦. 2013. 商业银行公司贷款违约损失率计量实证研究 [D]. 济南：山东大学.

樊纲, 王小鲁, 张立文. 2003. 中国各地区市场化相对进程报告 [J]. 经济研究, 3(10): 9–89.

甘露. 2012. 借鉴国外经验完善我国动态拨备制度的建议 [J]. 新金融, 9: 31–34.

高明. 2013. 我国商业银行信用风险宏观压力测试研究 [D]. 济南：山东大学.

郭琳劼. 2012. 我国银行业资本监管周期政策的研究 —— 基于巴塞尔协议III的框架 [D]. 济南：山东大学.

郭宁宁. 2013. 信用风险缓释工具的缓释作用研究 [D]. 太原：山西财经大学.

何仕彬, 唐莉. 1999. 对国内外银行不良资产重组问题的比较研究 [J]. 国际金融研究, (2): 54–58.

何自力. 2005. 抵押物贷款担保效果的实证研究 [J]. 投资研究，(12): 17–19.

何自力. 2006. 抵押贷款的违约损失率 (LGD) 研究 [J]. 南方金融, (1): 29–31.

洪露. 2014. 住房按揭贷款违约损失率预测模型研究 [J]. 金融论坛, (1): 60–66.

胡建生, 葛扬, 陆彩兰. 2012. 内部评级法在信用风险评估中的运用及挑战 [J]. 现代管理科学, (2): 9–11.

黄建忠, 褚保金. 2011. 商业银行违约损失率的影响因素——基于江苏省某银行历史债项数据的分析 [J]. 现代经济探讨, (8): 51–55.

黄静如, 黄世忠. 2013. 资产负债表视角下的公允价值会计顺周期效应研究 [J]. 会计研究, (4): 3–11.

姜青海. 2013. 商业银行资本充足率宏观压力测试研究 [D]. 长沙：湖南大学.
李佳. 2012. 美国金融衍生工具市场的发展, 运作及监管研究 [J]. 国际金融研究, 7: 89–95.
李军, 信聪, 陈暮紫, 杨晓光. 2015. 诉讼处置不良贷款违约损失率估计的模型簇 [J]. 系统工程，(8): 15–23.
刘春航, 林学冠, 陈璐. 2015. 银行账户利率风险框架下的信用利差风险监管研究 [J]. 金融监管研究, (2): 1–9.
刘华, 孙虎林. 2014. 经济下行期银行信贷风险及防范对策 [J]. 现代商业银行导刊, (7): 19–22.
刘吕科, 罗威. 2012. 数据缺失环境下中小银行内部评级体系的构建 [J]. 新金融, (8): 61–63.
刘亚飞. 2014. 基于违约区分精度的贸易型小企业信用评价研究 [D]. 大连：大连理工大学.
娄方芳. 2015. 企业盈余管理, 机构声誉与信用评级 [D]. 厦门：厦门大学.
彭建刚, 易昊, 潘凌遥. 2015. 基于行业相关性的银行业信用风险宏观压力测试研究 [J]. 中国管理科学, 23(4): 11–19.
彭苑. 2014. 我国银行贷款违约损失率的联动效应研究 [D]. 长沙：湖南大学.
沈沛龙，崔婕. 2005. 内部评级法中违约损失率的度量方法研究 [J]. 金融研究, 12: 86–95.
石宝峰. 2014. 基于违约金字塔原理的小企业信用评级模型研究 [D]. 大连：大连理工大学.
王博, 唐跃, 陈浩, 等. 2011. 我国不良贷款回收率的影响因素和预测模型 [J]. 系统工程理论与实践, 31(5): 870–880.
王东浩. 2012. 中国金融不良贷款损失管理研究 [D]. 北京：北方交通大学.
王国栋, 詹原瑞. 2011. 信用风险中回收率分布的双 Beta 模型 [J]. 中国管理科学, 19(6): 10–14.
吴德礼. 2001. 银行不良资产化解方式方法 [M]. 北京：中国金融出版社.
武剑. 2005. 内部评级法中的违约损失率 (LGD) 模型 [J]. 国际金融研究, (2): 15–22.
杨华, 徐荣梅. 2002. 金融风险的社会化防范与化解研究: 社会分工协作控制金融风险的理论与方法 [M]. 北京：中国金融出版社.
姚金楼, 卢建明, 刘圣进, 等. 2015. 商业银行打包转让不良资产的流程, 影响与政策建议 [J]. 金融纵横, (1): 27–30.
叶晓可, 刘海龙, 2006. 银行不良贷款违约损失率结构特征研究 [J]. 上海管理科学, (6): 12–15.
易昊. 2013. 基于宏观审慎管理的银行业信用风险压力测试研究 [D]. 长沙：湖南大学.
于晨曦. 2007. 抵押风险分析和抵押贷款违约损失率研究 [J]. 金融论坛, 12(2): 34–39.
詹原瑞, 王国栋. 2010. 违约暴露集中信用组合的违约损失研究 [J]. 管理学报, (5): 760–763.
张海宁，2004. 银行反对银行 [M]，北京：清华大学出版社.
张家炜. 2014. 中小企业团体贷款合约分析与设计 [D]. 天津：天津大学.
张清立, 刘吕科. 2014. 违约损失率的影响因素研究述评 [J]. 经济纵横, (2): 122–124.
张维. 2005. 中国银行业不良资产打包销售的模式选择 [J]. 金融理论与实践, (1): 11–14.
张志超. 2015. 企业债务违约损失率判定研究 [D]. 哈尔滨: 哈尔滨理工大学.
张志超. 2015. 逐步判别的企业债务违约损失率模型分析 [J]. 北方经贸, (4): 118–120.
郑学, 黄建忠, 李叔诚. 2010. 违约损失率模型开发部分关键技术实证研究 [J]. 国际金融研究, (10): 78–83.

周小川. 2002. 中国金融体系的不良资产问题: 原因与出路 [M]. 大思路专家论述: 东亚危机和中国的改革与发展. 北京: 中国发展出版社.

朱志强. 2004. 不良资产打包批量处置的难点与对策分析 [J]. 南方金融, (4): 47–48.

Allen L, DeLong G, Saunders A. 2004. Issues in the credit risk modeling of retail markets[J]. Journal of Banking & Finance, 28(4): 727–752.

Altman E, M Kishore. 1996. Almost everything you always wanted to know about recoveries on defaulted bonds [J]. Financial Analysts Journal, (52): 57–64.

Altman E, R Andrea, S Andrea. 2004. Default recovery rates in credit risk modeling: a review of the literature and empirical evidence[J]. Economic Notes, (33): 183–208.

Andersen L, Sidenius J. 2004. Extensions to the Gaussian copula: Random recovery and random factor loadings[J]. Journal of Credit Risk, (1): 29–70.

Ang A, Longstaff F A. 2013. Systemic sovereign credit risk: Lessons from the US and Europe[J]. Journal of Monetary Economics, 60(5): 493–510.

Araten J. 2004. Measuring LGD on Commercial Loans: An 18 years Internal Study [J]. RMA Journal, (86), 28–35.

Asarnow E, Edwards D. 1995. Measuring loss on defaulted bank loans: A 24-year study[J]. Journal of Commercial Lending, 77, 11–23.

Bastos J A. 2010. Forecasting bank loans loss-given-default[J]. Journal of Banking & Finance, 34(10): 2510–2517.

Bellotti T, Crook J. 2012. Loss given default models incorporating macroeconomic variables for credit cards[J]. International Journal of Forecasting, 28(1): 171–182.

Bonini S, Caivano G. 2013. The survival analysis approach in basel ii credit risk management: modeling danger rates in the loss given default parameter[J]. The Journal of Credit Risk, 9(1): 101.

Bruche M, Gonzalez-Aguado C. 2010. Recovery rates, default probabilities and the credit cycle. Journal of Banking & Finance, 34(4): 754–764.

Calabrese R. 2014. Downturn loss given default: Mixture distribution estimation[J]. European Journal of Operational Research, 237(1): 271–277.

Chen W. 2006. WTO: Time's up for Chinese banks-China's banking reform and nonperforming loan disposal[J]. Chicago Journal of International Law, 7(1): 239–261

Chen J, Yu K, Hsing A, et al. 2007. A partially linear tree-based regression model for assessing complex joint gene–gene and gene–environment effects[J]. Genetic epidemiology, 31(3): 238–251.

Creal D, Schwaab B, Koopman S, et al. 2014. Observation-driven mixed-measurement dynamic factor models with an application to credit risk[J]. Review of Economics and Statistics, 96(5): 898–915.

Düllmann K, Trapp M. 2004. Systematic risk in recovery rates-an empirical analysis of US corporate credit exposures[R]. Deutsche Bundesbank Discussion Paper Series 2:

Banking and Financial Supervision.

Eckert J, Jakob K, Fischer M. 2016. A credit portfolio framework under dependent risk parameters: probability of default, loss given default and exposure at default[J]. Journal of credit risk, 12(1): 97–119.

Ferrari S, Cribari-Neto F. 2004. Beta regression for modelling rates and proportions[J]. Journal of Applied Statistics, 31(7): 799–815.

Fischer M, Pfeuffer M. 2014. A statistical repertoire for quantitative loss given default validation: overview, illustration, pitfalls and extensions[J]. The Journal of Risk Model Validation, 8(1): 3.

Franks J. 2004. Arnaud de Servigny, Sergei Davydenko. A Comparative Analysis of the Recovery Process and Recovery Rates for Private Companies in the U.K., France, and Germany[R]. Standard & Poor's Risk Solutions.

Friedman C, Sandow S. 2003. Learning probabilistic models: An expected utility maximization approach[J]. The Journal of Machine Learning Research, 4: 257–291.

Frontczak R, Rostek S. 2015. Modeling loss given default with stochastic collateral[J]. Economic Modelling, 44: 162–170.

Frye J, Ashley L, Bliss R, et al. 2000. Collateral damage: A source of systematic credit risk[J]. Risk, 13(4): 91–94.

Frye J, Jacobs Jr M. 2012. Credit loss and systematic loss given default[J]. The Journal of Credit Risk, 8(1): 109.

Frye J. 2000. Depressing Recoveries [J]. Risk, (13): 108–111.

Giesecke K, Spiliopoulos K, Sowers R B, et al. 2015. Large portfolio asymptotics for loss from default[J]. Mathematical Finance, 25(1): 77–114.

Glen J, Mondragón-Vélez C. 2011. Business cycle effects on commercial bank loan portfolio performance in developing economies[J]. Review of Development Finance, 1(2): 150–165.

Gupton G M, Stein R M, Salaam A, et al. 2002. LossCalcTM: Model for predicting loss given default[R]. Moody's KMV, New York.

Gürtler M, Hibbeln M. 2013. Improvements in loss given default forecasts for bank loans[J]. Journal of Banking & Finance, 37(7): 2354–2366.

Han C, Jang Y. 2013. Effects of debt collection practices on loss given default[J]. Journal of Banking & Finance, 37(1): 21–31.

Heller D, Lengwiler Y. 2003. Payment obligations, reserve requirements, and the demand for central bank balances[J]. Journal of Monetary Economics, 50(2): 419–432.

Hillebrand M. 2006. Modelling and estimating dependent loss given default[J]. Risk, 19(9): 120.

Hlawatsch S, Ostrowski S. 2011. Simulation and estimation of loss given default[J]. The Journal of Credit Risk, 7(3): 39.

Hoshi T, Kashyap A K. 2004. Solutions to the Japanese Banking Crisis: What might work and what definitely will fail[C]. The US-Japan Conference on the Solutions for the Japanese Economy.

Huang X, Oosterlee C W. 2011. Generalized Beta regression models for random loss given default[J]. The Journal of Credit Risk, 7(4): 45.

Hurt L, Felsovalyi A. 1998. Measuring loss on latinamerican defaulted bank loans, a 27-year study of 27 countries[J]. Journal of Lending and Credit Risk Management, 80, 41–46.

Leow M, Mues C, Thomas L. 2013. The economy and loss given default: evidence from two UK retail lending data sets[J]. Journal of the Operational Research Society, 65(3): 363–375.

Leow M, Mues C. 2012. Predicting loss given default (LGD) for residential mortgage loans: A two-stage model and empirical evidence for UK bank data[J]. International Journal of Forecasting, 28(1): 183–195.

Lim J, Minton B A, Weisbach M S. 2014. Syndicated loan spreads and the composition of the syndicate[J]. Journal of Financial Economics, 111(1): 45–69.

Litsey R, Ketner K. 2013. Oh the possibilities: ebook lending and interlibrary loan[J]. Interlending & Document Supply, 41(4): 120–121.

Loterman G, Brown I, Martens D, et al. 2012. Benchmarking regression algorithms for loss given default modeling[J]. International Journal of Forecasting, 28(1): 161–170.

Loterman G, Debruyne M, Vanden Branden K, et al. 2014. A proposed framework for backtesting loss given default models[J]. Journal Of Risk Model Valiation, 8(1): 69–90.

Matsumura M S, Vicente J V. 2010. The role of macroeconomic variables in sovereign risk[J]. Emerging Markets Review, 11(3): 229–249.

Morgan J P. 1997. CreditMetrics-technical document[R]. New York: JP Morgan.

Olomola A S. 2014. Business operations of agrodealers and their participation in the loan market in Nigeria[R].

Pagano M, Volpin P. 2010. Credit ratings failures and policy options[J]. Economic Policy, 25(62): 401–431.

Park Y W, Bang D W. 2014. Loss given default of residential mortgages in a low LTV regime: Role of foreclosure auction process and housing market cycles[J]. Journal of Banking & Finance, 39: 192–210.

Peiser R, Wang B. 2002. Non-performing loan resolution in China[J]. Journal of Real Estate Portfolio Management. Real Estate Issues: 115–128.

Pykhtin M. 2003. Unexpected recovery risk[J]. Risk., (8): 74–78.

Qi M, Yang X. 2009. Loss given default of high loan-to-value residential mortgages[J]. Journal of Banking & Finance, 33(5): 788–799.

Querci F. 2005. Loss given default on a medium-sized Italian bank's loans: an empirical exercise[C]. European Financial Management Association Annual Meetings.

Schuermann T. 2014. Stress testing banks[J]. International Journal of Forecasting, 30(3): 717–728.

Smithson M, Verkuilen J. 2006. A Better Lemon Squeezer? Maximum-Likelihood Regression With Beta-Distributed Dependent Variables[J]. Psychological methods. (11): 54–71.

Spiliopoulos K, Sirignano J A, Giesecke K. 2014. Fluctuation analysis for the loss from default[J]. Stochastic Processes and their Applications, 124(7): 2322–2362.

Tang Q, Yuan Z. 2013. Asymptotic analysis of the loss given default in the presence of multivariate regular variation[J]. North American Actuarial Journal, 17(3): 253–271.

Tobback E, Martens D, Van Gestel T, et al. 2014. Forecasting Loss Given Default models: impact of account characteristics and the macroeconomic state[J]. Journal of the Operational Research Society, 65(3): 376–392.

Wang Bo, Chen M Z, Chen M, Yang X G. 2010. Distribution estimation of downturn LGD and loan portfolio stress-test[C]. International Conference on Management Science and Engineering.

Xu M. 2005. Resolution of non-performing loans in China[R]. The Leonard N. Stern School of Business.

Yang B H, Tkachenko M. 2012. Modeling exposure at default and loss given default: empirical approaches and technical implementation[J]. The Journal of Credit Risk, 8(2): 81–102.

Yao X, Crook J, Andreeva G. 2015. Support vector regression for loss given default modelling[J]. European Journal of Operational Research, 240(2): 528–538.

Yashkir O, Yashkir Y. 2013. Loss given default modeling: a comparative analysis[J]. The Journal of Risk Model Validation, 7(1): 1–28.

后　　记

围绕着以不良贷款评级、定价为核心的风险管理一直是经济、金融问题的重中之重。最近二十年来爆发的数次大规模金融危机 —— 亚洲金融风暴、美国次贷海啸和欧债危机都直接或间接地与银行业不良资产紧密相连；当前中国银行业在新常态经济发展，产业结构调整的过程中，面临着不良贷款余额和不良贷款率持续双升的局面，中国银监会 2016 年 2 月 15 日发布的 2015 年第四季度主要监管指标数据显示，商业银行不良贷款余额 12744 亿元，较上季末增加 881 亿元；商业银行不良贷款率 1.67%，较上季末上升 0.08 个百分点。我国商业银行不良贷款率已连续 10 个季度上升，由于关注类贷款和逾期类贷款增长较快，不良贷款后续仍面临较大压力，信用风险管控压力加大；同时随着我国互联网金融的发展，网贷、P2P 贷款业务的持续增加，截至 2015 年末的网贷行业总体贷款余额为 4300 亿元左右，P2P 平台的坏账规模为 645 亿 ~860 亿元。不良贷款总额的不断增加、不良贷款率的持续攀升、不良贷款源头的多样化以及我国银行业正面临着欧债危机余波、希腊主权债务影响以及世界股市震荡等复杂外部环境的影响下，总结过去不良贷款的历史经验、管理新常态经济发展中产生的不良贷款、防止宽松信贷政策特别是上万亿的刺激经济贷款发放后可能产生的不良贷款，是我国银行业迫切需要解决的严峻问题。

本书出版之际面临的正是如此复杂的国内外金融环境，不良贷款的清收和处置问题历久而弥新，在当下的银行业乃至金融业风险管理中处于极为紧迫而重要的地位。本书通过量化记录我国商业银行不良贷款大规模剥离这一历史事件，对我国经济体制转轨下的不良贷款的形成原因、管理过程和清收处置结果进行了详尽分析，并结合大量的具有中国特色的风险影响因素，构建了不良贷款违约损失率计量框架，计量框架包括了全样本整体模型和关键因素分析的子模型。通过全局模型，本书深入探讨了不良贷款的处置方式选择、单户和打包处置中的关键影响因素和违约损失率估计。违约损失率计量模型的构建，不仅对我国不良贷款的历史数据进行了系统、科学的梳理，还总结了我国不良贷款大规模回收的丰富经验，为未来不良贷款的处置提供参考和借鉴。

在全局模型的基础上，本书对影响模型的显著变量分别构建了相应的子模型，其中重点研究了宏观经济因素和违约损失率、不良贷款处置之间的关系。当前我国经济处于新常态转轨过程，宏观经济周期对银行业乃至金融业的风险管理起至关重要的影响，通过对历史数据的分析，可以发现宏观经济对抵质押品价值有重要影响，把握经济周期，选择恰当的时机处置不良贷款，可以较好地提高银行和资产管理公司的收益。

本书还给出了商业银行自身违约贷款和资产管理公司不良贷款的违约损失率计量模型的对比分析，探讨了两类违约损失率模型的异同，并探讨了不良贷款违约历史为商业银行信用风险计量数据补充的可能，并对未来我国银行业的信用风险数据整合，构建银行和金融机构间的数据联盟提出了参考建议。

本书在撰写的过程中，得到了来自东方资产管理公司、东方金诚信用评级公司等多方面的支持，计量模型的构建更是凝聚了中国科学院研究团队的集体智慧，当然由于数据的局限和作者自身的水平，书中可能仍存在不少可以改进的方面，敬请国内外专家指正!

杨晓光

2016 年 3 月

《运筹与管理科学丛书》已出版书目

1. 非线性优化计算方法　袁亚湘　著　2008 年 2 月
2. 博弈论与非线性分析　俞　建　著　2008 年 2 月
3. 蚁群优化算法　马良等　著　2008 年 2 月
4. 组合预测方法有效性理论及其应用　陈华友　著　2008 年 2 月
5. 非光滑优化　高　岩　著　2008 年 4 月
6. 离散时间排队论　田乃硕　徐秀丽　马占友　著　2008 年 6 月
7. 动态合作博弈　高红伟　〔俄〕彼得罗相　著　2009 年 3 月
8. 锥约束优化——最优性理论与增广 Lagrange 方法　张立卫　著　2010 年 1 月
9. Kernel Function-based Interior-point Algorithms for Conic Optimization Yanqin Bai 著　2010 年 7 月
10. 整数规划　孙小玲　李　端　著　2010 年 11 月
11. 竞争与合作数学模型及供应链管理　葛泽慧　孟志青　胡奇英　著　2011 年 6 月
12. 线性规划计算(上)　潘平奇　著　2012 年 4 月
13. 线性规划计算(下)　潘平奇　著　2012 年 5 月
14. 设施选址问题的近似算法　徐大川　张家伟　著　2013 年 1 月
15. 模糊优化方法与应用　刘彦奎　陈艳菊　刘　颖　秦　蕊　著　2013 年 3 月
16. 变分分析与优化　张立卫　吴佳　张艺　著　2013 年 6 月
17. 线性锥优化　方述诚　邢文训　著　2013 年 8 月
18. 网络最优化　谢政　著　2014 年 6 月
19. 网上拍卖下的库存管理　刘树人　著　2014 年 8 月
20. 图与网络流理论(第二版)　田丰　张运清　著　2015 年 1 月
21. 组合矩阵的结构指数　柳柏濂　黄宇飞　著　2015 年 1 月
22. 马尔可夫决策过程理论与应用　刘克　曹平　编著　2015 年 2 月
23. 最优化方法　杨庆之　编著　2015 年 3 月
24. A First Course in Graph Theory　Xu Junming　著　2015 年 3 月
25. 广义凸性及其应用　杨新民　戎卫东　著　2016 年 1 月
26. 排队博弈论基础　王金亭　著　2016 年 6 月
27. 不良贷款的回收：数据背后的故事　杨晓光　陈暮紫　陈　敏　著　2017 年 6 月